Werbung für die Götter
Heilsbringer aus 4000 Jahren

Das Projekt BIBEL+ORIENT MUSEUM wird gefördert durch die

●— GEBERT RÜF STIFTUNG —●

Die Drucklegung haben finanziell unterstützt

Evangelisch-reformierte Gesamtkirchgemeinde Bern
Römisch-katholische Gesamtkirchgemeinde Bern+Umgebung
Römisch-katholisches Dekanat Region Bern
Christkatholische Kirchgemeinde Bern
Hochschulrat der Universität Freiburg Schweiz
Terra Sancta Tours, St. Gallen

Eine Ausstellung in den Museen für Kommunikation
von Bern 28.2.03 – 25.1.04
und Frankfurt 26.2.04 – 13.6.04

Konzept:
Othmar Keel, Thomas Staubli, Ueli Schenk

Redaktion:
Thomas Staubli

Satz und Layout:
Benny Mosimann, Atelier für Gestaltung, Bern, CH

 © Projekt BIBEL+ORIENT MUSEUM, Freiburg, CH 2003
www.bible-orient-museum.ch

Druck: Bolliger Druck, Köniz, CH
Bindung: Schumacher AG, Köniz, CH
Vertrieb: Universitätsverlag Freiburg, CH

ISBN 3-7278-1419-5

Werbung für
Heilsbringer aus 4000 Jahren
die
Götter

Thomas Staubli

mit Beiträgen von
Susanne Bickel, Othmar Keel, Madeleine Page Gasser,
Alois Senti, Ueli Schenk und Christoph Uehlinger

Universitätsverlag Freiburg Schweiz

IN MEMORIAM

Cordula Emma Louise Gunthild Schmidt
geb. von Steinau-Steinrück
(24.3.1924 – 26.4.2002)

Inhalt

Vorwort und Danksagung

Ein Hauptziel des Projektes BIBEL+ORIENT MUSEUM ist die Vermittlung eines Sinns für das, was man «vertikale» Ökumene nennen könnte. Damit ist ein Bewusstsein für die roten Fäden gemeint, die uns Spätgeborene mit den Anfängen menschlicher Kultur verbinden. In unserem Fall geht es um die vor allem durch die Bibel vergegenwärtigten Wurzeln des alten Vorderen Orient (O. Keel, Kanaan – Israel – Christentum. Plädoyer für eine «vertikale» Ökumene, Franz-Delitzsch-Vorlesung 2001, Münster 2002). Die Ausstellung «Werbung für die Götter. Heilsbringer aus 4000 Jahren» versucht solche Verbindungslinien anhand von Wallfahrtsandenken sichtbar zu machen. Allen revolutionären und säkularen Brüchen zum Trotz gibt es sie bis heute und bei allem äußeren Wandel haben sie in ihren Bildern eine Erinnerung an die uralte Kunde täglich neuer Lebensverheißung bewahrt.

Das nach der erfolgreichen Wanderausstellung «Tiere in der Bibel und im Alten Orient» zweite im Rahmen des Projektes BIBEL+ORIENT MUSEUM entwickelte Ausstellungskonzept, das diesem Katalog zugrunde liegt, geht zurück auf eine Idee von Prof. Dr. Othmar Keel. Nicht nur seine langjährige Beschäftigung mit altorientalischer Ikonographie, auch seine Herkunft aus Einsiedeln hat darin in gewisser Weise einen materiellen Niederschlag gefunden. Die Kapitel über Artemis von Ephesus und Elvis von Memphis schlagen darüber hinaus Brücken vom Morgen- ins Abendland und von der barocken Welt Einsiedelns ins Rock-Universum von Memphis (USA, Tennessee).

Um die innovative Ausstellungsidee zu realisieren, brauchte es für ein Museumsprojekt (noch) ohne Museum ein Museum mit dem Mut zur Kooperation mit einem jungen Projekt, das gängige Grenzen zwischen den Museen nicht immer respektiert. Gefunden haben wir es im Museum für Kommunikation Bern. Dessen Direktor Dr. Thomas Dominik Meier und der Kurator der Abteilung Philatelie, lic. phil. Ueli Schenk, ließen sich auf das Abenteuer ein, «Godly Things» in ihren Hallen zu zeigen, was in einem Kontext, wo Religion zu den intimsten privaten Angelegenheiten gerechnet wird, bekanntlich zu den heikleren Aufgaben im Bereiche der Museographie gehört (vgl. C. Paine, ed., Godly Things, London 2000).

Das gemeinsame Konzept mit dem Partnermuseum ist durch eine ganze Reihe von hilfreichen Fachleuten zum Leben erweckt worden. Sie seien hier in Dankbarkeit namentlich erwähnt:

Der Kontakt zu vielen Leihgebern wurde ermöglicht und hergestellt durch lic. phil. Madeleine Page Gasser.

Leihgaben, Fotomaterial und Fachwissen haben zur Verfügung gestellt
· Prof. Dr. Peter Blome, Dr. André Wiese, Vera Slehoferova und Kurt Bosshard vom Antikenmuseum & Sammlung Ludwig, Basel
· Dr. Tomas Lochmann, Skulpturenhalle Basel
· Dr. Benedikt Zäch, Münzkabinett Winterthur
· lic. phil. Dominik Wunderlin, Museum der Kulturen, Basel, Abteilung Europa
· Prof. Dr. Hans Peter Isler und Dr. Elena Mango, Archäologische Sammlung der Universität Zürich
· Dr. Cäsar Menz und Dr. Jacques Chamay, Musée d'art et d'histoire, Genève
· Fondation Jacques-Edouard Berger, Lausanne
· lic. phil. Ueli Schenk, Museum für Kommunikation, Bern, Abteilung Philatelie
· die privaten Leihgeber Roland Cramer, A. Fortier, Pfr. Dr. Christian Herrmann, Sonja und Hans Humbel
· weitere Leihgeber, die ungenannt bleiben möchten.

Recherchiert und geschrieben haben
· Prof. Dr. Othmar Keel (Fribourg)
· lic. phil. Madeleine Page Gasser (Horgen)
· Dr. h.c. Alois Senti (Köniz)
· lic. phil. Ueli Schenk (Bern)
· Dr. theol. Thomas Staubli (Köniz)
· PD Dr. Susanne Bickel (Fribourg und Basel) für Kat. 76
· PD Dr. Christoph Uehlinger (Fribourg) für Kat. 77

Lektoriert haben
Prof. Dr. Othmar Keel (Fribourg), P. Odo Lang (Kloster Einsiedeln), Stefan Münger (Bern), Madeleine Page Gasser (Horgen), Prof. Dr. Silvia Schroer (Bern), René Schurte (Fribourg), Dr. Thomas Staubli (Köniz), PD Dr. Christoph Uehlinger (Fribourg) und Ulrich Wenz (Winterthur)

Fotografiert haben
Primula Bosshard (Fribourg), Jürg Eggler (Fribourg), C. Niggli (Basel), G. Stärk (Horgen), Florian Verdet (Fribourg), Andreas F. Voegelin (Basel), D. Widmer (Basel) und J. Zbinden (Bern)

Gezeichnet und gestaltet haben
Barbara Connell, Wissenschaftliche Zeichnerin und Benny Mosimann, Gestalter

Ihnen allen sei herzlich gedankt!

Liebefeld/Bern, im Januar 2003   *Thomas Staubli*

Werbung für die Götter. Heilsbringer aus 4000 Jahren

Von Thomas Staubli

Die ältesten Massenmedien übermitteln Göttliches. Auf Skarabäen, Rollsiegeln, Münzen, Andachtsbildchen, Briefmarken und vielen anderen Heilsbringern wird das Göttliche durch Symbole vergegenwärtigt. Der göttliche Segen ist in allen Lebenslagen willkommen. Daran hat sich bis heute nichts geändert. Nur die Gottesbilder oder was an deren Stelle getreten ist, und ihre Medien unterliegen dem Wandel der Zeit. Das wird in dieser Ausstellung am Beispiel von fünf Heiligtümern, ihren Kultbildern und Kommunikationsmitteln aus verschiedene Zeiten und Räumen gezeigt: Ptah von Memphis, Sin von Harran, Artemis von Ephesus, Maria zu Einsiedeln und Elvis von Memphis. Die gezeigten Objekte stammen aus den Sammlungen BIBEL+ORIENT in Fribourg sowie aus verschiedenen anderen öffentlichen und privaten Sammlungen. Die meisten Objekte werden hier zum ersten Mal dokumentiert.

Warum wird für Gottheiten geworben? Wie funktioniert diese Werbung? Was beinhaltet sie? Wer betreibt sie? Wer braucht sie? Was bewirkt sie?
Wie veränderte sie sich im Laufe der Zeiten?
Zur Beantwortung solcher und ähnlicher Fragen mögen die zehn folgenden Punkte der Einleitung ein paar wichtige Kategorien und die Kapiteleinleitungen historisches Hintergrundwissen liefern.
Konkret werden die Antworten aber vor allem in der Betrachtung der fast 600 Abbildungen dieses Kataloges.

I Erfahrungen des Numinosen

In einer überstandenen Geburt, einer überlebten Hungersnot oder Krankheit, einem gewonnenen Krieg, einer reichen Ernte und vielen anderen Heilserfahrungen begegnen Menschen dem Heiligen. Grenzerfahrungen, die die Brüchigkeit der Existenz erfahrbar werden lassen, machen sie dankbar gegenüber den Kräften des Lebens. Sie erkennen, dass das Leben keine einmalige Gabe, die Schöpfung nicht bloß ein urzeitlicher Akt ist. Menschen sind Teil eines sich beständig erneuernden, wandelnden Kosmos.

Die schicksalhafte Erfahrung der geheimnisvollen Lebenskraft und damit der Geschöpflichkeit weckt das Bedürfnis, der erneuernden Kraft Gestalt und Namen zu verleihen. So entstehen Kultzentren, wo die Gottheit in einem Bild vergegenwärtigt wird, wo man ihr kultisch dient, ihren Willen ergründet und ihren fortdauernden Segen erbittet.

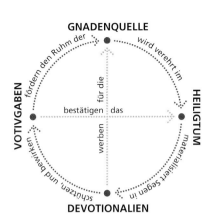

GNADENQUELLE

fördern den Ruhm der · wird verehrt im

VOTIVGABEN — für die — HEILIGTUM

bestätigen · das

werben · materialisiert Segen in

schützen und bewirken · in Segen in

DEVOTIONALIEN

2 Segensökonomie

Das Heiligtum materialisiert den Segen in Gestalt von Amuletten und Figuren, die die Gläubigen mitnehmen und mit welchen sie die Gottheit weiterum bekannt machen. Die Devotionalie (Andachtsgegenstand) ist Verbindungszeichen und Erinnerung, aber auch ein Schutz- und Gnadenmittel. Die erneut erfahrene Kraft der Gottheit kann in einer kleinen oder größeren Votivgabe (Weihegegenstand) verdankt werden. Manchmal kann auch die Devotionalie diese Funktion übernehmen. Die Verdankung ist gleichzeitig eine Bestätigung der ursprünglichen Stiftung des Heiligtums selbst. Als aktualisierter Teil des Heiligtums dienen die Votivgaben dem Ruhm der Segensmacht, die ebenda verehrt wird.

3 Kristallisationspunkt Götterbild

Im Bild der Gottheit wird die Begegnung mit dem Numinosen verdichtet. Durch die exemplarische Konkretheit bleibt das Bild zugleich Teil eines größeren Ganzen. Das ist der Grund für die typische Tendenz zum symbolischen Wachstum von Götterbildern. So wird der Schöpfergott Ptah zwar ursprünglich im königlichen Handwerker vergegenwärtigt, aber die spätere Triade mit der wehrhaften Gattin Sachmet und dem belebenden Sohn Nefertem scheint der Vielgestaltigkeit der Schöpfungsprozesse gerechter zu werden. Der Mondgott Sin ist nicht nur im Nachtgestirn präsent, das sich immer wieder gegen die Mächte der Finsternis durchsetzt. Er kann auch in ähnlichen Formen, wie in den Hörnern des wehrhaften Stiers, im Boot, das den chaotischen Wellen trotzt oder im Uterus, der neues Leben hervorbringt, Gestalt annehmen.

Im Götterbild spiegeln sich gesellschaftliche Veränderungen. Aus der hethitischen Herrin der Wildnis wird bei den Griechen die Jägerin Artemis, bei den Römern schließlich eine vielbrüstige Muttergottheit. Bei allem Bedeutungszuwachs und Weltdeutungspotential bleibt das Kultbild rätselhaft und das trägt zu seiner Popularität nicht weniger bei als seine vertrauten Elemente. Weshalb steht Ptah so starr? Warum ist die Madonna von Einsiedeln schwarz? Weshalb singt der weiße Elvis wie ein Schwarzer?

4 Ausstrahlung von Heiligtümern

Die Streuung von Devotionalien dokumentiert den Einflussbereich der Heiligtümer, deren Kultbild sie zeigen. Indem etwa die Assyrer ihre militärische Expansion Richtung Westen unter das Patronat des Mondgottes Sin von Harran stellten, wurde das Sichelmondemblem von Harran auch zum politischen Zeichen assyrischer Macht. Es tauchte überall dort auf, wo die assyrische Verwaltung ihren Einfluss ausübte. Die lokalen Varianten zeigen aber auch, dass die assyrisch-aramäische Ideologie nicht überall ungebrochen übernommen wurde, sondern Verbindungen mit einheimischen Mondkulten einging. Die altorientalische Mondkultpropaganda hat selbst im bilderfeindlichen Islam mit den Sichelmonden auf Moscheen und Flaggen sichtbare Spuren hinterlassen. Insofern hält diese alte religiös-politische Propagandatradition bis heute an. In den modernen, säkularen Gesellschaften mit ihren technischen Möglichkeiten schlägt sich die Ausstrahlung von Heiligtümern in neuen Phänomenen nieder. Obwohl die Kirchlichkeit in Mitteleuropa rapide abnimmt, wächst der Pilgerstrom nach Einsiedeln jährlich. Die barocke Klosteranlage mit dem altehrwürdigen Gnadenbild ist das Reiseziel des boomenden Cartourismus in einer tendenziell überalterten Gesellschaft, aber auch von religiösen Patchworkern auf der Suche nach sogenannten «Kraftorten».

5 Konkurrenz von Heiligtümern

Gegenüber anderen Heiligtümern wird der Glanz der eigenen Gottheit herausgestrichen, ja sogar die Vorherrschaft über andere Gottheiten propagiert. So wird Ptah von Memphis als Schöpfer der (übrigen) Götter gepriesen. Der im benachbarten Heliopolis verehrte Sonnengott Re wird als bloßer Teilhaber der Macht Ptahs auf den zweiten Rang verwiesen. Das in Ephesus heranwachsende junge Christentum erkennt in der weiterum als kosmische Gottheit verehrten Artemis von Ephesus die größte Konkurrentin unter den antiken Kulten. Vorherrschaftsansprüche Christi über Artemis werden narrativ mehr oder weniger ausdrücklich zur Darstellung gebracht. Umgekehrt werden die kosmologischen Titel der Artemis Ephesia auf Christus übertragen. Schließlich wird in Ephesus Maria als Gottesgebärerin dogmatisiert. Sie wird also nicht unter dem Label «Göttin» verehrt, sondern aller Vergleichbarkeit enthoben als Mutter des einen Gottes. Die säkulare Idolindustrie bedient sich ähnlicher Mittel. Die Ikonographie eines Elvis am Kreuz, mit Heiligenschein und blutendem Herzen, macht deutlich, dass man im King on Screen einen neuen Christus sieht.

6 Multiplizierbarer Segen im Taschenformat

Die religiösen Massenkommunikationsmittel sind klein, also leicht transportabel, im Idealfall sogar an Hals oder Hand tragbar. Das verleiht ihnen intimen Charakter. Indes sind die verwendeten Symbole so bekannt, dass sie eine Verbindung zu einer großen Kultgemeinde schaffen. Die kleinen Bildträger ermöglichen somit aus der Sicht des Einzelnen Momente der Verbindung mit dem, was die Welt zusammenhält oder lebenswert macht. Der begrenzte Raum auf diesen Medien zwingt dazu, komplexe Bilder des Göttlichen zu vereinfachen. Andererseits ist es erstaunlich, mit welcher Akribie selbst auf kleinsten Gegenständen Details festgehalten, ja sogar originelle neue Bezüge hergestellt werden.

Zur Kleinheit kommt die Multiplizierbarkeit hinzu. Die kleinen Stempel- und Rollsiegel konnten das Bild der Gottheit beliebig oft reproduzieren. Sie dienten etwa dem Siegeln wichtiger Urkunden, aber auch von Türen und Verschlüssen aller Art. Am deutlichsten wird der Massencharakter des Bildes bei Münzen und Briefmarken. Das Medium dient hier offensichtlich der möglichst raschen und weiten Verbreitung des Bildes.

7 Schutz und Schirm

Die meisten Devotionalien sind zunächst einmal Erinnerungen an die Wallfahrt, das Heiligtum oder das Kultbild. Darüber hinaus aber kommt ihnen sehr oft die Aufgabe zu, Schaden fernzuhalten und die guten Kräfte zu fördern. Nicht zufälligerweise erscheinen skarabäenförmige Amulette, wie sie auch für die Propaganda Ptahs Verwendung fanden, zum ersten Mal im Kontext von Schwangerschaft und Geburt. Schwangere, Wöchnerinnen und ihre Kinder gehörten in der vorindustriellen Welt zu den am stärksten gefährdeten Existenzen. Sie zählten daher auch zur Stammkundschaft einer Artemis Ephesia und der Einsiedler Maria. Durch Lochung für eine Schnur konnte eine Münze mit dem Bildnis der Artemis rasch in ein Amulett verwandelt werden. In der entwickelten Welt sind Schwangere und Wöchnerinnen kaum mehr auf diese Art von Volksmedizin angewiesen, stattdessen lauern andere Gefahren wie der Verkehr. So findet sich Elvis als beliebte «Schutzengelfigur» an Armaturenbrettern und Rückspiegeln.

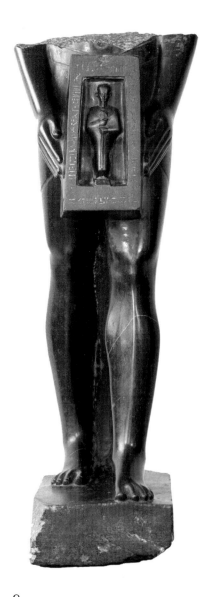

8 Return on investments

Mund-zu-Mund-Propaganda sei die beste Propaganda, heißt es. In diesem Sinne haben persönliche Stiftungen und Votivgaben die stärkste Werbewirksamkeit für eine Gottheit. Sie bezeugen auf eindrückliche Weise die Effizienz ihres Segens. Geradezu plakativ bringen das jene Weihegaben aus dem Ptah-Tempel in Memphis zum Ausdruck, die Menschen zeigen, welche ihren göttlichen Wohltäter liebevoll dem Publikum präsentieren. Wer in Einsiedeln die Kirche verlässt, sieht sich heute noch einer Wand von Votivtafeln gegenüber, die in fromm-naiver Bildsprache von Rettung aus schwerer Not auf Fürsprache der Gottesmutter hin erzählen.

9 Von Ptah von Memphis zu Elvis von Memphis

Wenn hier Ptah, Sin, Artemis, Maria und Elvis in eine Reihe gestellt werden, dann nicht, um qualitative Unterschiede zu überdecken, sondern um Zusammenhänge aufzuzeigen. Nicht zufällig beginnt die Reihe in Memphis (Ägypten) und endet in Memphis (Tennessee). Nicht nur Ortsnamen, auch wichtige religiöse Ideen entstammen Altägypten und dem Alten Orient. Über das antike Griechenland und das mittelalterliche Europa wanderten sie, sich ständig wandelnd, hinüber in die Neue Welt. Die Götter Ptah, Sin und Artemis wurden über Jahrhunderte verehrt. Ihr Schicksal war eng mit einer Stadt, ihrem Tempel und dessen Priesterschaft verbunden. Der Untergang der Stadt hatte daher das allmähliche Verschwinden der Gottheit zur Folge. Die Verehrung der Gottesmutter Maria ist dagegen nicht an einen einzelnen Ort, wohl aber an eine lebendige Gemeinde gebunden, die in diesem Falle eine Weltreligion mit Millionen von Gläubigen in der ganzen Welt und einer sehr differenzierten, mitunter selbstkritischen Theologie bildet. Dennoch haben sich in der Herausbildung einzelner Gnadenbilder, die eng mit einem Ort verbunden sind, viele Aspekte antiker Kulte erhalten. Das gilt sogar noch für Elvis Presley und seinen Wallfahrtsort Memphis (Tennessee), obwohl es sich hier offensichtlich nicht um eine göttliche Gestalt, sondern um ein Idol (von Griechisch *eidolon*, Götzen-, Trugbild) handelt. Im säkularen Kontext des ausgehenden 20. Jh. wurde der Sänger zur Projektionsfläche der ungebundenen Wünsche einer ganzen Generation, was eine Palette von religiösen Phänomenen zur Folge hatte.

10 Was trägst du am Hals?

Zu den archaischsten Bräuchen, die heute noch aktuell sind, gehört das Tragen von Hals- und Armkettchen mit symbolträchtigen Anhängern. Kreuzchen, Herzchen, Tierkreiszeichen... Obwohl in der säkularen Öffentlichkeit stark tabuisiert, gehört Religion unter dem Hemd immer noch zu den Herzensanliegen. Ob am Körper oder zu Hause in einem Herrgottswinkel – fast jede und jeder besitzt Objekte mit sakraler Aura. Mit ihnen kann eine tiefe Erinnerung, eine wegweisende Erfahrung, ein glücklicher Moment, ein Erlebnis der Gnade oder Erlösung verbunden sein. Noch nach Jahren sind solche Objekte in der Lage, Erinnerungen wachzurufen, die Glück und Segen vermitteln.

Läge hier nicht ein konkreter Anknüpfungspunkt für eine echte religiöse Kultur jenseits von säkularistischer Glaubensvergessenheit und religiösen Fundamentalismen?

Kapitel I

Ptah von Memphis und seine Präsenz auf Skarabäen

Von Othmar Keel und Madeleine Page Gasser

In Memphis wurde in einer der ältesten und größten Tempelanlagen Ägyptens die Schöpfergottheit Ptah verehrt. Die Gottheit genoss hohes Ansehen in ganz Ägypten und darüber hinaus. Im 17. Jh. v. Chr., rund hundert Jahre früher als in Ägypten selber, kamen in Kanaan skarabäenförmige Amulette mit Ptah-Bildern in Umlauf. Die Bilder auf den Heilsbringern demonstrierten die Überlegenheit des Schöpfergottes über Sonnengottheiten. Sie warben für die Gottheit von Memphis und trugen ihren Segen in die Welt hinaus.

Was ist ein ägyptischer Tempel?

Ein ägyptischer Tempel lässt sich nur sehr bedingt mit einer Kirche, Synagoge oder Moschee vergleichen. Er war kein Ort für eine versammelte Gemeinde zum gemeinsamen Gottesdienst, auch nicht primär ein Ort für Einzelne, um dort Schutz und Hilfe zu finden. Vielmehr war der Tempel eine Art Palast, wo die Gottheit, von einer zahlreichen Dienerschaft versorgt, residierte. Mittelpunkt eines jeden ägyptischen Tempels war ein aus Stein oder Edelmetall gefertigtes Götterbild, das im hintersten, niedrigsten und dunkelsten Raum des Gebäudes innerhalb eines Schreines (griechisch: *naos*) aufbewahrt wurde (Kat. 1). Statuen und Kultbilder sind als bildliche Konkretisierung einer Gottheit zu verstehen, die sichtbar und anschaulich gemacht werden konnte, ohne sich auf eine einzelne Erscheinungsform zu beschränken.

Dem Kultbild galt ein dreimal täglich vollzogenes Ritual, das seine Reinigung, Bekleidung und Versorgung mit Speis und Trank umfasste. Der vitale Akt, die Gottheit zufriedenzustellen und somit den ausgeglichenen Zustand der Maat (der lebensspendenden Gerechtigkeit und Ordnung) herzustellen, kam in erster Linie – und von der Ideologie her gesehen ausschließlich – dem Herrscher in seinen Funktionen als Sohn und Diener der Götter und Mittler zwischen Götter- und Menschenwelt zu. Auf den Wänden der Innenräume des Tempels ist unzählige Male einzig der Pharao dargestellt, wie er dem Kult der Gottheit obliegt. Auf der Aussenseite der Mauern, welche die Tempelräume schützend umgeben, ist häufig der Pharao im Kampf gegen menschliche Feinde und wilde Tiere zu sehen. Diese vom Land und besonders vom heiligen Bezirk des Tempels fernzuhalten, war eine weitere wichtige Aufgabe des Pharao.

In Wirklichkeit musste der Pharao die Verteidigung des Landes seiner Armee überlassen. Die alltäglichen Ausführungen des Kultbildrituals und die Verwaltung der ägyptischen Tempel delegierte er an eine mächtige Priesterschaft. Die einzelnen Bereiche des Tempels waren sakral abgestuft und lediglich bestimmten Priesterklassen zugänglich. Deren Mitglieder erfreuten sich aufgrund von königlichen Dekreten einer abgestuft privilegierten Stellung. Die Ausbildung der mittleren und oberen Priesterränge erfolgte in einer Tempelschule. Es waren die Inhaber jener hohen klerikalen Ämter, die an der Gestaltung der ägyptischen Religion teilhatten: Sie erarbeiteten theologische Systeme, verfassten religiöse Dokumente, zum Beispiel das «Denkmal memphitischer Theologie» (siehe S. 18-19), und entwarfen Pläne sowie Dekorationsprogramme der Tempel und Königsgräber.

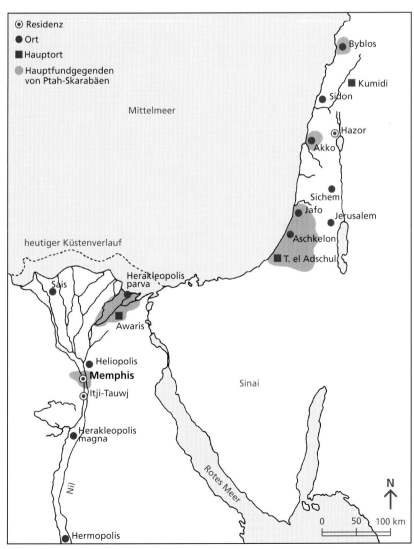

Abb. Ia: Die Deltaregion des Nils und das angrenzende Asien in der mittleren Bronzezeit IIB bzw. der 15. Dynastie (1650-1550 v. Chr.).

Für nichtbefugte Personen, also die überwiegende Zahl der Verehrer und Verehrerinnen, endete der Zugang zum Tempel – wie bei einem bewohnten Königspalast – vor dem monumentalen Tor oder Pylon der Umfassungsmauer. Die Gebete an die Götter sprachen sie denn auch an dieser Stelle des Tempels. Es fanden jedoch Götterfeste und Prozessionen statt, bei denen die Bevölkerung den Gott zwar nicht sehen, sich ihm jedoch nähern konnte. Ein spezifisch für diese Festumzüge aus leichteren Materialien wie z. B. Holz gefertigtes Kultbild (Kat. 1) wurde in einem Naos auf einer Götterbarke in die Vorhöfe des Tempels, durch Teile der Stadt oder gar zu benachbarten Tempeln und deren Gottheiten getragen. Ausserdem gab es rund um die großen Heiligtümer kleine Tempel, Kapellen und Kioske, die Gelegenheit zur volkstümlichen Verehrung boten.

Die monumentalen ägyptischen Tempel wurden als irdische Residenzen der Gottheiten im Gegensatz zu den profanen Bauten und selbst den Königspalästen nicht aus den für den Zerfall anfälligen luftgetrockneten Lehmziegeln gebaut, sondern in Hartgestein errichtet. Ähnlich einem mittelalterlichen Kloster, besaß ein Tempel Ländereien, landwirtschaftliche Höfe, Handwerksbetriebe und verfügte über ein gesichertes Einkommen. Der Reichtum der Tempel trug in einem gewissen Maße zum Wohlergehen des Landes bei: In Jahren der Not und des Mangels konnten die riesigen Tempelspeicher für einen Ausgleich sorgen und somit eine Teilversorgung der Bevölkerung garantieren. Als Wirtschafts- und Verwaltungszentrum verfügte z. B. der Ptah-Tempel zur Zeit der 19. Dynastie über 28 km² fruchtbare Felder, 10'047 Tiere und beschäftigte 3'079 Menschen. Diese Tempeleinrichtungen lagen unter Kontrolle der Ptah-Priesterschaft, an deren Spitze ein Hoherpriester stand (Kat. 63).

Der Ptah-Tempel in Memphis (Abb. 1b)

Der Tempel des Gottes Ptah in Memphis war nebst jenem des Amun in Theben und dem des Re-Harachte in Heliopolis einer der wichtigsten Tempel Ägyptens. Das memphitische Heiligtum des Ptah soll gemäß Überlieferung bereits seit König Menes (1. Dynastie, ca. 3000 v. Chr.), dem Begründer des ägyptischen Einheitsstaates und der ägyptischen Kultur, existiert haben. Memphis, treffend bezeichnet als «Waage der beiden Länder» (d. h. an der Schnittstelle von Unter- und Oberägypten), war politische Hauptstadt und königliche Residenz während des Alten Reiches und «Zweite Landeshauptstadt» in den späteren Epochen. Trotz zeitweiliger Verlagerung der Landeshauptstadt, u. a. nach Theben, blieb das strategisch gut gelegene Memphis stets Verwaltungszentrum, Sitz der Hauptgarnison des Landes und Ausgangshafen der königlichen Flotte (Kat. 65). In der Spätzeit waren griechische Söldner in Memphis stationiert. Syrische, phönizische und jüdische Kolonien ließen sich in der kosmopolitischen Handelsstadt Memphis nieder. Mit dem Einzug Alexanders des Großen 332 v. Chr. wurde Ägypten Provinz des makedonischen Reiches. Ptolemaios I. Soter, einer der Generäle Alexanders, gründete die Dynastie der Ptolemäer. Die nachfolgenden ptolemäischen Herrscher, die häufig den Zusatz «erwählt von Ptah» in ihren Namen aufgenommen haben, designierten den Tempel des Ptah in Memphis erneut als Krönungsstätte.

Wie kein anderer Tempel war der Ptah-Tempel ein Ort historischer Begebenheiten, wo Krönungsfeierlichkeiten und Sed-Feste gefeiert wurden, ein königliches Jubiläumsfest, das die rituelle Erneuerung und Wiedergeburt des Königs zum Inhalt hatte. In ptolemäischer Zeit umgab eine gewaltige, trapezförmige Umfassungsmauer von 410 x 580 x 480 x 630 Meter das Heiligtum des Ptah. Die wenigen heute erhaltenen Bauruinen stammen vom westlichen Zugang des Ptah-Tempels und der von Ramses II. (19. Dynastie, 1279-1213 v. Chr.) erbauten West-Halle. Über das Aussehen des Haupttempels ist nichts bekannt. Das Heiligtum des Ptah in Memphis muss über Jahrhunderte hinweg eine Baustelle gewesen sein. Die Herrscher vom Alten Reich bis zu den Ptolemäern haben sich durch ihre Bautätigkeit im heiligen Bezirk des Ptah verewigen lassen – bereits bestehende Sanktuare, Säulenhöfe, Vorhöfe, Pylonen wurden verschönert und erweitert oder aber gänzlich abgetragen, um noch größere und prächtigere Bauten zu Ehren des Gottes Ptah errichten zu lassen.

Lediglich aufgrund des heutigen Trümmerfeldes lässt sich die ehemalige Größe und Pracht von Memphis nicht mehr nachvollziehen. Alles, was im Fruchtland lag, ist im Grundwasser ertrunken, die aus luftgetrockneten Lehmziegel erbauten Privathäuser sind verwittert. Die meisten mittelalterlich-arabischen Gebäude im nahegelegenen Kairo, die Paläste, Moscheen sowie Privathäuser sind aus den Steinen dieser glanzvollen Metropole erbaut worden. Der prominente Ptah-Tempel erlag demselben Schicksal: Stein für Stein ist abgetragen worden. In einem Palmenhain nahe dem Dorf Mit-Rahineh sind nur noch spärliche Reste wie eine (nun liegende) Kolossalstatue Ramses' II. (das Pendant ist auf dem Bahnhofvorplatz von Kairo aufgestellt), eine Alabaster-Sphinx und ein Balsamierungstisch aus Alabaster (aus dem Tempel des Apis-Stieres in der Südwestecke des Tempelbezirkes) sowie eine Stele des Königs Apries in situ zu finden. Bei Ausgrabungen unter Rudolf Anthes 1955-56[1] wurde am Südwestrand des heiligen Bezirkes, ausserhalb der Umfassungsmauer, ein Tempel Ramses' II. freigelegt, in dem Ptah(-Tatenen), Sachmet und Nefertem als Triade verehrt worden sind (Kat. 48-59). Wahrscheinlich wurde dieser Tempelanbau im 34. Regierungsjahr Ramses' II., anlässlich des zweiten Sed-Festes des Herrschers errichtet. Auffallend ist, dass der König im Bildprogramm des Heiligtums die einzige handelnde Person ist, und zwar immer so, dass er Richtung Götterkapellen schreitet. Auch der Name des Heiligtums, «Residenz Ramses-Miamuns im Hause Ptahs» stellt eine enge Verbindung zwischen König und Gottheit her. Trotz oder vielleicht auch wegen der engen Verbindung zwischen Ptah und dem durch langes Leben gesegneten Ramses II. wurde das Heiligtum ausserhalb der Mauer später vom Volk aufgesucht und mit Devotionalien bestückt, bis es um 1100 v. Chr. einstürzte.

Wie die Beziehungen zwischen Tempel und Volk funktionierten, zeigt noch ein anderer Fund aus dem Ptah-Tempel-Bezirk. Die Ausgrabungen des Archäologen William M. Flinders Petrie haben zu Beginn des 20. Jahrhunderts im westlichen Teil des Hofes aus der Zeit des Königs Merenptah (19. Dynastie, 1213-1204 v. Chr.) eine Werkstätte freigelegt, wo Skarabäen hergestellt worden sind (vgl. Kat. 17-

18).[2] Damit liegt für den Ptah-Tempel von Memphis der einzigartige archäologische Beweis vor, dass Amulette mit dem Bildnis der Gottheit im Tempel selber produziert worden sind.

Der Gott Ptah

Der Aufstieg des Schöpfergottes Ptah vom memphitischen Lokalgott zum Reichsgott Ägyptens ist eng mit den politischen und sozialen Gegebenheiten seiner Metropole verbunden. Manche ägyptischen Götter wurden tiergestaltig vorgestellt. Die kreative Tätigkeit von Urgottheiten wie Nut (Himmel) und Geb (Erde) wurde in biologischen Modellen, analog zu Zeugung und Geburt verstanden. Ptah hingegen ist stets in rein anthropomorpher Form dargestellt worden. Seine Schöpfertätigkeit wurde in Analogie zu der eines Handwerkers gesehen. Späte Denkmäler zeigen ihn, wie er nach dem Vorbild des «Bildners» Chnum Menschen auf der Töpferscheibe formt. Die Hohenpriester des Ptah trugen stets auch den Titel «Der Größte der Leitung der Künstlerschaft». Als der göttliche Handwerker schlechthin mit seinem außergewöhnlichen künstlerischen Geschick ist Ptah auch als Zwerg (Patäke; Kat. 8-11) dargestellt worden. Von den Griechen wurde er mit Hephaistos, dem göttlichen Schmied sowie Herrn des Feuers und der Metalle, gleichgesetzt.

Eine vertiefte Reflexion im sogenannten «Denkmal memphitischer Theologie» (siehe S. 18-19) hat Ptah die Schöpfung nicht mehr durch seiner Hände Werk, sondern durch die kunstreiche Kraft seines Herzens (als Sitz des Verstandes) und seiner Zunge (als Sitz des Wortes) entstehen lassen. Vielleicht ist die biblische Vorstellung einer Schöpfung durch das Wort (Genesis 1; Ps 33) von dieser memphitischen Theologie abhängig. Kontakte zwischen Palästina und Memphis gab es genug, wie besonders die Verbreitung von Ptah-Skarabäen in Palästina belegt (vgl. dazu Abb. Ia).

Ebenfalls in die Zeit des Neuen Reiches fällt die Bildung der memphitischen Triade (Kat. 48-59): Ptah werden als weibliche Partnerin die löwenköpfige Sachmet zugeordnet und als Verkörperung der jungen Göttergeneration Nefertem. Von einer Familie sollte man in diesem Fall nicht sprechen. Die Einkindfamilie war kein altägyptisches Familienideal. Eher geht es um drei Aspekte des Menschseins, den männlichen, den weiblichen und die Verheißung der Zukunft.

Ptahs vielfältige Beziehungen zu Gottheiten wie Isis und auch dem Apis-Stier so-

wie zum vergöttlichten Architekten Imhotep (Bauherr der Stufenpyramide von Sakkara, Gelehrter und Arzt unter König Djoser, 3. Dynastie) basieren auf der pantheistisch gestimmten Frömmigkeit der Spätzeit. Bis ins Alte Reich zurück reicht hingegen die Verbindung Ptahs mit dem memphitischen Totengott Sokar; als Mitglied der Richterschaft des Totenreiches lehnt sich Ptah dem Gott Osiris an und tritt seit dem Mittleren Reich als Ptah-Sokar-Osiris (Kat. 76) auf.

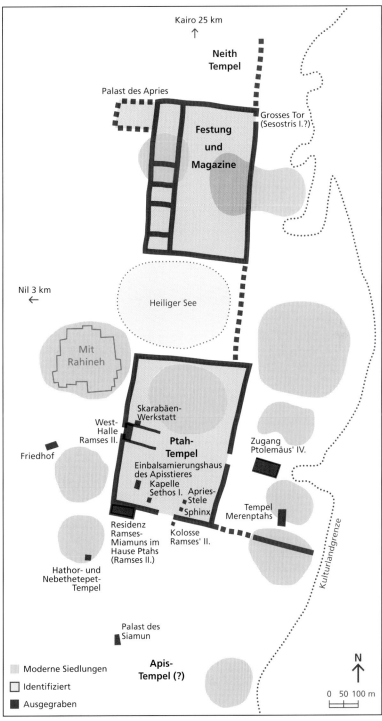

Abb. Ib: Die Ruinenfelder von Mit-Rahineh: Das antike Memphis.

Ptah

Der nur umrisshafte Körper wirkt archaisch streng und mumienartig. Lediglich die Arme (zuweilen nur die Unterarme oder Hände), die ein Szepter halten, treten heraus. Das Haupt des als «Schöngesichtiger» bezeichneten Ptah ist Träger einer schlichten, die Schädelkalotte fest umschließenden Kappe, die sich wohl an die enganliegende Lederkappe der Schmiede und Handwerker anlehnt. Im Gegensatz zu einer Vielzahl von Göttern trägt Ptah nicht den geflochtenen, an seiner Spitze eingerollten Götterbart, sondern den geraden Königsbart.

Abb. Ic: Bronzefigur des stehenden Ptah (= Kat. 2).

Patäke

Mit Ptahs Wesen als Handwerker hängt zusammen, dass man Figuren zwerghafter Gestalten als Patäken (griechische Verkleinerungsform von Ptah; Herodot III 37) bezeichnet hat. Zwerge galten als besonders begabte Handwerker mit agiler Fingerfertigkeit. Vom 14. Jh. v. Chr. an fanden solche Figuren zuerst in Ägypten und dann im ganzen östlichen Mittelmeerraum als Amulette weite Verbreitung.

Abb. Id: Glasierte Figur eines Patäken mit zwei Messern (= Kat. 8).

> Ptah-Tatenen

Die vielfältigen Tätigkeitsbereiche Ptahs und seine breitgefächerten Funktionen sowohl als Schöpfungs- wie auch als Schicksals- und Orakelgott machen aus ihm einen Allgott. Wohl aufgrund dieser außerordentlichen Eigenschaften, die im «Denkmal memphitischer Theologie» systematisch reflektiert worden sind, bedarf Ptah lediglich weniger Gleichsetzungen mit anderen Gottheiten des ägyptischen Pantheons. Die synkretistische Verschmelzung mit dem memphitischen Erdgott Tatenen, «der Erde, die sich hebt», zu Ptah-Tatenen vollzieht sich im Neuen Reich und basiert auf der Rolle Ptahs als Spender der Vegetation.

>> Sachmet

Sachmet (*sḥmt*) heißt die «Mächtige». Sie war gefürchtet wegen ihres Zorns und der Krankheiten, die sie zwar schickte, die sie aber, besänftigt, auch heilte. Ihre Priester standen in besonderer Beziehung zur Heilkunst und Magie. Sie ist ikonographisch von anderen löwen- oder katzenköpfigen Göttinnen, z. B. Bastet, schwer oder nicht zu unterscheiden. Das ist zu beachten, wenn im Katalog die löwenköpfigen Gottheiten der Einfachheit halber durchwegs als Sachmet bezeichnet werden.

>>> Nefertem

Der Name Nefertem (*nfr-tm*) ist aus zwei Elementen zusammengesetzt: aus *nfr* «schön, vollkommen» und *tm*, das sowohl den Gott Atum wie jegliches Sein, sei es als Möglichkeit, sei es als Wirklichkeit, bezeichnen kann. Die Übersetzungen des Namens lauten dementsprechend verschieden, so z. B. «Gut ist Atum», «Der völlig Schöne», «Vollkommen an möglichem und wirklichem Sein bzw. an Nichtsein und Sein». Eindeutiger sind seine Attribute. Das wichtigste ist die Lotosblume. Im «Denkmal memphitischer Theologie» ist Ptah-Nefertem als Lotosblume «an der Nase des Sonnengottes Re alle Tage» beschrieben. Dem Duft des Lotos schrieb man regenerierende Kraft zu. Nefertem kann als Lotos dargestellt werden, aus dem zwei hohe Federn emporragen. Daneben kann er auch aggressive Züge aufweisen, die durch das Krummschwert signalisiert werden, das er gelegentlich trägt. Obwohl er in der Triade «das Kind» ist, wird er stets als Erwachsener dargestellt.

Abb. Ie: Bronzefigur eines stehenden, mumienförmigen Ptah-Tatenen (= Kat. 3).

Abb. If: Bronzefigur einer thronenden, löwenköpfigen Göttin; H. 12,6 cm; Ägypten, Ptolemäerzeit (306-30 v. Chr.); ÄFig 2000.4.

Abb. Ig: Bronzefigur des Nefertem (= Kat. 54).

Das «Denkmal memphitischer Theologie»

Dem ersten in Ägypten residierenden König der kuschitischen 25. Dynastie (716-702 v. Chr.), Schabaka, ist die Erhaltung des sogenannten «Denkmals memphitischer Theologie» zu verdanken. Der für die ägyptische Religion wichtige Text wurde von König Schabaka von einem «von Würmern zerfressenen Papyrus» auf dauerhaften, schwarzen Granit übertragen. Die Platte wurde im Tempel des Ptah in Memphis aufgestellt.

Die ältere Forschung ordnete das Werk dem Alten Reich (3. Jt. v. Chr.) zu. Neuere Untersuchungen tendieren auf eine Datierung in die Zeit Ramses' II. (19. Dynastie, 1292-1190 v. Chr.). Unter Ramses II. war Memphis eines der bedeutendsten theologischen Zentren des Landes. Einer seiner Söhne, Chaemwese, nahm dort die führende Stellung eines Hohenpriesters des Ptah ein (vgl. Kat. 63). Im Auftrag seines Vaters entfaltete er in Memphis eine große Bautätigkeit: Zum einen erneuerte er Teile des Ptah-Tempels, zum anderen erweiterte er sowohl die Grüfte als auch den Tempel des Apis-Stieres in Sakkara. Schliesslich gibt es sogar Versuche, das «Denkmal memphitischer Theologie» Schabaka selbst zuzuschreiben. In diesem Fall müsste man die Schrift als Pseudepigraphie bezeichnen, also als ein Dokument, dass durch künstliche Rückdatierung innerhalb einer Gesellschaft, die der Tradition einen hohen Stellenwert zumaß, mehr Autorität für sich zu beanspruchen versuchte. Die Textabschrift des «Denkmals memphitischer Theologie» ist in 64 Zeilen gegliedert. Bei den beiden horizontalen Zeilen am oberen Plattenrand handelt es sich um die Weiheinschrift des Königs Schabaka. Die senkrechten Zeilen (3-64) sind inhaltlich in drei Gruppen gegliedert, wobei die beiden ersten Teile die politische Lehre von Memphis mit der Einbindung des Ptah in den Osirismythos bilden:

· Zeilen 7-47: Der erste Teil erzählt vom Streit zwischen den Göttern Horus und Seth um den Thron Ägyptens. Die Streitigkeiten finden vor dem Ur- und Schöpfergott Atum und der Götterneunheit von Heliopolis vorerst Schlichtung mittels Aufteilung des Landes in Ober- und Unterägypten. Doch schlussendlich gibt das Göttergericht einer Wiedervereinigung des Landes unter Vorherrschaft des Horus den Vorzug: Horus erscheint als König beider Landesteile in Memphis.

· Zeilen 48-61 (Übersetzung auf folgender Seite): Beim zweiten und wichtigsten Teil handelt es sich um die Götterlehre von Memphis mit Ptah als All- und Schöpfergottheit. Das theologische Traktat enthält Erläuterungen über das Wesen und die Bedeutung des Gottes Ptah. Es versucht zu zeigen, dass Ptah der Gott ist, in dem alle Götter sind und dass durch sein Denken und Sprechen die ganze Götterwelt entstanden ist. Klaus Koch[3] und andere Bibelwissenschaftler haben gezeigt, dass in Genesis 1 eine sehr ähnliche Auffassung von der Gottheit und ihrem Wirken vorliegt.

· Zeilen 62-64: Der dritte Teil nennt einen weiteren Ausschnitt des Osirismythos. Der von den Göttinnen Isis und Nephthys geborgene Leichnam des Osiris wird in Memphis beigesetzt.

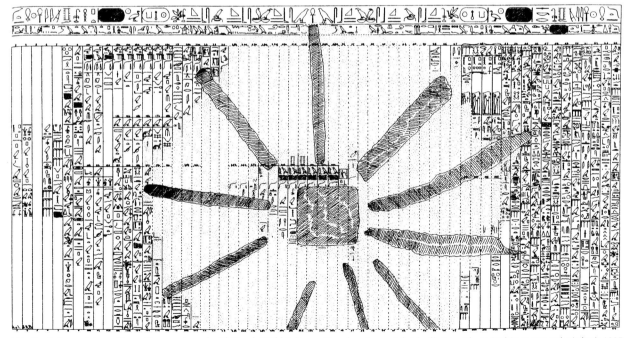

Abb. Ih: Aufgrund der späteren Verwendung der Platte als Mühlstein und deren daraus resultierenden starken Zerstörung, ist das «Denkmal memphitischer Theologie» nur noch bruchstückhaft erhalten.

Es gelangte zunächst in die Sammlung Earl Spencer und wird seit 1805 im British Museum aufbewahrt (Inv.-Nr. 498; ehemals 797).

Die Götter, die in Ptah Gestalt haben:
Ptah-der-auf-dem-großen Thron – [Tatenen, der ...]
Ptah Nun – der Vater, der den Atum [erzeugte];
Ptah Naunet – die Mutter, die den Atum gebar;
Ptah-der-Große – der Herz und Zunge der Götterneunheit ist;
Ptah [Horus] – [...]... der die Götter bildete;
Ptah [Thot] – [...]... der die Götter bildete;
[Ptah] ... – [...]
[Ptah] – [...]-Nefertem an der Nase des Re alle Tage.

Es hat etwas Gestalt als Herz, als Sinnbild des Atum. Es ist Ptah.
Es hat etwas Gestalt als Zunge, als Sinnbild des Atum. Es ist Ptah.
Der «sehr Große», der der Leben überwiesen hat allen Göttern und allen Kas durch dieses Herz, aus dem Horus hervorgekommen war als Ptah und durch diese Zunge, aus der Thot hervorgekommen war als Ptah.

Es haben das Herz und die Zunge Macht über alle Glieder, aufgrund der Erwägung, dass es (das Herz) in jedem Leib ist, dass sie (die Zunge) in jedem Mund ist von allen Göttern, allen Menschen, allem Vieh, allem Gewürm und allem was lebt – indem das Herz alles denkt, was es will und die Zunge alles befiehlt, was sie will.

Seine (des Ptah) Götterneunheit ist vor ihm als Zähne und Lippen,
das sind der Same und die Hände des Atum.
Es entstand ja die Götterneunheit durch seinen Samen und seine Finger.
Die Götterneunheit ist aber die Zähne und die Lippen in diesem Mund,
der den Namen aller Dinge nannte,
aus dem Schu und Tefnut hervorgegangen sind,
der die Neunheit geschaffen hat.

Das Sehen der Augen, das Hören der Ohren,
das Luftatmen der Nase, sie erstatten dem Herz Meldung.
Das Herz ist es, das jede Erkenntnis entstehen lässt,
die Zunge ist es, die wiederholt, was vom Herzen erdacht wird.

So wurden alle Götter geschaffen und so wurde seine Neunheit vollendet.
Es entstand ja jedes Gotteswort durch das, was vom Herzen erdacht und von der Zunge befohlen wurde.
So wurden die Kas (Lebensgeister) geschaffen und die ḥmws.t (Schutzgeister) bestimmt,
die alle Nahrung und alle Speisen hervorbringen, durch dieses Wort,
das vom Herzen erdacht und von der Zunge befohlen wurde.
So wird auch Recht gegeben dem, der tut, was geliebt wird und Unrecht gegeben dem, der tut, was gehasst wird.
So wird auch Leben gegeben dem Friedfertigen und Tod gegeben dem Frevler durch dieses Wort,
das von dem Herzen erdacht und von der Zunge befohlen wurde.

So werden alle Arbeiten verrichtet und alles Handwerk,
das Tun der Hände, das Gehen der Füße
und die Bewegung aller anderen Glieder gemäß diesem Befehl,

die vom Herzen gedacht wird und durch die Zunge hervorkommt,
die das Wesen von Allem ausmacht.

Man nennt Ptah: «Der-das-All-schuf-und-die-Götter-hervorbrachte».
Er ist ja Tatenen, der die Götter schuf, aus dem alle Dinge hervorgegangen sind,
an Speisen und Nahrung, an Opfern der Götter, an allen guten Dingen.
So wurde festgestellt und erkannt, dass seine Macht größer ist als die der anderen Götter.
So war Ptah zufrieden, nachdem er alle Dinge und alle Gottesworte gemacht hatte.

Er schuf die Götter, er machte die Städte, er gründete die Gaue,
er setzte die Götter auf ihre Kultstätten, er setzte ihre Opfer fest,
er richtete ihre Heiligtümer ein, er machte ihren Leib so, wie sie wünschten.
So traten die Götter ein in ihren Leib aus allerlei Holz, allerlei Mineral, allerlei Ton
und allerlei anderen Dingen, die auf ihm (Ptah-Tatenen) wachsen,
in denen sie Gestalt angenommen haben.

So sind alle Götter bei ihm versammelt samt ihren Kas,
zufrieden und vereint mit dem «Herrn-der-beiden-Länder».

«Das Denkmal memphitischer Theologie»[4]
(Zeilen 48-61)

Ptah auf Heilsbringern und Werbeträgern

Die Gegenwart einer Gottheit weckte Gefühle des Schreckens und der Faszination. Ging man in rechter Weise mit ihr um, war sie eine Quelle lebenssteigernder Kraft, des Segens. An diesem Segen wollte man teilhaben. Die einfachste Art war, sich ein Abbild des Kultbilds zu verschaffen. Dieses Bild konnte zweierlei Grundfunktionen erfüllen. Es konnte einen der Gottheit nahe bringen, indem man es in den Tempel stiftete und durch diese Gabe vor der Gottheit präsent wurde. Die kleine Kopie des Kultbilds konnte aber auch nach Hause, in ein anderes Dorf, ja in ein fernes Land mitgenommen, die Kraft und der Schutz der Gottheit so in den Alltag hinein gebracht werden.

Die Vergegenwärtigung der Gottheit in ihrem Bild (Kat. 1-16)

Kultstatuen haben sich in der Regel nicht erhalten. Da sie den «Leib» der Gottheit bildeten, wurden sie aus den kostbarsten Materialien gefertigt. Meist waren sie aus verschiedenen Materialien wie Gold, Silber, Lapislazuli etc. zusammengesetzt (Kompositstatuen). In Krisenzeiten wurden sie als erstes geraubt und zerstört. Was sich in großer Zahl erhalten hat, sind Kopien des Kultbilds. Sie konnten dazu dienen, den Stifter in die Gegenwart der Gottheit oder die Gottheit in den Alltag hinaus zu bringen.
Bronzefiguren des Gottes Ptah wurden wahrscheinlich, wie die anderer Gottheiten, in einer Tempelwerkstatt hergestellt und verkauft. Diese Figuren wurden zum Teil in den Tempel gestiftet. Manche der Figuren tragen auf dem Sockel eine

hieroglyphische Inschrift, die in der Regel eine Bitte um Leben und Gesundheit, den Namen des Stifters bzw. der Stifterin sowie die Namen seiner bzw. ihrer Eltern enthält. Die Figur sollte die Bitte ständig der dargestellten Gottheit zu Ohren bringen. Bronzefiguren ägyptischer Gottheiten sind aber auch im Ausland gefunden worden. Gegen 50 ägyptische Götterbronzen sind in Palästina/Israel aufgetaucht, so z. B. Osirisfiguren in Weinfabriken in Aschkelon und in Gibeon. Osiris war u. a. ein Gott des Weinbaus. Er wurde von den Griechen mit Dionysos gleichgesetzt und als Patron all dessen gefeiert, was mit Weinbau zu tun hat. Bronzefiguren ermöglichten also auch den Kult einer Gottheit fern von ihrem Heiligtum.

Die gleichen Zwecke wie die ca. 15-25 cm große Bronzefiguren konnten auch kleine, billigere Figuren erfüllen. Sie konnten, wenn sie mit einer Öse versehen waren, von denen, die sie erwarben, zusätzlich als Schutz- und Segensspender, als Amulette, als Anhänger am Hals oder am Handgelenk getragen werden. Amulette wurden nicht nur von den Lebenden getragen, sondern auch auf die Mumie gelegt, damit sie auch im Jenseits für den Verstorbenen ihre Wirkung ausübten. Die Blütezeit der Fayence-Amulette lag in der Spätzeit. Von der seriellen Produktion und der damit intendierten weiten Verbreitung dieser Miniaturfiguren zeugen Amulettformen (vgl. Kat. 12-16, 50-51).

Ptah und seine Sphäre auf Skarabäen und ähnlichen Siegelamuletten (Kat. 17-59)

Nebst rundplastischen Figuren konnten auch winzige Flachbilder mit der Figur und/oder dem Namen des Gottes die Grundfunktionen übernehmen, entweder Stifter und Stifterinnen im Tempel gegenwärtig zu setzen oder den Segen des Gottes aus dem Tempel in den Alltag zu bringen. Diese Flachbilder sind in der Regel auf der Basisplatte von Skarabäen (siehe S. 21) und auf ähnlichen Siegelamuletten angebracht.

W.M.F. Petrie hat bei seinen Ausgrabungen im Bereich des Ptahtempels in Memphis Reste einer Skarabäenwerkstatt aus dem 13.-12. Jh. v. Chr. entdeckt.[5] Es ist naheliegend, dass dort Skarabäen mit Ptah-Motiven hergestellt worden sind. Bereits im 17. Jh. v. Chr. sind ägyptische Skarabäen in Palästina imitiert worden.[6] Bilder von ägyptischen Gottheiten sind auf diesen Skarabäen früher und häufiger zu finden als in Ägypten selber, wo sich Abbildungen von Gottheiten regelmäßig erst ab der 18. Dynastie finden (1539-1292 v. Chr.). Die Skarabäen mit Ptah zeigen häufig die Überlegenheit dieses Gottes über andere Gottheiten, besonders über Sonnengottheiten und werden so ein Werbemittel für den Gott von Memphis.

Eine Produktion von Ptah-Skarabäen von vergleichbarem Umfang wie in der Hauptproduktionsphase, der 19. Dynastie (1292-1190 v. Chr.) – und evtl. noch der 20. Dynastie (1190-1075 v. Chr.) – gab es erst wieder in der 26. Dynastie (664-525 v. Chr.), als Memphis ein starkes kosmopolitisches Gepräge bekam. Die Skarabäen der 26. Dynastie (Kat. 40ff.) sind im Schnitt merklich kleiner als die ramessidischen Exemplare. Ptah erscheint in der Regel hockend. Vielleicht wird er dadurch dem Hieroglyphenbild für «Gottheit» angeglichen, das eine hockende Figur zeigt (Kat. 47).

Die Vergegenwärtigung von VerehrerInnen am Heiligtum (Kat. 60-66)

Auch wenn das Heiligtum grundsätzlich nur den Priestern offenstand, gab es doch auch für Laien Möglichkeiten, sich der Gottheit nahezubringen, und zwar für alle Schichten. Das dokumentieren Weihegegenstände ganz unterschiedlicher Art, angefangen vom Skarabäus einfacher Leute, über bemalte Kalksteinstelen des Mittelstandes (Kat. 62) bis hin zu teuren Würfelhockern und Statuen aus kostbaren Materialien, gestiftet von berühmten Leuten wie Chaemwese, einem Sohn Ramses' II. (Kat. 63).

Der Weihegegenstand hatte den Sinn eines anhaltenden Gebetes vor der Gottheit. Durch Inschriften oder gar Bilder wurden die StifterInnen auf ihnen vergegenwärtigt. Ohren konnten die Fürbittfunktion der Stiftung unterstreichen (Kat. 61).

Das Hinaustragen des Segens in die Welt (Kat. 67-75)

Alle amulettartigen Heilsbringer dienten der Verbreitung und Förderung des göttlichen Segens in der Welt. Ganz besonders gilt dies für all jene Objekte, die Szenen aus dem Repertoire der Tempelreliefs reproduzieren. Sie verweisen auf den Tempel und machen die heilvollen Kräfte präsent, die mit jenem verbunden sind. Sie haben vielleicht zum Teil auch so funktioniert wie heute Ansichtskarten. Der Schutz-, Erinnerungs- und Werbeeffekt der Amulette wurde dadurch vergrößert, dass der einzige Priester der ägyptischen Gottheiten auf den Tempelwänden der Pharao war. Wo immer diese Objekte auftauchten, vergegenwärtigten sie oberste göttliche und irdische Autorität und die Harmonie, die nach der Vorstellung zwischen ihnen bestehen musste. Diese Objekte waren ebenso Werbung für den Pharao wie für den Gott.

Ptahs Beziehung zum Totenreich (Kat. 76)

Der Gott Ptah ist seit ältesten Zeiten mit der Stadt Memphis verbunden, einer Stadt, deren Ansehen nicht nur von ihrer politischen Stellung als Verwaltungszentrum und Königsresidenz herrührte, sondern auch von ihrer ausgedehnten Nekropole. Ein Kranz von weißleuchtenden Pyramiden und Tempeln säumte das Wüstenplateau im Westen der Stadt, die reich ausgestatteten Gräber der hohen Beamten lagen zwischen den königlichen Pyramidenanlagen. Schützer dieser Nekropole war der Gott Sokar, der als ein kauernder Falke dargestellt wurde. Ptah als Gott der Stadt und ihrer Aktivitäten verschmolz schon früh mit dem Herrscher der Nekropole Sokar. Der Totengott Osiris wurde in diese Götterverbindung miteinbezogen: Ptah-Sokar-Osiris wurde eine in ganz Ägypten verehrte Gottheit, die dem Verstorbenen Schutz, Wiederbelebung und eine gesicherte Existenz im Jenseits versprach.

Skarabäen

Scarabaeus ist eine lateinische Missbildung vom griechischen *ho karabos* «der Blatthornkäfer» und meint den «heiligen Mistkäfer» der Ägypter, von dem es mehrere Arten gibt. Die wichtigste ist der *Scarabaeus sacer* (Linné). Diese Mistkäferart ist am Übergang vom 3. zum 2. Jt. v. Chr. zu einem wichtigen Symbol des Sonnengottes und für 1500 Jahre zum populärsten ägyptischen Amulett geworden. Der ägyptische Name des Käfers ist *Cheprer*. Das Wort ist wahrscheinlich mit *cheper* «werden, entstehen, sich regenerieren» verwandt. *Chepri* heißt der Sonnengott am Morgen.

Nebst dem Namen haben vor allem einige Lebensgewohnheiten zur Popularität des Käfers beigetragen. So nagt er aus dem Dung von Pflanzenfressern verhältnismäßig große, perfekt runde Kugeln und rollt diese mit den Hinterbeinen unglaublich behende zu Orten, wo er sie im Boden vergraben kann. Dort lebt er dann eine Zeitlang davon. Das Bild des Käfers, der eine Kugel rollt, hat die Intuition provoziert, eine ähnliche Kraft wie die des Käfers könnte den geheimnisvollen Lauf der Sonnenkugel bestimmen und Anlass dafür sein, dass die Sonne täglich neu und regeneriert am östlichen Horizont erscheint. Dazu kommt, dass die weiblichen Käfer aus sehr feinem Dung birnenförmige Gebilde herstellen, in dessen Spitze sie ein Ei legen. Die Larve nährt sich dann bis zu ihrer Verpuppung von diesem Dung, und der fertige Käfer tritt aus dem Boden hervor, als ob er sich selbst erschaffen hätte. Durch das Käferamulett wollte man sich die Vitalität und Regenerationskraft des Käfers und der Sonne aneignen.[7] Auf die Basisplatte, auf die der Käfer als Amulett in der Regel gestellt wird, konnten zusätzliche Symbole, Bilder und Inschriften graviert werden, zum Beispiel solche, die den Gott Ptah und seine Sphäre vergegenwärtigten.

Bereits im 17. Jh. v. Chr. hat man auch in Kanaan (Palästina/Israel) in großen Mengen «ägyptische» Skarabäen lokal hergestellt, und die Basis zum Teil mit ägyptischen, zum Teil mit einheimischen Motiven dekoriert.[8] Als Material diente in den meisten Fällen Steatit (Seifenstein, Speckstein). Dieser Stein ist sehr weich und mit dem Fingernagel zu kratzen (Mohshärte 1). Er ist aber hitzebeständig und heißt deshalb auch Ofenstein. Bei ca. 850° Celsius wandelt er sich in den viel härteren Enstatit (Mohshärte 6). ☐

Abb. Ij: Amulett in Gestalt eines Skarabäus (= Kat. 32).

1   Rudolf Anthes, Mit Rahineh 1955 (Museum Monographs), Philadelphia 1959; ders. Mit Rahineh 1956 (Museum Monographs), Philadelphia 1965.
2   Petrie 1909, 11 und Pl. 28,14.
3   Klaus Koch, Wort und Einheit des Schöpfergottes in Memphis und in Jerusalem: ZThK 62, 251-293; jetzt mit Ergänzungen und Korrekturen, in: ders., Studien zur alttestamentlichen und altorientalischen Religionsgeschichte, Göttingen 1988, 61-105.
4   Übersetzung nach Junker, Götterlehre 16-77.
5   S. Anm. 2.
6   Keel, Corpus, 34.
7   Vgl. dazu Keel, Corpus, 19-22; Keel, Corpus I, 779-781.
8   Keel, Corpus, 29-39.

Lit.:
• Zum Denkmal memphitischer Theologie: H. Altenmüller, Art.: Denkmal memphitischer Theologie: LÄ I, 1065-1069; J. Assmann, Ägypten. Eine Sinngeschichte, München/Wien 1996, 382-396; J.H. Breasted, The Philosophy of a Memphite Priest: ZÄS 39 (1901) 39-54, pl. I-II; F. Junge, Zur Fehldatierung des sog. Denkmals memphitischer Theologie, oder: Der Beitrag der ägyptischen Theologie zur Geistesgeschichte der Spätzeit: MDAI 29 (1973) 195-204; H. Junker, Die Götterlehre von Memphis (Schabaka-Inschrift): APAW 1939, Phil.-hist. Klasse Nr. 23, Berlin 1940, 16-77; H. Schlögl, Der Gott Tatenen. Nach Texten und Bildern des Neuen Reiches (OBO 29), Freiburg CH/Göttingen 1980, 110-117; K. Sethe, Dramatische Texte zu altägyptischen Mysterienspielen (UGAÄ 10,1), Leipzig 1928, 1-80.
• Zu Bronzen in Palästina: Othmar Keel, in: Page Gasser, Götter XI-XIII.
• Zum Amulettwesen und Modeln: W.M.F. Petrie, Memphis I (BSAE 15), London 1909; ders., Amulets, London 1914; C. Andrews, Amulets of Ancient Egypt, London 1994; Herrmann 1985, 1994 und 2002; Miniaturkunst, 93-123.
• Zu Skarabäus und Skarabäen: E. Hornung/E. Staehelin (Hgg.), Skarabäen und andere Siegelamulette aus Basler Sammlungen (ÄDS 1), Basel/Mainz 1976; Keel, Corpus, §§ 38ff.
• Zu Ptah-Skarabäen: Keel 1989.

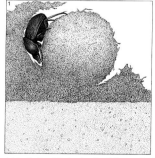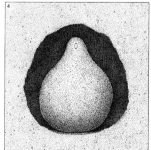

Abb. Ii: Zur Biologie der Mist- oder Dungkäfer: 1. Herausschneiden der Dungkugel. 2. Rollen der Kugel. 3. Vergraben der Kugel. 4. Dungbirne, in die ein Ei gelegt wurde.

1 Kultstatue des Ptah und ein entsprechender Sockel

Holz, stuckiert, Spuren von Blattvergoldung. Kappe: schwarzer Steatit. Gesicht und Hände stark zerstört, Fußpartie und Sockel fehlen.
H. 26 cm
Ägypten, Neues Reich, 18.-19. Dynastie, 1539-1190 v. Chr.
Privatsammlung, Schweiz

Trotz der Einbuße des ursprünglichen Aussehens handelt es sich bei dieser aus Holz gefertigten Statue um ein Objekt von besonderer Bedeutung. Der wohlproportionierte Leib des stehenden Ptah ist in ein enganliegendes Gewand gehüllt. Rund um die Schulterpartie lässt sich ein breiter Halskragen erahnen, der partiell über der Brust erhalten ist: Auf einer feinen Stuckschicht lassen sich Spuren des ursprünglichen Blattgoldüberzuges erkennen. In einem aufwendigen Verfahren waren Augen und Brauen, der lange Kinnbart sowie das *W3s*-Szepter einstmals mit attraktiven Materialien wie z. B. leuchtender Glaspaste, Halbedelsteinen (Lapislazuli, Bergkristall) und Edelmetallen (Gold, Silber, Elektron) eingelegt. Leider haben genau diese wertvollen Inkrustationen zur Schändung der Figur geführt. Das gewaltsame Entfernen der einzelnen Präziosen hat das Gesicht beinahe bis zur Unkenntlichkeit zerstört. Entsprechend kam es durch das Herausreißen des Szepters zum langen Riss über der Bauchpartie und dem Fehlen beider Hände. Einzig die Kappe aus glänzendem, schwarzen Steatit ist erhalten.

Die Größe der Figur, die feine handwerkliche Ausführung, die ursprüngliche Verschönerung mit Blattgold und Einlegearbeiten lassen vermuten, dass es sich bei dieser Statue des Ptah um eine Art privates Kultbild des Gottes gehandelt hat. Außerhalb des Tempels, jenem irdischem Haus, wo die Gottheit – in Gestalt eines Kultbildes – residierte, fanden sich auch volkstümliche Kultplätze. Besonders ab dem Neuen Reich besaßen die meisten privaten Wohnhäuser kleinere Kultstellen für die Schutzgottheiten der Familie.

Lit.: Unveröffentlicht. – Zu Abb. 1a: Tutanchamun, Ausstellungskatalog, Mainz 1980, 62f., Nr. 3; Umzeichnung von Barbara Connell nach einer Fotografie von Margarete Büsing, Staatliche Museen zu Berlin - Preußischer Kulturbesitz, Ägyptisches Museum und Papyrussammlung, 1980.

Holz, stuckiert
L. 20 cm, B. 6,5 cm, H. 3,5 cm; trapezförmige Vertiefung: B. 2,5 x 3,3 cm, L. 4 cm, T. 2,5 cm
Ägypten, wahrscheinlich aus Hermopolis, Neues Reich oder Spätzeit, 1292-525 v. Chr.
Privatsammlung, Frankreich

Der Sockel weist die Gestalt des hieroglyphischen Zeichens *Maat* auf. Die trapezförmige Vertiefung diente gemäss der Inschrift zur Aufnahme einer Statue des Gottes Ptah (vgl. oben beschriebene Holzfigur). Auf der Oberseite des Sockels finden sich vier horizontale Zeilen:
«(1) [Worte gesprochen] seitens des Ptah, des Großen, der in Hermopolis ist, des Herrn der Beiden Länder, der im Goldhaus residiert. (2) Er gebe Leben, Kraft, Gesundheit, ein langes Leben sowie ein langes und schönes Alter dem Gottesvater, geliebt (vom Gott) im *Ḥwt-jbtt* (= Heiligtum des Thot). (3) Der Vorsteher der Zeichner, *P3t3nḥbw*, gerechtfertigt, (4) Sohn des Vorstehers der Zeichner, *Ḥr-dḥwtj*, gerechtfertigt, Sohn des Gottesvaters, geliebt (vom Gott) *Ḥr-jst*, gerechtfertigt.»

Fünf vertikale Inschriftzeilen befinden sich auf der vorderen, abgeschrägten Sockelfläche, wobei je zwei Zeilen symmetrisch zur Mittelzeile geschrieben sind: (5/Mittelzeile) Die Kartusche ruht über einem *smȝ-tȝ.wj* (das Motiv der Vereinigung der Beiden Länder) und nennt die Götterverbindung Amun-Re-Ptah-Thot, darüber eine Sonnenscheibe mit zwei heraldischen Uräen. «(6) Worte gesprochen seitens des Ptah-Tatenen, Vater der Götter, er gebe (7) Leben, Kraft und Gesundheit dem Gottesvater, geliebt (vom Gott), Vorsteher der Zeichner, *Ḏḥwtj-ḥr*, Sohn des *Tȝnḥbw*. (8) Worte gesprochen seitens des Ptah, des Großen, ‹der-im-Süden-seiner-Mauer-ist›, Herr von ‘*nḥ-tȝ.wj*. Er gebe Leben, Kraft und Gesundheit. (9) Der Gottesvater, geliebt (vom Gott), *Pȝḏȝnjt* (?), Sohn des *Ḥr-ḏḥwtj*.»

Lit. Unveröffentlicht. – Übersetzung der hieroglyphischen Inschrift mit freundlicher Genehmigung vom Besitzer des Sockels übernommen; ausführliche wissenschaftliche Bearbeitung und Publikation in Vorbereitung.

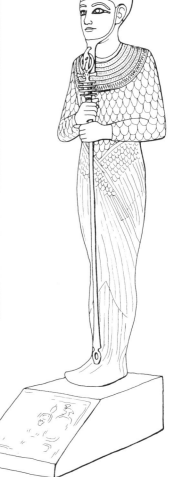

Abb. 1a: Eine intakte Figur der Art von Kat. 1 fand sich im Grabschatz des Königs Tutanchamun (18. Dynastie, 1319-1309 v. Chr.; Theben, Tal der Könige, Fundnummer 291a; Kairo, Ägyptisches Museum JE 60739). Sie ist ebenfalls aus Holz geschnitzt, stuckiert und vergoldet, sowie mit Inkrustationen aus Bronze, Fayence und Glas versehen.

2 Figur des stehenden Ptah

Bronze, Vollguss. Statuette intakt.
Sockel neuzeitlich ergänzt
H. 20 cm, B. 6,5 cm
Ägypten, Spätzeit, 26.-30. Dynastie,
664-343 v. Chr.
Sammlungen BIBEL+ORIENT, ÄFig
1996.2

Die hochgewachsene Gestalt des
stehenden Ptah ist bis auf die beiden aus schlitzartigen Öffnungen
greifenden Hände vollständig in
ein Gewand gehüllt. Die übereinander liegenden Hände umgreifen
ein langes *W3s*-Szepter, dessen
schakalköpfiger Abschluss vollpla-
stisch frontal wiedergegeben ist.
Rund um die Schulterpartie lässt
sich ein mehrreihiger Halskragen
erkennen. Das körperumhüllende
Gewand ist in der Nackenpartie
wulstartig hochgestülpt. Das aus
Elektrum eingelegte rechte Auge
lässt das ursprünglich ausdrucks-
volle Antlitz des Gottes erahnen, obwohl dessen Gesichtszüge etwas
verwischt erscheinen. Eine enganliegende Handwerkerkappe um-
schließt die Schädelkalotte. Der gerade Königsbart am Kinn der Gottheit reicht bis zur Stirn des scha-
kalköpfigen Abschlusses des *W3s*-
Szepters.

Lit.: Art of the Ancient World, Royal-
Athena Galleries, New York 1996, 49, no.
194; Page Gasser, Götter, 25-28, Taf. 3-4.

3 Stehender, mumienförmiger Ptah-Tatenen

Bronze, Vollguss. Intakt bis auf die Einschlagkerbe auf der rechten
Vorderseite der Kalotte; obere Hälfte der Krone abgebrochen.
H. 17 cm, B. 4,9 cm; Zweiteiliger Sockel: Fußplatte L. 3 cm, B. 3,1 cm,
H. 0,3 cm; Basis: L. 4,2 cm, B. 3,6 cm
Ägypten, Spätzeit, 26. Dynastie, 664-525 v. Chr.
Sammlungen BIBEL+ORIENT, ÄFig. 2000.5; ehemals Sammlung
Liechti, Genf

Die synkretistische Götterverbindung Ptah-Tatenen wird in
der vorliegenden Bonzestatuette visualisiert. Die kräftige Figur ist bis auf die beiden aus schlitzartigen Öffnungen greifenden Hände und deren mit Armbändern verzierten Gelen-
ke vollständig in ein Gewand gehüllt. Die übereinander liegenden Hände umgreifen ein langes *Wȝs*-Szepter, dessen
schakalköpfiger Abschluss in Seitenansicht auf der Brust auf-
liegt. Das körperumhüllende Gewand ist in der Nackenpartie
wulstartig hochgestülpt. Rund um die Schulterpartie lässt sich
ein mehrreihiger Halskragen erkennen, dessen beide Ver-
schluss-Quasten vom Nacken über den Gewandsaum auslau-
fen. Das Antlitz sowie die fein modellierten Ohren werden
von der enganliegenden Kappe ausgespart. Obwohl nicht intakt, erweist sich das auf dem Scheitel ruhende Kronenen-
semble als ein maßgebendes Kriterium für eine Identitätsbe-
stimmung dieser Götterfigur als Ptah-Tatenen.
Die ältesten Belege des Gottes Tatenen reichen in das Mittlere Reich zurück. Die Inschriften einer Reihe von Särgen aus
dieser Epoche bezeichnen Tatenen als einen «Gott der noch
nicht zusammengefügten Erde» (d. h. der Erde vor der Schöpfung). Eine eminente Zunahme der Bedeutung des Tatenen
lässt sich mit dem Auftreten einer neuen religiösen Literatur-
gattung, der königlichen Jenseitstexte, zu Beginn des Neuen
Reiches feststellen. Zu diesen Unterweltsbüchern gehört das
Amduat («Schrift des verborgenen Raumes»), welches die
Fahrt des Sonnengottes durch die Unterwelt während der zwölf
Nachtstunden schildert. Die bildliche Wiedergabe des Tatenen hat sich von der als Schlange zu der als menschliche
Mumie gewandelt, deren Haupt von einer dreiteiligen Perük-
ke gerahmt und von einem Kopfputz bekrönt wird, der aus
einem waagrechten, gedrehten Widdergehörn und einem darauf ruhenden hohen Federnpaar besteht. Von den Anlehnun-
gen des Tatenen an weitere Gottheiten wie u. a. Osiris und
Amun ist jene an Ptah von besonderer Bedeutung. Diese in
der Zeit von Ramses II. entstandene synkretistische Verbindung lässt Tatenen – nun in der Formel Ptah-Tatenen – zu
einem festen Bestandteil des königlichen Jubiläumsfestes (so-
genanntes Sed-Fest) werden.

Lit.: Small Sculpture from Ancient Egypt, Charles Ede Ltd., London
1999, no. 20; Page Gasser, Götter, 29-33, Taf. 5.

4 Kleine Figur des Ptah
Bronze, Vollguss
L. 4,5 cm, B. 1 cm
Ägypten; kaum datierbar, wahrscheinlich 1.
Jt. v. Chr.
Sammlungen BIBEL+ORIENT, ÄFig. 1983.3

Kanonische Darstellung des Gottes. An
der unteren Seite der Basis ist der Ein-
gusszapfen sichtbar, mit dessen Hilfe
die Figur aufgestellt werden konnte.

Lit.: Unveröffentlicht.

**5 Amulett in Gestalt eines stehenden
Ptah**
Hellgrüne Fayence
H. 5,2 cm
Oberkörper partiell bestoßen
Ägypten, Ptolemäische Epoche, 3.-1. Jh. v. Chr.
Privatsammlung, Schweiz

Die kleine, qualitätsvolle Götterfigur aus
Fayence zeigt Ptah in seinem kanoni-
sierten, rein anthropomorphen Erschei-
nungsbild. Seit frühester Zeit hatten
sich die ÄgypterInnen mit schutzkräfti-
gen und heilbringenden Gegenständen
versehen. Nebst der magischen Schutz-
wirkung diente dieser zumeist tragbare
Talisman auch als Schmuck. Amulette
wurden nicht nur von den Lebenden
getragen, sondern auch auf die Mumie
gelegt, damit sie auch im Jenseits für
den Verstorbenen ihre Wirkung ausübten.

Lit.: Unveröffentlicht. – Parallelen: Miniaturkunst, 102, Abb. 132; Andrews 1994, 14-19,
fig. 11c.

6 Amulett in Gestalt eines stehenden Ptah
Graues Kompositmaterial mit graugrüner Glasur
L. 3,2 cm, B. 1 cm, T. 1,1 cm
Ägypten, persische bis ptolemäische Epoche, 525-30 v. Chr.
Privatsammlung, Schweiz

Kanonische Darstellung des Gottes. Durch den durchbohrten Pfeiler auf der Rückseite konnte eine Schnur gezogen werden.

Lit.: Herrmann 2002, Nr. 111.

7 Amulett in Gestalt eines stehenden Ptah
Weißes Kompositmaterial mit hellblauer Glasur
L. 2,2 cm, B. 0,6 cm, T. 0,7 cm
Ägypten, persische bis ptolemäische Epoche, 525-30 v. Chr.
Sammlungen BIBEL+ORIENT, M.A. 2324

Im Wesentlichen identisch mit Nr. 6.

Lit.: Unveröffentlicht.

8 Figur eines Patäken mit zwei Messern
Weißes Kompositmaterial mit sehr dünner, grüner, schwarzer und farbloser Glasur; Verstärkungsbalken am oberen Ende beschädigt
L. 4,3 cm, B. 2,1 cm, T. 1,5 cm
Ägypten, Neues Reich bis 3. Zwischenzeit, 1539-713 v. Chr.
Sammlungen BIBEL+ORIENT, M.A. 1562

Auf einer fast ovalen Basis steht ein Patäke in Gestalt eines Zwerges. Ohren, Augen, Nase, Mund, der pralle Bauch, die kleinen männlichen Geschlechtsorgane und die O-Beine sind klar erkennbar. Auf dem Kopf ist wahrscheinlich ein Skarabäus mit schwarzer Glasur angedeutet. Die Brust ist mit einem einreihigen Halskragen geschmückt. Die Hände, der vor dem Bauch angewinkelten Arme halten je ein Messer. Ein schlanker Verstärkungsbalken schmiegt sich harmonisch an die Rückseite. Die Messer deuten an, dass man der Figur primär Schutzfunktionen zugedacht hat.

Lit.: Unveröffentlicht. – Parallelen aus Palästina/Israel: Herrmann 1994, Nr. 628, 630.

9 Figur eines Patäken mit Handwerkerkappe

Weißes Kompositmaterial mit sehr dünner, farbloser Glasur. Beine weggebrochen; Nase, Wange, Mund und Kinn beschädigt
L. 6,5 cm, B. 3,5 cm, T. 2,3 cm
Ägypten, 3. Zwischenzeit bis Spätzeit, 1075-343 v. Chr.
Sammlungen BIBEL+ORIENT, M.A. 1558

Patäke mit leicht angewinkelten Armen, deren Hände zu Fäusten geballt sind. Die männlichen Geschlechtsorgane sind unter dem Bauch mit Bauchnabel gut sichtbar. Der Kopf ist außergewöhnlich stark abgeflacht und trägt die Handwerkerkappe. Augen, Nase und Mund sind sehr detailliert ausgearbeitet. Im Nacken sitzt eine sechsfach gestreifte Aufhängevorrichtung und das Gesäß wird durch das ausgeprägte Hohlkreuz besonders betont.

Lit.: Unveröffentlicht. – Parallele aus Palästina/Israel: Herrmann 1994, Nr. 613.

10 Patäke zwischen Isis und Nephthys

Graues Kompositmaterial mit Resten hellgrüner Glasur
L. 5,8 cm, B. 2,6 cm, H. 2 cm
Ägypten, Spätzeit, 26.- 30. Dynastie, 664-343 v. Chr.
Privatsammlung, Schweiz

Patäke mit angedeuteter Handwerkerkappe und einem Skarabäus darauf, dem Symbol des jugendlichen Sonnengottes. Auf seiner rechten Seite ist Isis, auf seiner linken Nephthys. Sie flankieren in der Regel schützend das Horuskind. Isis trägt als Kopfschmuck das Kuhgehörn mit Sonnenscheibe, das sie von Hathor übernommen hat, Nephthys die Hieroglyphen für «Herrin des Palastes». Auf den beiden Kopfbedeckungen ist je ein Horusfalke zu sehen. Die Figur steht – wie das Horuskind auf den Horusstelen – auf zwei Krokodilen, deren Schwänze sich hinten überlagern. Die Rückseite nimmt bis zur Aufhängevorrichtung im Nacken eine rechteckige Platte ein. Auf ihr ist eine nach rechts schreitende Gestalt eingraviert, die das für Hathor-Isis typische Kuhgehörn zu tragen scheint, aber mit einem Männerschurz bekleidet ist. Die Anreicherung des Patäken mit Elementen des Horuskindes ist typisch für die Spätzeit. Dass die Figur aber doch als kleiner Ptah anzusprechen ist, zeigt Kat. 11.

Lit.: Herrmann 2002, Nr. 116. – Parallele aus Palästina/Israel: Herrmann 1994, Nr. 644.

11 Patäke als Bezwinger gefährlicher Tiere
Graues Kompositmaterial (oder Enstatit?) mit graugrüner Glasur; vor allem auf der Vorderseite stark abgenutzt
L. 2,4 cm, B. 1,3 cm, T. 1 cm
Ägypten, Spätzeit, 26.-30. Dynastie, 664-343 v. Chr.
Sammlungen BIBEL+ORIENT, M.A. 1609

Der Patäke trägt über dem Kopf ein Uräenfries. Über Schultern und Brust liegt ein schmaler Halskragen. Über dem Halskragen sind äußerst fein graviert die Körper zweier Schlangen zu sehen, die aus den Mundwinkeln der Gestalt heraustreten und seitlich über die Schultern hängen (Kat. 16). Auf den Schultern sitzt je ein Falke. Die zur Faust geballten Hände, ruhen auf den dicken Oberschenkeln. Die Linke hält den Schwanz eines Skorpions, die Rechte den Schwanz eines Löwen. Der Patäke ist so wie der Horus der Horusstelen als Herr über alle gefährlichen Tiere dargestellt.

Dass es sich aber doch um einen Patäken handelt, zeigt die Inschrift auf der Unterseite der Basisplatte. Sie schiebt – etwas ungewohnt – die drei Zeichen für Ptah (*ptḥ*) und die für «Gedeihen» (*[w]ꜣḏ*) und «Leben» (*ꜥnḫ*) ineinander und ist wohl dahin zu verstehen, dass Ptah Gesundheit und Leben gibt.

Die Rückseite nimmt eine oben abgerundete Platte ein. Auf ihr ist Isis-Hathor mit Kuhgehörn und Sonnenscheibe als Kopfschmuck und langem, eng anliegendem Frauenkleid zu sehen. Sie breitet schützend die Flügel über den ganzen Rücken des Patäken. Je eine Maat-Feder (Kat. 24) flankiert den zur Seite gedrehten Kopf. Die Durchbohrung hinter dem Kopf des Patäken erlaubt das Tragen als Amulett.

Lit.: Unveröffentlicht.

12-13 Zwei Model zur Herstellung von Amuletten des stehenden Ptah

Gebrannter Ton; moderner Kunststoffabdruck
L. 2,5 cm, B. 2,2 cm, T. 1,2 cm
Ägypten, wahrscheinlich aus Qantir, Neues Reich, 19.-20. Dynastie, 1292-1070 v. Chr.
Sammlungen BIBEL+ORIENT, ÄF 1983.46

Gebrannter Ton; moderner Kunststoffabdruck
L. 2,2 cm, B. 2 cm, T. 1 cm
Ägypten, wahrscheinlich aus Qantir, Neues Reich, 19.-20. Dynastie, 1292-1070 v. Chr.
Sammlungen BIBEL+ORIENT, ÄF 1983.47

Mit Hilfe beider Model konnten ca. 1,5 cm hohe Amulette hergestellt werden, die Ptah stehend mit Königsbart, Nackenquaste und *W3s*-Szepter zeigten.

Lit.: Herrmann 1985, 23f., Nr. 80 und 81.

14 Model zur Herstellung eines thronenden Ptah

Gebrannter Ton; moderner Kunststoffabdruck
L. 2,3 cm, B. 2,1 cm, T. 1,1 cm
Ägypten, wahrscheinlich aus Qantir, Neues Reich, 19.-20. Dynastie, 1292-1070 v. Chr.
Sammlungen BIBEL+ORIENT, ÄF 1983.45

Ptah sitzt auf dem klassischen ägyptischen würfelförmigen Thron mit ausgegrenztem Quadrat, auf dem Könige und Gottheiten seit der 4. Dynastie (2670-2500 v. Chr.) unzählige Male dargestellt sind.

Lit.: Herrmann 1985, 22f., Nr. 78.

15 Model zur Herstellung eines Patäkenanhängers

Gebrannter Ton; moderner Kunststoffabdruck
L. 4,1 cm, B. 3 cm, T. 1,2 cm
Ägypten, Ende des Neues Reichs bis Spätzeit, 1070-525 v. Chr.
Sammlungen BIBEL+ORIENT, AF 1988.1

Die Figur steht ähnlich wie Kat. 8 auf einer runden Basis. Im übrigen sind die zwergenhaften Züge weniger stark betont als bei jener. Die Ptahkappe identifiziert die Figur aber eindeutig. Das Model sieht eine Durchbohrung des Halses vor. Die Figur war so als Anhänger gedacht.

Lit.: Ch. Herrmann, Fünf phönizische Formen für ägyptische Fayencen: ZDPV 105 (1989) 28-30.

Gott hat seinen Engeln befohlen,
dich zu beschützen, wohin du auch gehst.
Sie werden dich auf Händen tragen,
damit du nicht über Steine stolperst.
Löwen und Schlangen können dir nicht schaden,
du wirst sie alle niedertreten.
Psalm 91,11-13

16 Großes Model zur Herstellung einer Patäkenfigur

Gebrannter Ton; moderner Kunststoffab-
druck
L. 8,8 cm, B. 6,2 cm, T. 3,4 cm
Ägypten, Ende des Neues Reichs bis
26. Dynastie, ca. 1070-525 v. Chr.
Sammlungen BIBEL+ORIENT, ÄF 1988.2

Die Figur war als Anhänger zu groß. Es
ist auch keine Aufhängevorrichtung vor-
gesehen. Sie diente wohl als Statuette
im Hauskult. Eine Reihe von Attribu-
ten verstärken ihre regenerierende und
Unheil abwehrende Funktion. Auf der
Ptahkappe sitzt wie bei Kat. 10 ein Skarabäus. Der Mund beißt auf zwei
Schlangen (Kat. 11). Die Fäuste halten
zwei Messer (Kat. 8). Die Füße stehen
auf zwei Schlangen (vgl. die Krokodile
bei Kat. 10). Ptah ist in dieser Form zu
einem Amulett gegen alles Unheil geworden (vgl. Psalm 91).

Lit.: Ch. Herrmann, Fünf phönizische Formen
für ägyptische Fayencen: ZDPV 105 (1989) 30-32.

17-18 Zwei unfertige Skarabäen

Grauer Steatit
L. 2,2 cm, B. 1,5 cm, T. 0,9 cm
Palästina, wahrscheinlich aus Beit Mirsim
westlich von Hebron, 17.-16.Jh. v. Chr.
Privatbesitz, SK 1983.9

Grauer Steatit
L. 1,8 cm, B. 1,2 cm, T. 0,7 cm
Palästina, vielleicht aus Beit Mirsim westlich
von Hebron, 17.-16.Jh. v. Chr.
Privatbesitz, SK 1983.11

Der größere der beiden unfertigen Skarabäen ist erst grob zubehauen, beim
kleineren sind der Kopf, die auf einen
umlaufenden Wulst reduzierten Beine
und die Umrandungslinie auf der Basis bereits ausgeführt. Es ist dann auf
der Seite ein Stück weggebrochen. So
wurde er nicht fertiggestellt. Sehr ähnliche halbfertige Skarabäen sind in der
Skarabäenwerkstätte des Ptahtempels in
Memphis gefunden worden (vgl. Abb.
Ia).

Lit.: Unveröffentlicht.

19 Kanaanäischer Skarabäus mit stehendem Ptah und zwei Uräen

Enstatit
L. 2,15 cm, B. 1,5 cm, T. 0,95 cm
Palästina, Mittlere Bronzezeit IIB
(entspricht ungefähr der ägyptischen 15.
Dynastie, sog. Hyksoszeit), 1650-1550 v. Chr.
Sammlungen BIBEL+ORIENT, M. 5865

In kantiger, versenkter Gravur ist der
stehende, nach rechts gerichtete Gott
Ptah dargestellt. Sein ungegliederter
Körper ist mumienartig eingehüllt, wobei die Struktur der einzelnen Binden
teilweise wiedergegeben ist. Hingegen
fehlen der Königsbart, der Halskragen
und die auf späteren ägyptischen Skarabäen häufig sichtbare Verschlussquaste im Nacken. Lediglich die Hände greifen aus dem Gewand und umfassen das
W3s-Szepter. Dem Gott gegenüber finden sich zwei übereinander angeordnete, ihm schützend zugewandte Uräen.
Dieses Detail findet sich auf zeitgenössischen Skarabäen zusammen mit einem häufig dargestellten falkenköpfigen Gott.
Dieser und die folgenden drei Skarabäen verraten zusammen mit Kat. 60 ein
großes Interesse der KanaanäerInnen
dieser Zeit am Gott von Memphis.

Lit.: Matouk, Corpus II, 379, Nr. 272; Keel 1989,
289-290, Nr. 27.

20 Kanaanäischer Skarabäus mit Ptah flankiert von einem Falken und einer falkenköpfigen Gottheit
Grauer Enstatit; Rücken und ein Teil der Basis weggebrochen
L. 2,1 cm, B. 1,5 cm, T. 0,8 cm
Palästina, Mittlere Bronzezeit II B (entspricht ungefähr der ägyptischen 15. Dynastie, sog. Hyksoszeit), 1650-1550 v. Chr.
Privatbesitz, SK 1978.13

Fast identische Darstellung wie auf Kat. 19, nur dass das *Wȝs*-Szepter verkehrt gehalten ist, was auf einem kanaanäischen Skarabäus nicht überraschen kann. Typisch für kanaanäische Skarabäen dieser Zeit ist die Mischfigur mit Falkenkopf und menschlichem Körper, bekleidet mit einem knielangen, plissierten Schurz mit aufgebauschtem Vorderteil. Sowohl die erhobene Hand wie die Position im Rücken (ägyptisch: *m-sȝ.f*) bedeuten Schutz. Rechts vom Gott nimmt ein Falke mit ausgebreiteten Flügeln die gleiche Funktion wahr. Mischwesen und Tiergestalt vergegenwärtigen den Königsgott Horus, der hier Ptah symmetrisch verdoppelt flankiert und ihn so als Götterkönig erscheinen lässt.

Lit.: Keel 1989, 292-293, Abb. 36; Miniaturkunst, 74, Abb. 93 b.

21 Kanaanäischer Skarabäus mit stehendem Ptah flankiert von zwei Falken
Enstatit
L. 1,9 cm, B. 1,35 cm, T. 0,9 cm
Palästina, Mittlere Bronzezeit II B (entspricht ungefähr der ägyptischen 15. Dynastie, sog. Hyksoszeit), 1650-1550 v. Chr.
Sammlungen BIBEL+ORIENT, M. 2076

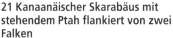

Etwas detaillierter als auf den Kat. 19 und 20 ist Ptah hier dargestellt. Die Verschlussquaste im Nacken und der Götterbart sind deutlich erkennbar. Das *Wȝs*-Szepter ist wie in zwei Teile zerschnitten und wie auf Kat. 20 verkehrt gehalten. An Stelle der Mischgestalt und dem Falken flankieren hier zwei Horusfalken schützend den Gott.

Lit.: Matouk, Corpus II, 378, Nr. 245; Keel 1989, 292-293, Abb. 34; Miniaturkunst, 74, Abb. 93 c.

22 Kanaanäischer Skarabäus mit dem Namen Ptahs

Enstatit mit weißlichem Überzug, der Rücken ist braunrot verfärbt
L. 1,8, B. 1,25 cm, T. 0,7 cm
Palästina, Mittlere Bronzezeit II B (entspricht ungefähr der ägyptischen 15. Dynastie, sog. Hyksoszeit), 1650-1550 v. Chr.
Privatbesitz, SK 2001.12

Je drei fein linear gravierte längliche ineinandergreifende Spiralen flankieren von oben nach unten: 1. den Namen Ptah (*ptḥ*), wobei das *t*-Brötchen auf dem Rücken liegt, was auf einem kanaanäischen Skarabäus nicht überraschen kann; 2. eine ovale Kartusche mit einem Skarabäus, und 3. ein Goldzeichen, das den Himmel symbolisieren kann.
Der Name vergegenwärtigt ähnlich wie das Bild die verehrte Person, mit der man in Kontakt zu treten versucht.

Lit.: Unveröffentlicht.

23 Rechteckige Platte mit Ptah und den Zeichen für «Leben» und «Dauer»

Enstatit
L. 1,6 cm, B. 1,1 cm, T. 0,5 cm
Ägypten, 18. Dynastie, 1539-1292 v. Chr.
Privatbesitz, SK 1993.67

Die beidseitig dekorierte rechteckige Platte zeigt auf der einen, hochgestellten Dekorationsfläche in flächig versenkter Gravur einen lediglich in seinen Umrisslinien wiedergegebenen, stehenden Ptah. Vor ihm die Hieroglyphen *ꜥnḫ* «Leben» und *ḏd* «Dauer». Eventuell sind die beiden Zeichen als verkürzte Schreibungen zweier für Ptah geläufiger Titel (Epitheta) zu lesen: «Ehrwürdiger Dsched-Pfeiler» (ägyptisch: *ḏd špsj*) und «Herr des Lebens» (ägyptisch: *nb ꜥnḫ*). Auf der Rückseite steht: «Amun-Re (ist) reich an Segen».

Lit.: Unveröffentlicht. – Vgl. Keel 1989, 294, Abb. 48-49. – Zur Plattenform: Keel, Corpus, 89-93.

24 Rechteckige Platte mit Ptah «Herr der Maat»

Enstatit
L. 1,5 cm, B. 1 cm, T. 0,4 cm
Ägypten, 18. Dynastie, 1539-1292 v. Chr.
Privatbesitz, SK 1996.6

Die Seite mit Ptah ist derjenigen von Kat. 23 sehr ähnlich. Nur die Beischrift ist anders. Sie lautet: «Herr der Wahrheit» (*nb mꜣꜥt*). Maat ist ein Zentralbegriff der altägyptischen Weltanschauung und meint die alles begründende Ordnung, deren Einhaltung ein gedeihliches Bestehen des Kosmos und aller seiner Bewohner garantiert.
Auf der Rückseite ein Stier und die Beischrift «Mit ausdauerndem Herzen» (*mn jb*).

Lit.: Unveröffentlicht. – Vgl. Keel 1989, 308-309, Abb. 97-102.

25 Skarabäus mit stehendem Ptah und Epithet «Herr der beiden Länder»

Enstatit
L. 1,6 cm, B. 1,2 cm, T. 0,7 cm
Ägypten, Neues Reich, 18.-20. Dynastie,
1539-1070 v. Chr.
Sammlungen BIBEL+ORIENT, M. 2069

Stehender Ptah in sehr ähnlicher Gravur wie bei den Kat. 23-24. Die Nackenquaste ist aber deutlicher zu sehen. Vor ihm die Beischrift «Ptah, Herr der beiden Länder» (*ptḥ nb tʾwj*), eigentlich ein Königstitel, der den Pharao als Herrn von Ober- und Unterägypten bezeichnet. «Herr der beiden Länder» heisst Ptah auch am Ende des «Denkmals memphitischer Theologie». Zwischen Ptah und dem überlangen *Wʾs*-Szepter ist ein *nfr*-Zeichen, vielleicht ein Hinweis auf das typische Ptah-Epithet «Schöngesichtiger» (*ḥr nfr*).

Lit.: Matouk, Corpus II, 378, Nr. 244; Keel 1989, 290, Abb. 30.

26-27 Zwei Skarabäen mit Ptah und den Zeichen Maat und Dsched

Enstatit
L. 1,8 cm, B. 1,3 cm, T. 0,8
Ägypten, Neues Reich, 19.-20. Dynastie,
1292-1070 v. Chr.
Sammlungen BIBEL+ORIENT, M. 2078

Enstatit
L. 1,5 cm, B. 1,1 cm, T. 0,6 cm
Ägypten, Neues Reich, 19.-20. Dynastie,
1292-1070 v. Chr.
Sammlungen BIBEL+ORIENT, M. 2068

Stehender Ptah mit deutlich hervorgehobener Nackenquaste, Götterbart und *Wʾs*-Szepter. Die beiden Skarabäen sind kantiger und in den Proportionen weniger harmonisch geschnitten als die Kat. 23-25. Bei Kat. 27 ist dieses etwas rudimentär geraten. Die Maatfeder und der Dsched-Pfeiler vor ihm dürften als Abkürzungen der bei Ptah typischen Beischriften «Herr der Wahrheit» (*nb mʾʿt*) und «Ehrwürdiger Dsched-Pfeiler» (*dd špsj*) zu verstehen sein.

Lit.: Matouk, Corpus II, 378, Nr. 264 und 265; Keel 1989, 294, 308-309.

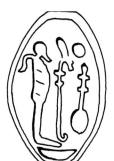

28 Kauroid mit stehendem Ptah und Nefer-Zeichen

Kompositmaterial
L. 2,1 cm, B. 1,35 cm, T. 0,9 cm
Ägypten, Neues Reich, 19.-20. Dynastie,
1292-1070 v. Chr.
Sammlungen BIBEL+ORIENT, M. 2067

Stehender Ptah; vor ihm Sonnenscheibe (*rʿ*) und Neferzeichen, vielleicht ein Hinweis auf das Ptah-Epithet «Schöngesichtiger» (*ḥr nfr*). Der Korb (*nb* «Herr») am unteren Ende schließt häufig vertikal komponierte Siegelamulettdekorationen nach unten ab.

Lit.: Matouk, Corpus II, 378, Nr. 241; Keel 1989, 290-291, Abb. 31.

29 Skarabäus mit stehendem Ptah in Kapelle mit Uräusschlange und Maʿat-Feder

Enstatit
L. 1,9 cm, B. 1,4 cm, T. 0,8 cm
Ägypten, Neues Reich, 19.-20. Dynastie,
1292-1070 v. Chr.
Sammlungen BIBEL+ORIENT, M. 2066

Stehender Ptah; über seinem Kopf ist die Kapelle (Naos) angedeutet, in der das Götterbild steht; vor ihm eine aufgerichtete Uräusschlange mit einer Krone aus zwei Federn und der Sonnenscheibe dazwischen; rechts davon eine Maatfeder, vielleicht eine Kurzform von «Herr der Wahrheit» (*nb m ꜣ ʿt*; vgl. Kat. 24).

Lit.: Matouk, Corpus II, 378, Nr. 259.

30-31 Zwei Skarabäen mit Ptah, vor dem eine falkenköpfige Gottheit steht

Enstatit
L. 1,5 cm, B. 1,1 cm, T. 0,7 cm
Ägypten, Neues Reich, 19.-20. Dynastie,
1292-1070 v. Chr.
Sammlungen BIBEL+ORIENT, M. 2217

Enstatit; Reste eines Bronzerings im Bohrloch
L. 2,1 cm, B. 1,5 cm, T. 1,0 cm
Ägypten, Neues Reich, 19.-20. Dynastie,
1292-1070 v. Chr.
Privatbesitz, SK 2002.35

Stehender Ptah; vor ihm eine falkenköpfige Gottheit, wohl Horus oder Re-Harachte als Mischwesen mit Menschenkörper und Falkenkopf (Kat. 20), gekrönt von einer Sonnenscheibe. Die Komposition wird unten von einem Neb-Zeichen abgeschlossen.

Da die Hauptfigur auf Skarabäen in der Regel nach rechts schaut, wie die Kat. 19-21 und 23-29 zeigen, erscheint der Königsgott Horus auf den Kat. 30-31 wie schon auf den Kat. 20-21, wo Falken und Falkenköpfiger Ptah flankieren, untergeordnet. Auf dem kleineren der beiden Skarabäen hier hält der Falkenköpfige ein eigenes Szepter, auf dem größeren fasst er dasjenige Ptahs an, wie das gelegentlich der König macht, als Ausdruck der Teilhabe an der göttlichen Herrschaft.

Lit.: M. 2217: Matouk, Corpus II, 378 Nr. 247; SK 2002.35: Unveröffentlicht. – Zum Motiv: Keel 1989, 292-294, Abb. 38-47.

32-34 Drei Skarabäen mit Ptah in seiner Kapelle und zwei Ba-Vögeln auf Dsched-Pfeilern

Enstatit
L. 1,95 cm, B. 1,5 cm, T. 0,8 cm
Ägypten, Neues Reich, 19. Dynastie,
1292-1190 v. Chr.
Sammlungen BIBEL+ORIENT, M. 2080

Enstatit
L. 1,6 cm, B. 1,2 cm, T. 0,7 cm
Ägypten, Neues Reich, 19. Dynastie,
1292-1190 v. Chr.
Sammlungen BIBEL+ORIENT, M. 2081

Enstatit
L. 2,0 cm, B. 1,5 cm, T. 0,9 cm
Ägypten, Neues Reich, 19. Dynastie,
1292-1190 v. Chr.
Privatbesitz, SK 1993.27

Stehender Ptah in seiner Kapelle; vor ihm zwei Ba- oder Seelen-Vögel (*b*) auf je einem Dsched-Pfeiler; über dem Kopf jedes Vogels eine Sonnenscheibe. Bei Kat. 32 und 34 sind die beiden Ba-Vögel mit Bärten versehen, bei Kat. 33 nicht. Die Komposition wird bei Kat. 32 und 34 oben durch eine geflügelte Sonnenscheibe abgeschlossen, bei Kat. 33 steht oben rechts «Ptah». Den unteren Bildrand bildet bei allen drei Stücken ein Neb-Zeichen.

Diese Bildkomposition ist für Skarabäen der 19. Dynastie typisch (1292-1190 v. Chr.) und so für die Kleinkunst mindestens 100 Jahre früher bezeugt als in der Großkunst (Herihor, 1076-1066 v. Chr.). Im ägyptischen Totenbuch (Spruch 17, Abschnitt 21) werden die beiden Ba-Vögel mit dem Sonnengott Re bzw. mit Osiris, dem Gott der Totenwelt, identifiziert. Ihre identische Gestalt, der Doppel-Ba, verweist auf die Einheit des Himmels- und Totengottes, denn nachts ist Re Osiris und tags Osiris Re. Beide aber sind, und das ist wohl die Botschaft dieser Skarabäen, Erscheinungen Ptahs. Eine Glosse des genannten Totenbuchspruchs und andere breit gestreute Zeugnisse interpretieren die beiden Ba-Vögel als Schu (Luft) und Tefnut (Feuer). Sie sind die ersten Emanationen des Urgottes Atum von Heliopolis, der sich selbst begattete. Nach dem «Denkmal memphitischer Theologie» sind Schu und Tefnut nicht aus Atum, sondern aus dem Munde Ptahs hervorgegangen. Er ist der wirkliche Ur- und Schöpfergott.

Lit.: M. 2080: Matouk, Corpus II, 379, Nr. 267; Miniaturkunst, 74 Abb. 93 d; M. 2081: Matouk, Corpus II, 379, Nr. 266. – Zum Motiv: Keel 1989, 294-298, Abb. 52-60; SK 1993.27: Keel 1989, 294f. Abb. 57.

35 Skarabäus mit dem Namen Ptahs

Enstatit
L. 1,7 cm, B. 1,2 cm, T. 0,7 cm
Ägypten, Neues Reich, 19.-20. Dynastie,
1292-1070 v. Chr.
Sammlungen BIBEL+ORIENT, M. 2096

Name des Gottes Ptah (*ptḥ*; vgl. Kat. 47) mit der Interjektion *j* (Schilfrispe) davor; ihre Bedeutung entspricht ungefähr dem des deutschen «O!». Es ist also eine Anrufung Ptahs. Der Name des Gottes kann seine Segens- und Schutzkraft ebenso beschwören wie sein Bild.

Lit.: Unveröffentlicht.

36 Skarabäus mit dem Namen Ptahs und einem Epithet

Enstatit
L. 1,5 cm, B. 1,1 cm, T. 0,7 cm
Ägypten, Neues Reich, 19.-20. Dynastie, 1292-1070 v. Chr.
Sammlungen BIBEL+ORIENT, M. 2104

Der Name des Gottes Ptah ist hier – wie bei Kat. 24 sein Bild – mit dem Beinamen «Herr der Wahrheit» (*nb m3ˁt*) verbunden. Das Neb ist links, die Maat-feder rechts vom Namen zu sehen. Zur Bedeutung der Maat siehe Kat. 24.

Lit.: Unveröffentlicht.

37-39 Drei Skarabäen mit einem Bekenntnis zu Ptah

Enstatit
L. 1,8 cm, B. 1,4 cm, T. 0,8 cm
Ägypten, Neues Reich, 19.-20. Dynastie, 1292-1070 v. Chr., wahrscheinlich 19. Dynastie, 1292-1190 v. Chr.
Sammlungen BIBEL+ORIENT, M. 5122

(Abb. Seite 39 oben)
Enstatit
L. 1,8 cm, B. 1,4 cm, T. 0,7 cm
Ägypten, Neues Reich, 19.-20. Dynastie, 1292-1070 v. Chr., wahrscheinlich 19. Dynastie, 1292-1190 v. Chr.
Sammlungen BIBEL+ORIENT, M. 5124

(Abb. Seite 39 oben)
Enstatit
L. 1,9 cm, B. 1,4 cm, T. 0,9 cm
Ägypten, Neues Reich, 19.-20. Dynastie, 1292-1070 v. Chr., wahrscheinlich 19. Dynastie, 1292-1190 v. Chr.
Sammlungen BIBEL+ORIENT, M. 5125

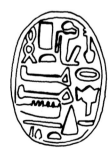

Seit der 18. Dynastie (1539-1292 v. Chr.) dienen Skarabäen auch dazu, Bekennt-nisse zu bestimmten Gottheiten, zuerst zu Amun, in Umlauf zu bringen. An-

scheinend erst in der 19. Dynastie übernimmt der Ptah-Tempel in Memphis diese Praxis. Das Bekenntnis auf den Kat. 37-39 lautet: «Jedes gute Werk, Ptah belohnt es reichlich» (*mdw<t> nb<t> nfr<t> dd ptḥ ḥr.s m wsr*). Auch im «Denkmal memphitischer Theologie» wird Ptah als Herr vergeltender Gerechtigkeit gefeiert: «So wird auch Recht gegeben dem, der tut, was geliebt wird, und Unrecht gegeben dem, der tut, was gehasst wird. So wird auch Leben gegeben dem Friedfertigen und Tod gegeben dem Frevler durch dieses Wort, das von dem Herzen erdacht und von der Zunge befohlen wurde.» Auf den Skarabäen wird nur der positive Aspekt der vergeltenden Gerechtigkeit, die Belohnung, erwähnt.

Lit.: M. 5122: Matouk, Corpus II, 399 Nr. 1504; M. 5124: Unveröffentlicht; M. 5125: Matouk, Corpus II, 404 Nr. 1772. – Die Lesung der Formel bei E. Drioton, Sentences Memphites: Kêmi 14 (1957) 6-14. – Skarabäen mit diesem Bekenntnis aus Kanaan: Keel, Corpus I, Tell Abu Faraǧ Nr. 1; Afek Nr. 35; Tell el-ʿAǧǧul Nr. 291; Aschdod Nr. 45; J.L. Starkey/L. Harding, Beth-Pelet II (BSAE 52), London 1932, Pl. 50,40; 53,216.

40-41 Zwei Skarabäen mit hockendem Ptah
Enstatit
L. 0,9 cm, B. 0,6 cm, T. 0,5 cm
Ägypten, Spätzeit, wohl 26. Dynastie, 664-525 v. Chr.
Sammlungen BIBEL+ORIENT, M. 2064

Enstatit
L. 1,5 cm, B. 1 cm, T. 0,7 cm
Ägypten, Spätzeit, wohl 26. Dynastie, 664-525 v. Chr.
Sammlungen BIBEL+ORIENT, M. 2073

Während es etwa für die Göttin Maat typisch ist, dass sie hockend dargestellt wird, steht oder thront Ptah normalerweise. Nur in der 26. Dynastie wird auch er regelmäßig hockend gezeigt. Das *Wȝs*-Szepter scheint aus seinen Knien hervorzugehen. Bei Kat. 41 ist rechts vom Gott zusätzlich das Zeichen für «Majestät» (*ḥm*) zu sehen.

Lit.: Matouk, Corpus II, 378, Nr. 235 und 234.

42 Skarabäus mit hockendem Ptah und mit dessen Namen
Enstatit, Reste blaugrüner Glasur
L. 1,2 cm, B. 0,9 cm, T. 0,6 cm
Ägypten, Spätzeit, wohl 26. Dynastie,
664-525 v. Chr.
Sammlungen BIBEL+ORIENT, M. 2072

Über den Knien des hockenden Gottes und rechts von ihm sind die drei Buchstaben seines Namens zu sehen (vgl. Kat. 47). Eine lange Quaste hängt vom Nacken herab. Ein Neb-Zeichen schließt die Komposition nach unten ab. Es kann in diesem Kontext als *nb<j>* «Mein Herr» (ist Ptah) gelesen werden.

Lit.: Matouk, Corpus II, 378, Nr. 238.

43 Skarabäus mit hockendem Ptah und drei Hieroglyphen
Enstatit
L. 1,2 cm, B. 0,9 cm, T. 0,5 cm
Ägypten, Spätzeit, wohl 26. Dynastie,
664-525 v. Chr.
Sammlungen BIBEL+ORIENT, M. 5424

Über dem Knie des hockenden Ptah ist statt dem *W3s*-Szepter das Hes-Gefäß (*ḥs*) zu sehen. Zusammen mit der Figur des Gottes kann es gelesen werden als «Von Ptah gelobt bzw. begünstigt». Hinter der Gottheit ist zu lesen «Jedweder Schutz» (*s3 nb*).

Lit.: Matouk, Corpus II, 379, Nr. 270.

44 Skarabäus mit hockendem Ptah und Kartusche
Enstatit
L. 1,6 cm, B. 1,1 cm, T. 7,5 cm
Ägypten, Spätzeit, wohl 26. Dynastie,
664-525 v. Chr.
Privatbesitz, SK 1999.15

Auf den Knien des hockenden Gottes ist wieder wie bei den Kat. 40-41 das *W3s*-Szepter zu sehen; vor dem Gott ein großes Hes-Gefäß (Kat. 43). Unter dem Gott in waagrechter Anordnung ein Oval mit dem Thronnamen Thutmosis III. *Men-cheper-re*ʿ, der fast 900 Jahre nach dem Tod des Königs (1426 v. Chr.) immer noch Verwendung als magische Formel gefunden hat.

Lit.: Unveröffentlicht.

45 Nilpferd-Skaraboid mit dem Namen Ptahs
Enstatit
L. 1,4 cm, B. 0,9 cm, T. 0,6 cm
Ägypten, wahrscheinlich Spätzeit, wohl
26. Dynastie, 664-525 v. Chr.
Sammlungen BIBEL+ORIENT, M. 2094

Nebst Skarabäen hat es in Ägypten immer andere Formen von Siegelamuletten gegeben. Das liegende Nilpferd ist eine davon. Wie der Skarabäus war das Nilpferd ein Regenerationssymbol, weil es unter- und wieder auftaucht. Auf der Basis ist der Name des Gottes Ptah eingraviert, darunter ein Neb, das vielleicht *nb<j>* «<mein> Herr» im Sinne von «Ptah ist mein Herr» zu lesen ist.

Lit.: Matouk, Corpus II, 386, Nr. 687 (nur liegendes Nilpferd)

46 Skarabäus mit dem Namen des Ptah und Epithet
Enstatit
L. 1,5 cm, B. 1,1 cm, T. 0,7 cm
Ägypten, Spätzeit, wohl 26. Dynastie,
664-525 v. Chr.
Sammlungen BIBEL+ORIENT, M. 2105

Neben dem Namen Ptah steht ein Nefer-Zeichen (vgl. Kat. 25 und 28). Es ist vielleicht als Kurzform für den Titel «Schöngesichtiger» (*ḥr nfr*) zu verstehen.

Lit.: Unveröffentlicht.

47 Name des Ptah mit Bild für Gottheit
Enstatit
L. 1,3 cm, B. 1 cm, T. 0,5 cm
Ägypten, Spätzeit, wohl 26. Dynastie,
664-525 v. Chr.
Sammlungen BIBEL+ORIENT, M. 2108

Die ägyptische Schrift ist keine Bilderschrift, sondern schreibt Laute und zwar wie das Hebräische und Arabische nur Konsonanten, im Falle des Ptah $p + t + \underline{h}$. In vielen Fällen setzt sie hinter die Lautzeichen ein Zeichen, das bestimmt, welcher Klasse das bezeichnete Phänomen zugehört. Man nennt dieses Bildelement Determinativ. Bei «Ptah» steht normalerweise kein solcher Determinativ (vgl. Kat. 25, 35-36, 42, 45-46). Bei dem vorliegenden Skarabäus ist das aber der Fall. Die hockende Figur mit dem Lebenszeichen stellt nicht Ptah dar, sondern einen «Gott» im allgemeinen. Das Nefer-Zeichen links vom hockenden Gott ist vielleicht als Kurzform für den Titel «Schöngesichtiger» zu verstehen (vgl. Kat. 46).

Lit.: Matouk, Corpus II, 379, Nr. 269.

48 Amulett-Figur der löwenköpfigen Göttin Sachmet-Bastet

Graues Kompositmaterial mit hellgrüner und dunkelbraun-schwärzlicher Glasur; Uräus weggebrochen und wieder restauriert; linkes Ohr und rechte Ecke der Basisfläche weggebrochen
H. 7,4 cm; Basisplatte: L. 2,2 cm, B. 1,2 cm, T. 0,4 cm
Ägypten, 3. Zwischenzeit bis Spätzeit, 21.-30. Dynastie, 1070-343 v. Chr.
Sammlungen BIBEL+ORIENT, M.A. 1842

Schreitende, weibliche Gestalt mit Löwenkopf, zweigeteilter Perücke, breiter Halsmähne und langem Frauenkleid. Den Kopf schmückt ein übergroßer Uräus. Die Hand des linken, angewinkelten Armes hält das Papyrus-Szepter (w₃ḏ) und der rechte Arm hängt parallel zum Körper herunter. Die Aufhängevorrichtung ist hinter dem Uräus angebracht. Auf dem Verstärkungsbalken, der bis zum unteren Rand der langen Perücke reicht, steht eine Inschrift. Aufgrund der summarisch ausgeführten Hieroglyphen ist sie schwierig zu entziffern. Mit Sicherheit werden verschiedene Aspekte der Löwengöttin erwähnt: «Sachmet, Bastet, Auge (d.h. Tochter) des Sonnengottes (Re).» Seit dem Neuen Reich wird Sachmet Ptah als Partnerin zur Seite gestellt (siehe S. 15-17).

Lit.: Unveröffentlicht.

49 Amulett einer thronenden Sachmet

Hellgraues Kompositmaterial mit hellblauer Glasur; Unterschenkel und Füße weggebrochen
L. 3,5 cm, B. 1 cm, T. 1,55 cm
Ägypten, Neues Reich bis 3. Zwischenzeit, 18.-22. Dynastie, 1539-713 v. Chr.
Sammlungen BIBEL+ORIENT, M.A. 2010

Die Göttin mit Löwenkopf sitzt auf einem Würfelhockerthron. Sie trägt auf dem Kopf die Sonnenscheibe (vgl. Abb. If). Die nach vorne angewinkelten Unterarme ruhen auf den Oberschenkeln. Die Anhängervorrichtung schlägt eine Brücke zwischen Perücke und Sonnenscheibe.

Lit.: Unveröffentlicht.

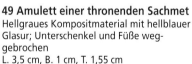

50 Model zur Herstellung einer thronenden Sachmet

Gebrannter Ton; moderner Abdruck
L. 4 cm, B. 3,5 cm, T. 1,5 cm
Ägypten, wahrscheinlich aus Qantir; Neues Reich, 19.-20. Dynastie, 1292-1070 v. Chr.
Sammlungen BIBEL+ORIENT, ÄF 1983.40

Mit Hilfe des Models konnte eine 3,2 cm hohe flache Figur der Sachmet hergestellt werden, die auf einem klassischen ägyptischen würfelförmigen Thron mit ausgegrenztem Quadrat sitzt. Die Arme sind vor der Brust angewinkelt. Über ihrem Schoß ist das Königsattribut der Geißel, eigentlich ein Fliegenwedel (nḫḫ), zu sehen.

Lit.: Herrmann 1985, 11f., Nr. 40.

51 Model zur Herstellung einer stehenden Sachmet

Gebrannter Ton; moderner Abdruck; unteres Drittel weggebrochen
L. 4,5 cm, B. 3,6 cm, T. 1,5 cm
Ägypten, wahrscheinlich aus Qantir, Neues Reich, 19.-20. Dynastie, 1292-1070 v. Chr.
Sammlungen BIBEL+ORIENT, ÄF 1983.44

Mit Hilfe des Models konnte eine ca. 5 cm hohe Figur (Amulett?) der Sachmet mit Sonnenscheibe auf dem Kopf und Papyrus-Szepter angefertigt werden.

Lit.: Herrmann 1985, 12, Nr. 44.

52 Skarabäus mit stehender Sachmet

Ägyptisch Blau; bei der Herstellung dieser
Farbpigmente versuchten die Ägypter die
intensive Leuchtkraft des wertvollen
Lapislazuli nachzuahmen.
L. 1,9 cm, B. 1,3 cm, T. 0,8 cm
Ägypten, Spätzeit, wohl 26. Dynastie,
664-525 v. Chr.
Sammlungen BIBEL+ORIENT, M. 2171

Sachmet erscheint erst in der 26. Dynastie häufiger unabhängig von Ptah auf
Skarabäen (vgl. Kat. 68, 70, 73). Wie auf
Kat. 48 und 51 hält sie ein Papyrus-Szepter. Rechts von ihr sind ein Falke mit
Doppelkrone über dem Gold-Zeichen
(«Goldhorus», ein königlicher Titel) und
weitere nicht eindeutige Zeichen zu erkennen. Die Komposition wird an der
Unterseite von einem Neb-Zeichen abgeschlossen.

Lit.: Matouk, Corpus II, 379, Nr. 305.

53 Skarabäus mit hockender Sachmet

Enstatit
L. 1,9 cm, B. 1,3 cm, T. 0,7 cm
Ägypten, Spätzeit, wohl 26. Dynastie,
664-525 v. Chr.
Sammlungen BIBEL+ORIENT, M. 2168

Wie Ptah in der 26. Dynastie (vgl. Kat.
40-44) wird auch Sachmet gern hok-
kend dargestellt. Auf ihrem Kopf ist die
Sonnenscheibe, auf dem Knie das Papyrus-Szepter. Die Hes-Vase rechts von
ihr ist *ḥsj* «gelobt, gesegnet (von)» zu
lesen. Der Träger bzw. die Trägerin des
Skarabäus wusste sich also als «Von
Sachmet gesegnet». Die Komposition
wird an der Unterseite von einem Neb-
Zeichen abgeschlossen.

Lit.: Matouk, Corpus II, 379, Nr. 304.

54 Figur des Nefertem

(Abb. lg, S. 17)
Bronze, Vollguss; Fußpartie modern ergänzt
H. 20 cm, B. 4,2 cm
Ägypten, Ptolemäerzeit, 306-30 v. Chr.
Sammlungen BIBEL+ORIENT, ÄFig. 1998.5

Nefertem bildet seit dem Neuen Reich zusammen mit ptah
und Sachmet die memphitische Triade (siehe S. 15-17). Der
Gott ist als schreitende männliche Gestalt dargestellt. Auf dem
Kopf trägt sie eine Lotosblüte, aus der zwei Federn aufragen,
die hier als ungegliedertes konisches Gebilde erscheinen.
Rechts und links der Lotosblüte ist ein Menit zu sehen, das
im Nacken hängende Gegengewicht zu den schweren Hals-
ketten. Wie aller Schmuck sind sie der Hathor zugeordnet und
Symbol von Lebens- und Liebesfreuden. Die beiden Menit
dürften als Ergänzung zur Lotosblume und ihren Wohlgerü-
chen in die Sphäre des Nefertem gekommen sein. Die Uräusschlange an der Stirn und der eingerollte Bart sind wichtige
Bestandteile der Göttertracht. Das Krummschwert oder eher
Messer in der Rechten weist auf die aggressive Seite des jungen, nur mit einem dreiteiligen Schurz bekleideten Gottes.
Die Aufhängevorrichtung, die an Perücke und Lotosblüte befestigt ist, diente angesichts der Größe und des Gewichts der
Figur kaum dazu, sie als Anhänger zu tragen. Vielleicht wurden die in den Tempel gestifteten Figuren mittels dieser Ösen
an einer Wand oder sonst einer Unterlage befestigt.

Lit.: Christie's, Antiquities, London, September 1998, 72, no. 122; Page
Gasser 2001, 40-43, Taf. 7.

55-56 Zwei kleine Figuren des Nefertem
Silber; die Öse zwischen Perücke und Lotos ist abgebrochen
L. 6,35 cm, B. 1,1 cm, T. 2,1 cm
Ägypten, Spätzeit bis Ptolemäerzeit, 664-30 v. Chr.
Privatsammlung, Schweiz

Bronze
L. 5,3 cm, B. 0,65 cm, T. 1,6 cm
Ägypten, Spätzeit bis Ptolemäerzeit, 664-30 v. Chr.
Sammlungen BIBEL+ORIENT, M.A. 2331

Die beiden Figuren des Gottes Nefertem sind im Gegensatz zu Kat. 54 sowohl als Geschenke in den Tempel wie als Amulett-Anhänger vorstellbar. Bei der größeren der beiden Figuren trägt der Gott nebst seinem Hauptattribut, der Lotosblume mit den beiden Federn, auch die beiden Menit.

Lit.: Kat. 55: Unpubliziert; M.A. 2331: Herrmann 2002, Nr. 113.

57 Skarabäus mit dem Symbol des Nefertem
Enstatit mit weißlichem Überzug; ein kleines Stück der Basis weggebrochen
L. 1,2 cm, B. 0,9 cm, T. 0,55 cm
Ägypten, 26. Dynastie, 664-525 v. Chr.
Sammlungen BIBEL+ORIENT, M. 2043

Die Basis zeigt nur das sorgfältig gravierte Symbol des Nefertem, die Lotosblüte mit den zwei Federn und den beiden Menit.

Lit.: Matouk, Corpus II, 378, Nr. 216.

58 Skarabäus mit dem Symbol des Nefertem und zwei Hieroglyphen
Kompositmaterial mit grünlicher Glasur
L. 3,15 cm, B. 2,4 cm, T. 1,3 cm
Ägypten, 19. Dynastie bis 3. Zwischenzeit, 1292-713 v. Chr.
Sammlungen BIBEL+ORIENT, M. 2045

Das summarisch gravierte Symbol des Nefertem, die Lotosblüte mit den zwei Federn und den beiden Menit (Kat. 54) wird hier von den Hieroglyphen «schön, vollkommen» (*nfr*) und «Leben» (*ʿnḫ*) flankiert. Der Gott erscheint so als Spender eines erfüllten Lebens. Den unteren Abschluss bilden eine waagrechte Linie und zwei Quadrate, deren Bedeutung unbekannt ist.

Lit.: Matouk, Corpus II, 378, Nr. 217B.

59 Skarabäus mit dem Symbol des Nefertem und zwei Verehrern
Kompositmaterial mit grünlicher Glasur
L. 3,15 cm, B. 2,4 cm, T. 1,3 cm
Ägypten, wahrscheinlich 26. Dynastie,
664-525 v. Chr.
Sammlungen BIBEL+ORIENT, M. 2042

Das Symbol des Nefertem ist ähnlich sorgfältig ausgeführt wie auf Kat. 57. Es wird von zwei knienden Gestalten mit verehrend erhobenen Händen flankiert.

Lit.: Matouk, Corpus II, 378, Nr. 214

60 Kanaanäischer Skarabäus mit stehendem Ptah und Stifter
Enstatit
L. 1,9 cm, B. 1,25 cm, T. 0,9 cm
Palästina/Israel, Mittlere Bronzezeit, II B (entspricht ungefähr der ägyptischen 15. Dynastie, sog. Hyksoszeit), 1650-1550 v. Chr.
Privatbesitz, SK 1984.3

Die lineare Gravur zeigt einen gegen alle Regeln nach links gerichteten Ptah und verrät schon damit ihren außerägyptischen Ursprung. Dem Gott fehlen fast alle charakteristischen Merkmale (Lederkappe, Nackenquaste). Die aus dem bandagierten Körper herausgreifenden Hände halten das *Wȝs*-Szepter. Der nur mit einem Schurz bekleidete Verehrer, der dem Gott gegenüber steht, berührt das Szepter des Gottes. Dadurch stellt er sich unter dessen Schutz oder will gar Teil an seiner Macht haben. Der Stern zwischen den Köpfen der beiden Gestalten steht wahrscheinlich für das ägyptische Wort *dwȝ* «verehren». Der für kanaanäische Skarabäen typische Zweig zwischen den Figuren weist auf den Zusammenhang der Kultszene mit Fruchtbarkeit und Regeneration. Die Komposition wird oben und unten von einem Neb abgeschlossen.

Lit.: Keel 1989, 289-290, Abb. 29; Miniaturkunst, 74, Abb. 93 a.

61 Sogenannte Ohrenstele mit der Darstellung des Ptah in seiner Kultkapelle

Kalkstein mit Spuren von roter Farbe; Umrahmung und Ecken mehrfach bestoßen
H. 29 cm, B. 25 cm
Ägypten, Memphis, Neues Reich, 19./20. Dynastie, 1292-1070 v. Chr.
Antikenmuseum & Sammlung Ludwig Basel, BSAe 1001

Die Stele gehört zum Typus der sogenannten Ohrenstelen, die einer oder mehreren Gottheiten seitens einer Privatperson *ex voto* ins Heiligtum gestiftet wurden. Bei diesen Stelen sind nebst dem Stifter vor der angesprochenen Gottheit stets auch Darstellungen einer Reihe von Ohren zu sehen. Der Schwerpunkt der Herstellung dieses Stelentypus liegt im Neuen Reich. Die Darstellung der Ohren und besonders die Beischrift des Titels der Gottheit «der die Gebete hört» (ägyptisch: *sḏm nḫt*) legen den Sinn dieser Votivgabe nahe. Diese Objektgattung – Ausdruck des Wunsches des einfachen Bürgers nach einem Kontakt, einer Verbindung zur Gottheit – gibt Einblick in den Bereich der «persönlichen Frömmigkeit» als Teil der komplexen Religiosität. Ein Hymnus sagt: «Der erhörende Gott kommt zu dem, der ihn ruft. Strahlend in seinen Erscheinungen, reich an Ohren». Überall dort, wo die persönliche Fömmigkeit einen «Gott, der die Gebete erhört» kennt, findet sich eine Fülle von Ohrenstelen, z. B. in Memphis und an den Toren von Karnak, wo Ptah, mit dem Beinamen «der die Gebete erhört» die Rolle eines Volksgottes einnahm.

Die vorliegende Stele (wenn auch in ihrem Umriss stark beschädigt) weist die Form eines kleinen Naos (Schrein) auf.

Das in zwei Register aufgeteilte Bildfeld wird von einem umlaufenden Steg gerahmt, der Träger einer (lückenhaft erhaltenen) hieroglyphischen Inschrift ist, die besagt: «... für den *Ka* des Schreibers [des Schatzhauses] Ramose...». Im oberen Register sind der in seiner Kultkapelle stehende Ptah und seine Gemahlin, die löwenköpfige Sachmet, zu erkennen (vgl. Kat. 68, 73). Der Stifter der Stele, der seine beiden Hände erfürchtig erhoben hat, steht vor dem Götterpaar. Im unteren Register ist eine Frau namens Tent-junu kniend in Adoration vor drei Brandopferständern dargestellt. Über den Opfergaben (u. a. ein Rinderkopf und eine Gans) ist eine Reihe von fünf Ohren wiedergegeben. Die beiden vertikalen Inschriftzeilen besagen: «Lobpreis geben für Ptah und Sachmet (...), mögen sie Leben, Heil und Gesundheit spenden für den Ka der Herrin des Hauses Tent-junu, gerechtfertigt.» Die Bezeichnung Ka steht für den Begriff «Lebensdauer, Lebenskraft», wobei es sich um ein unkörperliches Element (Seele) des Menschen handelt.

Diese Stele stammt aus der Westhalle des Ptah-Tempels in Memphis (vgl. Abb. Ib), in welcher der Ägyptologe William M. Flinders Petrie in der Ausgrabungskampagne vom Jahre 1908 einen bedeutenden Fundkomplex von Ohrenstelen entdeckt hat, die Ptah geweiht sind.

Lit.: W.M.F. Petrie, Memphis I (BSAE 15), London 1909, 7, pl. XI, 20; A. Wiese, Ägyptische Kunst im Antikenmuseum Basel & Sammlung Ludwig, Neue Leihgaben, Schenkungen und Erwerbungen, Basel 1998, 53-54, Nr. 57.

62 Kleine Stele mit Stifter vor Opfertisch

Kalkstein; Umrahmung und Oberfläche mehrfach bestoßen
H. 16 cm
Ägypten, wahrscheinlich aus Memphis, Neues Reich,
18.-20. Dynastie, 1538-1070 v. Chr.
Privatsammlung Roland Cramer, Genf, ehemals Sammlung Ernest
Cramer, Vetter des Ägyptologen Henri-Edouard Naville

Diese kleine Stele mit Rundbogen ist von sehr einfacher Ausführung. In erhabenem Relief ist eine traditionelle Opferszene dargestellt: der Stifter in Schrittstellung, lediglich bekleidet mit einem kurzen Schurz, steht vor einem reich beladenen Opfertisch. Dahinter ist, wenn auch partiell bestoßen, die mumienförmige Gestalt des Gott Ptah in Seitenansicht zu erkennen. Sein Kopf ist von einer Handwerkerkappe umschlossen. Die Unterarme und Hände greifen aus dem enganliegenden Gewand heraus und halten ein langes W3s-Szepter. Die hieroglyphischen Inschriften im Rundbogen, über den Figuren, nennen einerseits den Gott Ptah und andererseits den Stifter, wobei der Name des Mannes aufgrund der Abnutzung der Oberfläche nicht mehr lesbar ist.

Obwohl es sich um kein qualitativ hochstehendes Erzeugnis ägyptischer Kunst handelt, ist diese kleine Stele Ausdruck der im Neuen Reich aufkommenden religiösen Tendenz der «persönlichen Frömmigkeit». Mittels solcher Stelen suchte der Privatmann eine gewisse Nähe zur verehrten Gottheit zu schaffen, indem er seine Danksagungen oder Bitten direkt an sie richtete.

Weitere Stelen von ähnlich schlichter Ausführung, identischem Material sowie entsprechender Dimension und Ikonographie sind vom Ägyptologen Rudolf Anthes in der Ausgrabungskampagne vom Jahre 1956/57 im südwestlichen Teil des Ptah-Tempels vom Memphis gefunden worden.

Lit.: Unveröffentlicht. – Parallelen: R. Anthes, Mit Rahineh 1956 (Museum Monographs), Philadelphia 1965, 102-103, nos. 52, 53, pl. 39 e, f.

63 Würfelhocker des Chaemwese mit einer Götterfigur des Ptah

Serpentin; Kopf weggebrochen. Figur und Basis mehrfach bestoßen
H. 9,4 cm, B. 5,1 cm, T. 7,3 cm
Ägypten, wahrscheinlich aus Memphis, Neues Reich, 19. Dynastie, Regierung Ramses' II., 1279-1213 v. Chr.
Fondation Jacques-Edouard Berger, Lausanne

Chaemwese war einer der Söhne des ruhmvollen Königs Ramses II. Kein anderer Herrscher des Alten Ägypten hat so lange regiert wie er, keiner hat so viele Denkmäler errichtet. Unter Ramses II. erlangte die Staatspropaganda einen nie wieder erreichten Höhepunkt. Prinz Chaemwese nahm in Memphis als Hoherpriester des Ptah eine bedeutende klerikale Stellung ein. Obwohl von Chaemwese sehr viele Zeugnisse (Inschriften, Statuen und Stelen) erhalten sind, scheint das vorliegende Fragment der einzige Beleg als Würfelhocker zu sein. Die Statuenform des Würfelhockers ist ein kuboider Statuentypus, der auf das Mittlere Reich zurückgreift und lediglich für nichtkönigliche Personen in Gebrauch war.
Der Prinz ist mit angezogenen Knien, über denen die Arme verschränkt sind, in sitzender Haltung auf einem Kissen dargestellt. Die rechte Hand ist flach ausgestreckt und die Linke hält eine Lattichpflanze. Der Kopf der Figur fehlt. Der linke Oberarm des Chaemwese ist mit dem Thronnamen seines Vaters in einer Kartusche versehen. Von der noblen Bekleidung lassen sich die Sandalen und der trapezförmige Schurzvorbau mit der reichen Plissierung erkennen. Vor den angewinkelten Beinen des Chaemwese ist eine stehende Figur des Gottes Ptah, dessen Kopf nun leider bestoßen ist, zu erkennen. Mit übereinander liegenden Händen umgreift Ptah ein langes W3s-Szepter. Der Rückenpfeiler und die ovale Basis des Würfelhockers sind Träger einer nun fragmentarischen hieroglyphischen Inschrift, die den Namen und Titel des Prinzen nennt: «(...) Sem-Priester des Ptah, Chaemwese, selig.» Dieses kleine, vorerst unscheinbar wirkende und lediglich partiell erhaltene Objekt weist auf die prominente Stellung des memphitischen Gottes Ptah und seines Kultes während der 19. Dynastie.

Lit.: M. Page Gasser/A.Wiese, Ägypten – Augenblicke der Ewigkeit. Unbekannte Schätze aus Schweizer Privatbesitz, Mainz 1997, 180-181, Nr. 114; F. Gomaà, Chaemwese. Sohn Ramses' II. und Hoherpriester von Memphis (ÄA 27), Wiesbaden 1973.

64 Situla mit Darstellung des Ptah in seiner Kultkapelle

Bronze, gegossen; Henkel fehlt
H. 13 cm, D. 5,5 cm
Ägypten, 26. Dynastie, 664-525 v. Chr.
Sammlungen BIBEL+ORIENT, ÄFig 1997.1

Die Libation, d. h. das Darbringen einer Flüssigkeit (Wasser, Wein, Milch, Bier) hat im ägyptischen Toten- und Tempelkult seit jeher eine bedeutende Rolle gespielt. In dieser rituellen Handlung findet der Wunsch und das Bedürfnis nach einer Opfergabe, einer Reinigung und einer Belebung Ausdruck. Spezifische, zumeist aus Metall gefertigte Gefäße, die im Rahmen von Libationsritualen verwendet wurden, sind die *Heset*-Vase, der *Nemset*-Krug, der *Nu*-Topf und die Situla. Letztere gehört zur Gattung von kleinen Eimern mit einer kugeligen bis beutelartigen Form und einem für diesen Gefäßtypus charakteristischen beweglichen, Ω-artigen Bügelhenkel. Im Laufe des 1. Jt. v. Chr. und der griechisch-römischen Zeit fand die Situla als das Kultgefäß schlechthin in ganz Ägypten und in weiten Teilen des Mittelmeerraumes Verbreitung. Die vorliegende, unbeschriftete Situla weist das für spätzeitliche Exemplare vorwiegend angewendete, in drei Register unterteilte Dekorationsschema auf. Den unteren Abschluss bildet eine große Lotosblüte, aus der die ganze geordnete Welt hervorgegangen ist.

· 1. Register, Bereich des Himmels: Austritt der von Schakalen gezogenen Sonnenbarke aus der (Nacht-)Finsternis und deren Begrüßung resp. Anbetung durch eine Gruppe von Pavianen.

· 2. Register, Bereich der Erde: Das Hauptmotiv zeigt den Stifter der Situla in Anbetung vor einem Opfertisch und einer dahinter stehenden Götterprozession, angeführt von einem ithyphallischen Amun-Min, gefolgt von Isis, Nephthys, der memphitischen Triade Ptah (in einer Kapelle stehend), Sachmet und Nefertem, einer weiblichen (Mut oder Uto?) und einer männlichen Gottheit (Month?).

· 3. Register, Bereich des Wassers: Das Horuskind – im Schutze von Isis und Nephthys – in den Sümpfen von Chemmis.

Lit.: C. Boisgirard, Archéologie, Hôtel Drouot, Paris, 25 mai 1997, 17-18, nr. 111; Page Gasser, Götter, 139-142, Taf. 36-37.

65 Statuenfragment des Psammetich-meri-Ptah als Naophor

Basalt; Oberkörper auf Höhe der Taille abgebrochen, rechter
Unterarm fehlt, linker Unterarm partiell bestoßen, Vorderseite des
rechteckigen Sockels abgeschlagen
H. mit Sockel 46 cm, B. 26.5 cm; Naos: H. 28.5 cm, B. nach oben verjün-
gend von 14.5 cm auf 13.5 cm, T. 12 cm; Rückenpfeiler: H. 24 cm, B. 10 cm
Ägypten, Spätzeit, 26. Dynastie, Regierung des Königs Amasis,
570-526 v. Chr.
Privatsammlung, Schweiz

Der Statuentypus des Naosträgers (griechisch: Naophor) ist
seit der 18. Dynastie bekannt und ist nach einer Blütezeit unter den Saïten (26. Dynastie) bis zur 30. Dynastie als Tempel-
statue geschaffen worden. Der Stifter bringt sich bei der Gottheit als solcher, der ein Götterbild weiht, in Erinnerung. Diese «Aussage» ist kaum in jedem Fall «wörtlich» zu verstehen,
sondern soll den Stifter bei der Gottheit ganz allgemein als
Förderer ihres Kultes in ihrem Gedächtnis gegenwärtig halten.

Obwohl von diesem knienden Naophor lediglich der untere Teil erhalten ist, beeindruckt die auffallend lebendige Wiedergabe dieser Gleichgewicht und Kraft vereinenden Körperhaltung. Die Rundung des auf den Versen aufliegenden Gesäßes ist mittels einer ausgewogenen Plissierung des kurzen Schurzes angedeutet. Die muskulösen Waden und die hervortretenden Fußknöchel unterstreichen die Spannung der Beine. Die fächerartig gespreizten Zehen fangen die Last des Körpers ab. Mit beiden Händen umfasst er einen kleinen, auf den Oberschenkeln aufliegenden Schrein (griechisch: *naos*), in dem eine stehende Figur des Gottes Ptah ruht.

Dieser qualitätsvolle Naophor ist als Person und durch seine (leider bestoßene) Inschrift interessant. Er stellt einen Mann namens Psammetich-meri-Ptah (*Psmtk-mrj-Ptḥ*) dar. Er war Inhaber des hohen militärischen Ranges eines «Admirals der Königsflotte» (ägyptisch: : *jm.j-rꜣ ḥꜥw.w nswt*, «Vorsteher der königlichen Schiffe»). Weiter war er Träger des bedeutenden sakralen Titels «Der über dem Geheimnis der Nekropole ist» (ägyptisch: *ḥrj sštꜣ n rꜣ-stꜣw*, wobei es sich bei *rꜣ-stꜣw* um die Nekropole von Gisa handelt). Wie sein Vater trug er weiter die Priestertitel «Sem-Priester» und «Gottesvater» (ägyptisch: *jt ntr*). Sein Vater namens Horchonsu (ägyptisch: *ḥr ḫnsw*) und seine Mutter, die «vornehme Dame» Merpepites (ägyptisch: *mrppjts*) werden auf der Rückseite des Sockels genannt.

In der Nekropole von Sakkara (im Bezirk der Unaspyramide) sind am Anfang des 19. Jahrhunderts die Gräber von drei «Vorstehern der königlichen Schiffe» gefunden worden: Es sind dies nebst Psammetich-meri-Ptah Hekaemsaf und Tja-en-hebu, die alle unter König Amasis, dem fünften König der 26. Dynastie, gedient haben. Der als «Griechenfreund» bezeichnete Amasis war von niederer Herkunft und diente als General im Heer von König Apries, Sohn von Psammetich II. Nach der Usurpation des königlichen Thrones gegen Apries gelang es Amasis, nunmehr als Herrscher Ägyptens, die bereits in den palästinischen Raum vorgerückten babylonischen Truppen des Königs Nebukadnezzar erfolgreich abzuwehren: Das ägyptische Landheer rückte nach Palästina vor, während die ägyptische Flotte phönizische Städte der Küstenregion angriff und Teile Zyperns unterwarf. Angesichts des aufstrebenden Perserreiches und der Bedrohung einer Invasion Ägyp-

tens schloss Amasis militärische Bündnisse mit den mächtigen Herrschern von Lydien, Samos und Kyrene. Mit der Sicherung der *via maris* haben die oben genannten Admiräle gewiss einen wichtigen Beitrag zum guten Gelingen der offensiven Außenpolitik von König Amasis in der Levante beigetragen.

Vom Grabschatz des Psammetich-meri-Ptah sind lediglich die vier Kanopenkrüge (Paris, Musée du Louvre, Inv.-Nr. 2982-2985, eine Stele (Paris, Musée du Louvre, Inv.-Nr. 333/4019) und eine große Anzahl von Totenfiguren (sogenannte Uschebti, u. a. in Frankfurt a. M., Liebieghaus, Inv.-Nr. IN 1758) bekannt. Dieser Naophor scheint nebst einer 1964 im Pariser Kunsthandel veräußerten Büste eine der wenigen erhaltenen Statuen des Psammetich-meri-Ptah zu sein.

Lit.: Unveröffentlicht. – Literatur zur Person des Psammetich-meri-Ptah: H. Ranke, Die ägyptischen Personennamen, Bd. I, Glückstadt 1937, 136.17; 250.12; J.-C. Goyon, La statuette funéraire I.E. 84 de Lyon (BIFAO 67), Kairo 1969, 159-171; J.-F. & L. Aubert, Statuettes égyptiennes. Chaouabtis, Ouchebtis, Paris 1974, 226-228, pl. 58; H. Schneider, Shabtis. An Introduction to the History of Ancient Egyptian Funerary Statuettes, Leiden 1977, 181; A. Spalinger, Egypt and Babylonia. A Survey (SAK 5), Hamburg 1977, 221-244; P.-M. Chevereau, Prosopographie des cadres militares égyptiens de la Basse Epoque, Paris 1985, 97-98; D. Jones, A Glossary of Ancient Egyptian Nautical Titles and Terms, London/New York 1988, 59, no. 44; D.A. Pressl, Beamte und Soldaten. Die Verwaltung in der 26. Dynastie in Ägypten (664-525 v. Chr.) (Europäische Hochschulschriften, Reihe III, Bd. 779), Frankfurt a. M. 1998, 267-268.

66 Statuenfragment des Panamiu als Naophor

Basalt; Oberkörper auf Nabelhöhe abgebrochen; Unterkörper aus zwei Fragmenten zusammengesetzt; Basis partiell bestoßen
H. 82 cm, B. 31 cm; Basis: L. 39 cm, B. 22 cm, T. 9 cm; trapezförmiger Naos: L. 11 cm, B. 24 cm, T. 12 cm
Ägypten, ptolemäische Epoche, 1. Jh. v. Chr.
Archäologische Sammlung der Universität Zürich, KB 4014

Das Fragment eines stehenden Naophor zeigt eine männliche Figur in Schrittstellung auf einer rechteckigen Basis und vor einem Rückenpfeiler stehend. Ein kurzer, über dem Bauch gefalteter Schurz bildet die Bekleidung. Beide Arme greifen nach vorne, und die feingliedrigen Hände umfassen einen trapezförmigen Naos. Im Innern dieses Götterschreins, dessen Umrandung Träger einer hieroglyphischen Inschrift ist, ruht ein Abbild des Gottes Ptah. Er erscheint menschengestaltig mit ungegliedertem Körper auf einem Sockel, mit Bart, Halskragen und einer enganliegenden Kappe als Kopfschmuck, in den Händen ein *W3s*-Szepter, kombiniert mit dem *Dsched*-Pfeiler, haltend. Der Inschrift des erhaltenen Teiles der beiden senkrechten Zeilen auf dem Rückenpfeiler ist zu entnehmen, dass die Statue für «Panamiu, Sohn des Horudscha» angefertigt wurde. Panamiu trägt den Titel eines «Vorstehers der Pferde», ein militärischer Ehrentitel, der vom König vergeben wurde.

Die Vermutung liegt nahe, dass diese Statue des Panamiu, die ihn als Naosträger zeigt, einst im Ptah-Tempel von Memphis aufgestellt war, denn die Inschrift rund um den Naos wendet sich an den «schöngesichtigen» Ptah mit der Bitte: «O mein Herr, mögest du gewähren, dass mein Name in deinem Tempel dauert.» Der geläufige Titel «Ptah, der Schöngesichtige» resp. «Ptah, schön an Gesicht» (ägyptisch: *nfr ḥr*) spielt auf den wohlwollenden Aspekt des Gottes an (vgl. Kat. 25, 28).

Die äußerst sorgfältige Oberflächenbearbeitung des Basalts sowie die Modellierung des Körpers sind der künstlerischen Tradition und dem Stil der ptolemäischen Epoche (306-30 v. Chr.) verpflichtet.

Lit.: H. Schlögl/M. Sguaitamatti, Stiftung Koradi/Berger. Archäologische Sammlung der Universität Zürich, Kilchberg 1989, 26-27, 72-73.

**67 Skarabäus mit der Inschrift
«Amenophis' III. ist geliebt von Ptah»**
Enstatit mit Resten blaugrüner Glasur
L. 4,2 cm, B. 3,1 cm, T. 1,2 cm
Ägypten, Neues Reich, 18. Dynastie,
Zeit Amenophis III., 1390-1353 v. Chr.
Sammlungen BIBEL+ORIENT, M. 1116

Oben ist der Thronname Amenophis'
III. eingraviert: *Nb-mꜣꜥt-rꜥ* «Herr der
rechten Ordnung (ist) der Sonnengott»;
darunter steht: *Mrj ptḥ rsj jnb.f* «Geliebt
von Ptah, der südlich seiner Mauer ist».
Das «südlich seiner Mauer» verweist auf
einen alten Ptah-Kultort in Memphis.
Mit solchen Skarabäen machte der Pharao gleichzeitig Werbung für das Ptah-
Heiligtum in Memphis und für sich selber.

Lit.: Matouk, Corpus I, 215, Nr. 544.

**68 Skarabäenabdruck mit Ramses II.
beim Niederschlagen der Feinde vor
Ptah und Sachmet**
Enstatit
L. 2,2 cm, B. 1,8 cm
Ägypten, Neues Reich, 19. Dynastie,
Ramses II., 1279-1213 v. Chr.
Privatsammlung, München (D)

Dieser Skarabäus zeigt eine besonders
detailreiche Kopie einer Szene aus der
Monumentalkunst. Die Kat. 23-34 und
69, 71-75 zeigen, dass die Hauptfigur
auf Skarabäen in der Regel nach rechts
gerichtet ist. In der vorliegenden Komposition und auf Kat. 70 schaut der Gott
aber nach links, als ob er die zweitwich-
tigste Figur wäre. Das hängt wohl mit
der Dynamik der Szene des Niederschla-
gens der Feinde zusammen, die auf Skarabäen häufig ohne eine Gottheit erscheint. Die Gottheit ist selten dazuge-
setzt worden. Ptah in seiner Kapelle
steht als «Herr der Maat» auf dem nach

vorn abgeschrägten Sockel, der wie die
Straussenfeder «Maat» gelesen werden
kann (Kat. 24). Hinter (oder neben) ihm
ist die löwenköpfige Sachmet zu sehen,
die ein langes Papyrus-Szepter hält, das
gleichzeitig die Rückwand der Kapelle
des Gottes bildet. Der weit ausschreiten-
de Pharao trägt eine Götterkrone, die
aus waagrechten Hörnern und zwei
hohen Federn besteht. Mit der erhobenen Hand schwingt er ein Krummschwert, mit der vorgestreckten anderen
hält er einen nackten Feind am Haar-
schopf, dessen Arme auf den Rücken gebunden sind. Er präsentiert den von ihm
besiegten Feind der Gottheit, die den
Sieg gegeben hat. Die Szene bildet in
der Monumentalkunst den Abschluss

von Feldzugsdarstellungen, die auf den
Außenwänden der Tempel zu sehen
waren. Hinter dem Pharao ein Wedel,
der Schatten und Schutz bedeutet. Über
der Göttin steht «Sachmet», über dem
Gott «Ptah», über dem Pharao *Wsr-mꜣꜥt-
rꜥ stp-n-rꜥ* «Mächtig ist die Ordnungs-
kraft des Sonnengottes. Erwählt vom
Sonnengott», der Thronname Ramses'
II. Das Ganze krönt eine geflügelte Sonnenscheibe und schließen unten zwei
waagrechte Linien ab.

Lit.: Unveröffentlicht. – Zum Niederschlagen
der Feinde vor Ptah: A.R. Schulman,
Ceremonial Execution and Public Rewards.
Some Historical Scenes on New Kingdom Private Stelae (OBO 75) Freiburg CH/Göttingen
1988; Keel 1989, 304-306, Abb. 76-81.

69 Skarabäus mit thronendem Ptah, ihm gegenüber Ramses II. kniend mit Opfergabe
Enstatit
L. 1,9 cm, B. 1,3 cm, T. 0,8 cm
Ägypten, Neues Reich, 19. Dynastie,
Ramses II., 1279-1213 v. Chr.
Privatbesitz, SK 1978.21

Häufiger als das Niederschlagen der Feinde vor Ptah finden wir Szenen von den Innenwänden der Tempel, die die tägliche Versorgung des Gottes zeigen, so wie hier die Versorgung mit Getränken. Vor dem thronenden Ptah kniet der König, die Arme erhoben, in jeder Hand ein kugliges Gefäß (*nw*), das Wasser, Wein oder Bier enthalten konnte. Über dem König der Thronname Ramses' II. (Kat. 68).

Lit.: Keel 1989, 299-301, Abb. 65; Miniaturkunst, 77, Abb. 100c.

70 Skarabäus mit stehendem Ptah, ihm gegenüber Sachmet und Ramses II. bei der «Darbringung der Maat»
Weißer Enstatit mit schwarzen Einschlüssen
L. 1,8 cm, B. 1,4 cm, T. 0,8 cm
Ägypten, Neues Reich, 19. Dynastie,
Ramses II. 1279-1213 v. Chr.
Privatbesitz, SK 1977.9

Statt wie üblich schaut Ptah hier nicht nach rechts, sondern nach links, und seine Partnerin, Sachmet, steht ebenfalls nicht wie üblich hinter ihm (Kat. 68 und 73), sondern ihm gegenüber wie der König, der als Priester amtet. Dieser ist mit einem knöchellangen Schurz mit Vorbau bekleidet. Er hat die eine Hand verehrend erhoben, mit der anderen präsentiert er eine Figur der Göttin Maat. Sie wird durch eine hockende Frau mit Straußenfeder auf dem Kopf (oder das Schriftzeichen «Straußenfeder») dargestellt. Maat ist die gerechte, verbindliche und bei der Schöpfung gesetzte Weltordnung, die immer wieder durch menschliche (Un-)Taten gestört und bedroht wird, letztlich aber doch über alle Anfechtungen triumphiert. Der König ist für die Aufrechterhaltung der Maat in allen Lebensbereichen verantwortlich. Die kultische Darbringung der Maat steht für die korrekte und vollständige Durchführung des täglichen Rituals. Es stimmt die Gottheiten gnädig und ist vital für den gedeihlichen Fortbestand der Welt. Über dem König steht der Thronname Ramses' II. (vgl. Kat. 68), zwischen König und Sachmet sind eine Sonnenscheibe, zwei Striche und «Herr der beiden Länder» (vgl. Kat. 25) zu erkennen.

Lit.: Keel 1989, 300-303, Abb. 69.

71 Skarabäus mit stehendem Ptah, ihm gegenüber Ramses II. bei der «Darbringung der Maat»
Enstatit
L. 2 cm, B. 1,4 cm, T. 0,5 cm
Ägypten, Neues Reich, 19. Dynastie,
Ramses II., 1279-1213 v. Chr.
Privatbesitz, SK 1993.32

Vor Ptah steht wie auf Kat. 70 der König, der die eine Hand verehrend erhoben hat und mit der anderen eine Figur der Göttin Maat präsentiert. Über der Szene steht, einem waagrechten Oval einbeschrieben, der Thronname Ramses' II. (vgl. Kat. 68). Zwischen Ptah und dem König steht «Herr der Ewigkeit» (*nb nḥḥ*), unter der Szene ist das Zeichen für *mrj* «geliebt» zu lesen. Die Beischriften auf dem Skarabäus ergeben die Inschrift «Ramses II. ist geliebt von Ptah, dem Herrn der Ewigkeit» (vgl. Kat. 67).

Lit.: Keel 1989, 300-303, Abb. 70.

72 Skarabäus mit thronendem Ptah, ihm gegenüber Ramses II. in Verehrung
Enstatit
L. 2,9 cm, B. 2,1 cm, T. 1,3 cm
Ägypten, Neues Reich, 19. Dynastie,
Ramses II., 1279-1213 v. Chr.
Sammlungen BIBEL+ORIENT, M. 1426

Ptah sitzt auf dem klassischen ägyptischen würfelförmigen Thron mit ausgegrenztem Quadrat. Er hält ein ver-

kürztes *W3s*-Szepter. Vor ihm steht der Pharao mit einer Hand verehrend erhoben. Der Pharao bei einem einfachen Verehrungsgestus, mit einer oder beiden Händen verehrend erhoben, ist auf den königlichen Tempelreliefs extrem selten, auf Skarabäen hingegen sehr

häufig (Kat. 73-75). Den Amulettsiegeln ist das komplexe kultische Geschehen offensichtlich weniger wichtig als die Tatsache, dass der Pharao den Gott *verehrt*. Über der Szene der Thronname Ramses' II. (vgl. Kat. 68-71).

Lit.: Matouk, Corpus I, 217, Nr. 643.

73 Skarabäus mit Ptah in Begleitung von Sachmet, ihnen gegenüber ein König in Verehrung

Enstatit
L. 2,3 cm, B. 1,7 cm, T. 1,1 cm
Ägypten, Neues Reich, 19.-20. Dynastie,
1292-1070 v. Chr.
Privatbesitz, SK 1993.31

Vor Ptah in seiner Kapelle und der hinter ihm stehenden Sachmet erhebt ein namenloser Pharao verehrend beide Hände. Diese Komposition, die den Pharao bei keiner bestimmten Kulthandlung, schlicht in Verehrung vor der Gottheit und ohne beigeschriebenen Namen zeigt, ist auf Skarabäen sehr häufig (Kat. 72-75). Die Szene stellt die Harmonie zwischen der Götterwelt und der Menschheit dar, die durch den Pharao vertreten wird. Für sein heilvolles Tun trägt er die Beischrift «Geliebt von Ptah und Sachmet». Das Zeichen *mrj* «geliebt» schließt die Szene nach unten ab.

Lit.: Keel 1989, 306-308, Abb. 91.

74-75 Zwei Skarabäen mit stehendem Ptah, ihm gegenüber ein König in Verehrung

Enstatit
L. 1,8 cm, B. 1,35 cm, T. 0,8 cm
Ägypten, Neues Reich, 19.-20. Dynastie,
1292-1070 v. Chr.
Sammlungen BIBEL+ORIENT, M. 5775

Enstatit
L. 1,7 cm, B. 1,3 cm, T. 0,5 cm
Ägypten, Neues Reich, 19.-20. Dynastie,
1292-1070 v. Chr.
Sammlungen BIBEL+ORIENT, M. 1420

Beide Skarabäen zeigen Ptah in seiner Kapelle mit dem *W3s*-Szepter und vor ihm einen König, mit dem langen Schurz mit Vorbau. Er hat wie auf Kat. 73 beide Hände verehrend erhoben.

Lit.: Matouk, Corpus II, 378f., Nr. 261f.; Miniaturkunst, 77, Abb. 100b. – Zum Motiv: Keel 1989: 306-308, Abb. 84-94.

76 Figur eines Ptah-Sokar-Osiris

Stuckiertes Holz; vertikaler Riss, Stücke der Farbe abgeblättert;
die Stellen sind modern retouchiert; Krone weggebrochen
H. 40 cm
Ägypten, Spätzeit, 26. Dynastie, 664-525 v. Chr.
Sammlungen BIBEL+ORIENT, ÄFig 2001.4

Eine menschenköpfige Statuette mit ungegliedertem Körper
steht auf einem rechteckigen Sockel, in den eine Vertiefung
eingelassen ist. Der Deckel dieser Aushöhlung, auf dem ver-
mutlich die Figur eines kauernden Falken (vgl. Abb. 76a) saß,
ist verloren. Die Statuette besitzt ein weißumrandetes, grü-
nes Gesicht, das Frische und Regeneration bedeutet. Eine
schwarze Linie stellt das Band dar, das den gekrümmten Götterbart an den Ohren befestigte. Auf dem Scheitel ist die Bruchstelle der Krone zu erkennen. Die Schultern und der Oberkörper werden von einem sechsreihigen Schmuckkragen be-
deckt, dessen letzte Reihe tropfenförmige Perlen enthält. Der
Rest des Körpers ist dunkelrot bis auf ein gelbes Inschrift-
band, das in der Mitte unter dem Schmuck beginnt und bis
an die Spitze der Füße läuft. Die schwarzen Hieroglyphen
geben den Namen der Stifterin des Objektes an: «Worte, die
zu sprechen sind durch den Osiris (= die Verstorbene) Qeres,
die Gerechtfertigte, die Wohlversorgte bei Ptah-Sokar-Osiris».
Dieselbe Inschrift befindet sich auch auf der Rückseite der
Figur.
Die Statuette stellt die Verstorbene dar, die bereits als göttliches Wesen regeneriert ist, sich mit der Gottheit Ptah-Sokar-
Osiris vereint hat und deren Erscheinungsform angenommen
hat. Der kleine in den Sockel eingelassene Behälter war ein
winziger symbolischer Sarg, in den kleine Päckchen von in
Leinen gewickeltem Sand und Getreidekörnern gelegt wurden. Diese Päckchen symbolisierten den Gott Osiris, aus dem
trotz seines Zustandes als toter Gott alljährlich die Vegetation
hervorging. Der sterile Sand und die keimenden Getreidekör-
ner stellten die Fähigkeit des Verstorbenen dar, gleich wie
Osiris aus dem Tod heraus zu neuem Fortleben zu finden.

Lit.: Drouot-Montaigne, Archéologie. Vente aux enchères publiques,
Paris, le lundi 23 Avril 2001, 194 lot 833.

Text zu Kat. 76 von Susanne Bickel

Abb. 76a: Sokarfalke aus Holz, Reste von Stucküberzug und
Bemalung, L. 17,5 cm, H. 9,5 cm, Sammlungen BIBEL+ORIENT,
ÄFig. 2001.14. Eine ähnliche Figur befand sich ursprünglich wohl
auf dem Deckel des symbolischen Sarges von Kat. 76.

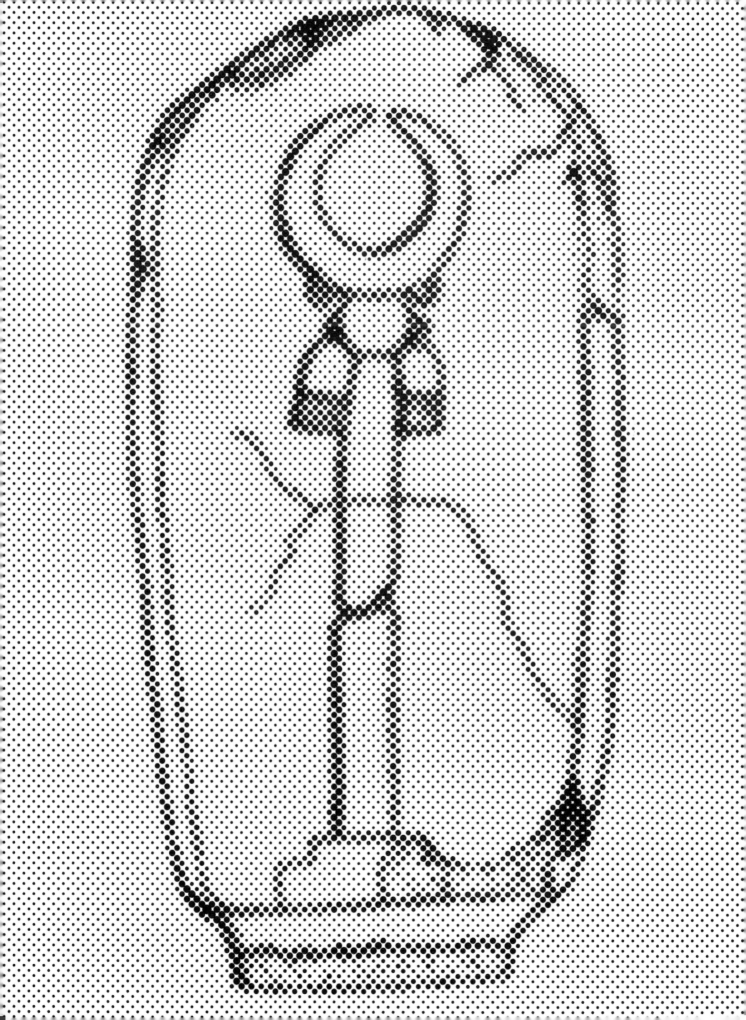

Kapitel II

Sin von Harran und seine Verbreitung im Westen

Von Thomas Staubli

«Der Mond ist aufgegangen, die goldnen Sternlein prangen...» Das milde Licht des Mondes, das die Städter kaum noch kennen, löst bei uns lieblich-romantische Gefühle aus. Im Alten Orient bewunderte man vor allem das regelmäßige Schwinden und Wachsen des Mondes, seine lebensmächtige Durchsetzungskraft gegen die Mächte der Finsternis und des Todes, seine geheimnisvolle Beziehung zum Zyklus der Frau, deren Schwangerschaft zehn Monde dauert. Die berühmteste Mondgottheit des Alten Orients war Sin von Harran.

Der Mondgott von Harran

In Harran befand sich *Echulchul*, das «Haus der Freude», einer der größten Mondtempel des Alten Orients. Von den einheimischen Aramäern wurde die Gottheit einfach «Herr von Harran» genannt. Die Bewohner Mesopotamiens nannten ihn *Suen* oder *Sin*.

Sin von Harran wurde in der Gestalt einer Mondsichel verehrt, die auf einer Standarte befestigt wurde (Abb. IIa). In einem Umfeld von ca. 100 km um Harran wurden bisher 9 Stelen mit dem Bild der Mondstandarte von Harran gefunden (vgl. Abb. IIc). An der Mondsichel konnten zwei Troddeln befestigt werden. Diese konnten als Repräsentation der Parteien bei Vertragsabschlüssen eine Rolle spielten. Sin von Harran galt nämlich als mächtiger Garant von Bundesschlüssen, die im komplexen Geflecht der aramäischen Stadtstaaten im Syrien des 9.-8. Jh. v. Chr. eine große Rolle spielten. So sprach beispielsweise Barrakib, König des aramäischen Stadtstaates Samal, den «Gebieter von Harran» als seinen «Herrn» an (Abb. IIb).

Sin von Harran in Mesopotamien (Kat. 78-92)

Mondgottheiten wurden im Zweistromland seit Alters verehrt. Die Assyrer identifizierten den «Herrn von Harran» mit dem mesopotamischen Mondgott Sin. Ihre Könige opferten im Mondtempel von Harran. Sie bauten das Heiligtum großzügig aus. Von Rollsiegeln erfahren wir, in welchen Zusammenhängen der Mondgott verehrt wurde. Meistens wird Sin als Gestirn (Kat. 77; 79) oder durch die Standarte des «Herrn von Harran» (Kat. 81-93) vergegenwärtigt, seltener durch eine menschliche Figur, die mit Sichelmonden an Krone und Zepter als Mondgott charakterisiert wird (Kat. 79, 80).

Sin von Harran, Patron der assyrischen Westexpansion
Spätestens zur Zeit Asarhaddons (680-669 v. Chr.) stellten die assyrischen Könige die Westexpansion ihres Reiches unter das Patronat Sins von Harran. Dies geht aus dem Brief eines Opferpriesters an den Nachfolgerkönig Assurbanipal

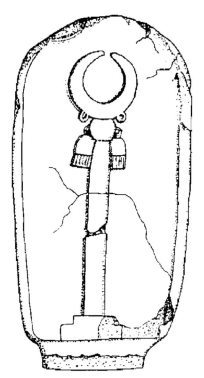

Abb. IIa: Steinrelief mit der Standarte des Mondgottes von Harran: Sichelmond mit Troddeln.

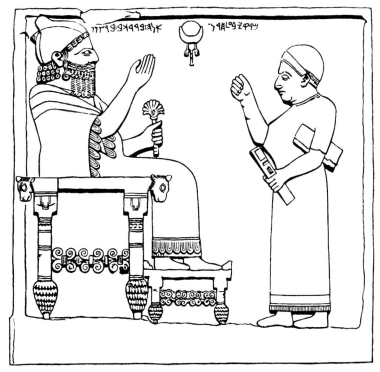

Abb. IIb: Basaltstele aus Samal (um 730 v. Chr). Der König von Samal thront vor seinem stehenden Schreiber, der unter dem Arm eine zusammengeklappte Schreibtafel und in der Hand einen Behälter mit den Schreibutensilien hält. Die Beischrift zum König lautet: «Ich bin Barrakib, der Sohn des Panammuwa». Über den beiden das Symbol des Mondgottes von Harran mit der Beischrift: «Mein Herr, der Gebieter von Harran.»

aus dem Jahre 667 v. Chr. deutlich hervor: «Als der Vater des Königs, meines Herrn nach Ägypten ging, wurde am Rand von Harran ein Zedernheiligtum gebaut. Sin hockte auf einer Stange, zwei Kronen auf seinem Haupt, und Nusku (Wesir Sins; auch Symbol des Leermondes) stand vor ihm. Der Vater des Königs, meines Herrn, trat ein, setzte die Krone auf sein Haupt, und es wurde ihm gesagt: ‹Du wirst gehen und damit die Länder erobern.› So ging er und eroberte Ägypten. Den Rest der Länder, die sich Assur und Sin noch nicht unterworfen haben, wird der König, der Herr der Könige, erobern.»

Sin erscheint in dieser Zeit als höchster Gott nach dem Protektorenpaar des Reiches, Assur und Mullissu. Der babylonische Stadtgott Marduk und der Schreibergott Nabu werden ihm nachgeordnet. Ischtar (Venus) hat die Qualität einer Partnerin. Auf Standarten (Abb. IId) und Siegeln (Kat. 79-93) wird der Mondgott als Reichsgott propagiert.

Nach der Eroberung Ägyptens unter Asarhaddon wurde auf einer Serie von Rollsiegeln die assyrische Vorherrschaft über das Niltal durch den dem Mondgott beigeordneten Uräus, das Schutzsymbol der ägyptischen Götter und Könige, zum Ausdruck gebracht (Kat. 87, 89f., 92). Angesichts der wachsenden Machtfülle der Assyrer unter ihrem Schutzherrn Sin gewannen im gesamten Vorderen Orient die lokalen Mondkulte an Bedeutung.

Sin von Harran und das Ende des neubabylonischen Reiches

Nach der Zerstörung Assurs und Ninives durch die Babylonier zog sich der assyrische Hof 612 v. Chr. nach Harran zurück. Zwei Jahre später nahmen die Babylonier Harran ein. Kurz darauf wurde Echulchul von den Medern und ihren skythischen Verbündeten zerstört. Im babylonischen König Nabonid fand Sin von Harran einen letzten großen Protektor. Sein Vater war Vorsteher eines aramäischen Stammes. Nabonid machte Karriere als babylonischer Beamter. Er usurpierte die babylonische Krone, gewann Harran zu-

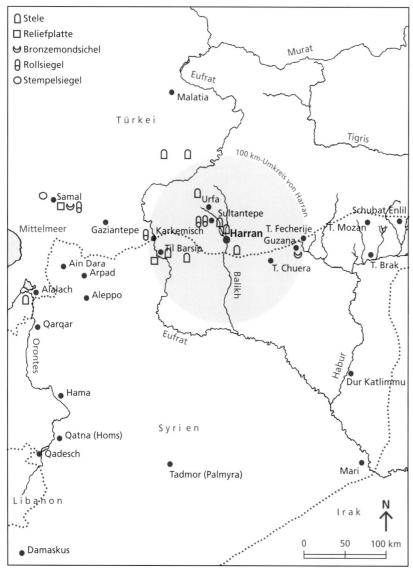

Abb. IIc: Karte von Harran und Umgebung.

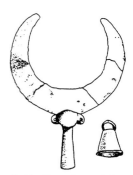

Abb. IId: Ein sehr direktes Zeugnis assyrischer Verehrung des Mondgottes von Harran stammt aus Südpalästina. Auf Tel Sera, östlich von Gaza, fand man auf dem Ziegelfußboden einer assyrischen Festung den Bronzeaufsatz einer Mondstandarte, samt der Tülle einer der beiden Troddeln, die an der Standarte befestigt werden konnten.

Abb. IIe: Ca. 30 km vom Heiligtum von Rudschm el-Kursi (vgl. Abb. IIf) entfernt wurde in einem Grab beim Nebo ein Rollsiegel gefunden, das zeigt, wie der Kult eines Mondheiligtums ausgesehen hat. Ein Leier- und ein Doppelflötenspieler musizieren vor der Mondstandarte, neben der sich ein zypressenartig stilisierter Baum befindet. Die wesentlichsten Kultvollzüge dürften im Hof des Heiligtums unter freiem Himmel stattgefunden haben.

rück und ließ das Heiligtum wieder aufbauen. Im Gründungszylinder des Tempelneubaus empfiehlt er sich dem Schutz des Mondgottes, den er als Vater aller Götter betrachtet: «Sin, König der Götter des Himmels und der Erde, ohne den Stadt und Land weder verworfen, noch wiederhergestellt werden, wenn Du in Echulchul, den Tempel der (?) Wohnung Deiner Lust einziehst, sei Segen über die Stadt und diesen Tempel gesetzt auf Deine Lippen! Die Götter, die Himmel und Erde bewohnen, mögen immerzu segnen den Tempel Sins, des Vaters, der sie erschuf! Mich, Nabonid, den König von Babel, der diesen Tempel vollendet hat, möge Sin, der König der Götter des Himmels und der Erde, mit dem Aufschlagen seiner gütigen Augen freudig ansehen und monatlich bei Auf- und Untergang meine Orakel zum Guten wenden; meine Tage möge er verlängern, meine Jahre vermehren, er festige meine Regierung, meine Feinde überwältige er, meine Widersacher bringe er zu Fall, er werfe nieder meine Gegner! Ningal, die Mutter der Götter, möge vor Sin, den sie liebt, Gutes für mich sagen! Schamasch und Ischtar, die Sprösslinge seines leuchtenden Leibes, mögen Sin, dem Vater, der sie erschuf, Segen über mich sagen! Nusku, der erhabene Wesir, möge meine Gebete erhören und für mich eintreten!»

Wahrscheinlich versuchte Nabonid die aramäischen Stämme unter dem Patronat Sins zu einen. Er scheiterte am Widerstand der traditionellen babylonischen Aristokratie, die den Persern, der neuen Macht im Orient, Tür und Tor öffnete.

Sin von Harran im Westen (Kat. 87-107)

Im Westen des Vorderen Orients hieß der Mondgott Jarich. Uralte Ortsnamen wie Jericho oder Bet Jerach – beide Orte liegen im Jordantal – bezeugen die jahrtausendelange Verehrung des Mondes. Seit dem 10. Jh. v. Chr. ist die Mondsichelstandarte von Harran auch im Westen vereinzelt anzutreffen. Die assyrische Westexpansion unter dem Patronat des Mondgottes Sin von Harran gab den lokalen Mondkulten (Abb. IIe, f) im syro-palästinischen Raum neue Impulse. Dabei kamen einheimische Stileigentümlichkeiten zum Zug, die in Mesopotamien unbekannt waren: Die Quadrierung von Stange und Podest (Kat. 103), das «Kugelkreuz», das vielleicht dem ägyptischen Lebenszeichen (Anch) entspricht (Kat. 104f.), der zypressenartige Baum (Kat. 104), die Doppelflöten- und Leierspieler (Abb. IIe) und das phönizische Mondschiff (Kat. 105f.).

Abb. IIf: Bei Rudschm el-Kursi in der Nähe von Amman wurde ein lokales Mondheiligtum des 7./6. Jh. v. Chr. entdeckt. Zwei Mondstandartenreliefs in typisch westlicher Gestalt flankieren den Eingang.

Abb. IIg: Karte von Palästina/Israel. Fundorte des Emblems von Harran auf Stempel- oder Rollsiegeln, auf Reliefs oder als Standarte (T. Sera).

Die Mondgottstele von Betsaida

1997 wurde in Betsaida, am nördlichen Ende des Sees Gennesaret, rechts vom inneren Stadttor, erhöht auf einem Podest, das über eine Treppe zugänglich war, eine Stele mit rätselhaften Symbolen entdeckt. Vor der Stele war ein Becken, worin die Reste von drei Räuchertassen gefunden wurden. In der Umgebung des Stadttores wurden sieben weitere Stelen ohne Relief, sowie Überreste von Opferstellen gefunden.

Damit hatte man erstmals eine vollständige sogenannte Torhöhe (hebräisch *bamah*) entdeckt, wie sie in der Bibel häufig erwähnt wird. In den Augen der Propheten des judäischen Gottes JHWH waren solche Kultstätten unerlaubt, weil sie nicht zum Kult JHWHs gehörten und daher die Eifersucht JHWHs erregten, der als einziger Gott verehrt sein wollte. Unter König Joschia (638-609 v. Chr.) wurde eine Torhöhe in Jerusalem zerstört (2Kön 23,8b). Es gab aber noch bis zur Zerstörung Jerusalems durch die Babylonier Torhöhen in Jerusalem, wie der Prophet Ezechiel schreibt (Ez 8,3).

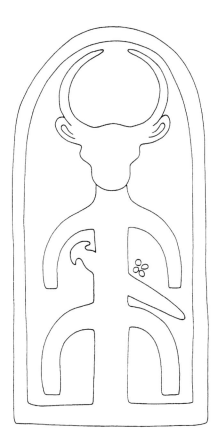

Abb. IIh,i: Die Mondgottstele von Betsaida (Geschur; Nordisrael) aus dem 9./8. Jh. v. Chr. wurde aus lokalem Basalt hergestellt. H. 115 cm, B. 59 cm, T. 31cm. Israel-Museum, Jerusalem IAA 1997-3451.

Othmar Keel und Monika Bernett konnten in ihrer Erstveröffentlichung der Stele von Betsaida mit Hilfe fast vergessener Parallelen aus dem Gebiet des Haurans und vielen weiteren Vergleichsobjekten plausibel machen, dass es sich beim Gott von Betsaida um eine Variante des Mondgottes handeln muss, in Angleichung an den Wettergott, der häufig als Stier dargestellt wurde. Die Hörner des Stierkopfes wurden der Mondsichel angeglichen. Außerdem verweist eine vierteilige Rosette auf die Phasen des Mondes. Das Schwert betont den kämpferischen Charakter des Gottes, der die Mächte des Lichts gegen jene der Finsternis durchsetzt. Am Tor, wo unter anderem auch Recht gesprochen wurde, präsentiert er sich so als energischer Wahrer des Rechts und Beschützer der Stadt. Durch Andeutungen von Armen und Beinen wurden der Gestalt mit einfachen Mitteln menschliche Züge verliehen. Unter welchem Namen der Gott angerufen wurde, muss vorläufig offen bleiben.

Wichtiger als die eindeutige Identifikation der Gottheit ist die Funktion des Heiligtums am Stadtor. Es bot den Menschen in den gefühlsmäßig befrachteten Momenten des Weggehens oder der Heimkehr (vgl. Ps 121,8), der Auseinandersetzung im Rechtsstreit auf dem Platz vor dem Tor oder der Erinnerung an die Begründer und Wohltäterinnen ihrer Ordnung (Memorialstelen) die Möglichkeit, sich mit von Gebeten begleiteten Trank- und Räucheropfern mit den numinosen Mächten in Verbindung zu setzen. Die Spannungen und Ausweglosigkeiten des Lebens mussten so von ihnen nicht allein getragen werden. Sie konnten mit den Schicksalsmächten geteilt werden, die man im 9. und 8. Jh. v. Chr. vor allem in den Gestirnen vergegenwärtigt sah.

Abb. IIj: Der Kultplatz beim Stadttor von Betsaida. Rekonstruktion.

«Mondboot»
Der Sichel- oder Halbmond konnte im Zweistromland «Lastschiff des Himmels» genannt werden.

«Mondhörner»
In sumerischen und akkadischen Hymnen wird der Mondgott «Herr der Hörner», «gehörnter Stier» oder «starkes Kalb des Himmelsgottes» genannt. Dieser kämpferische Aspekt wurde vor allem im syro-arabischen Raum geschätzt. In Palmyra heisst der Mondgott noch in römischer Zeit «Stier des Himmelsherrn».

K (nebenstehende Seite) Mesopotamischer Beschwörungstext

L (nebenstehende Seite) Ugaritischer Beschwörungstext

Mond und Uterus
Der Neumond konnte mit dem Titel «Frucht, die aus sich selbst heraus entsteht» angesprochen werden. Die formale Verwandtschaft zwischen Mondsichel und Uterussymbol wird bildlich nur sehr selten zur Darstellung gebracht. Häufiger sind Beschwörungstexte mit mythologischen Elementen, die während einer schwierigen Geburt rezitiert wurden.

«Mondsichel»
Die wichtigste Erscheinungsform des Mondes war die nach dem Leermond neu erscheinende Mondsichel, die im Orient liegend zu sehen ist.

Abb. IIk: Schema zur Wandelbarkeit des Mondsymbols.

A Der Sichelmond als Gestirn nebst Sonne und Sternen (ab dem 4. Jt. v. Chr.).
B Der Sichelmond auf einer mit Troddeln verzierten Standarte: das Emblem des «Herrn von Harran» (9.-6. Jh. v. Chr.).
C Der Sichelmond als Attribut des menschengestaltigen Mondgottes auf Krone und Szepter (ab dem späten 3. Jt. v. Chr., aber relativ selten).

D Der südmesopotamische, sumerische Mondgott Nanna im vergöttlichten Binsenboot (2. Hälfte des 3. Jt. v. Chr.).
E Der nordmesopotamische, assyrisch-babylonische Mondgott Sin in der als Götterboot verstandenen Mondsichel (10.-6. Jh. v. Chr.).
F Der westsemitische Mondgott (Schaggar?) in einem Handelsschiff nach phönizischer Art (8.-7. Jh. v. Chr.).

G Aramäische Stele einer vermenschlichten Standarte mit einem Stierkopf, der Sichelmondhörner hat.
H Edomitisches Siegel, das einem Araber gehörte, mit einem von zwei Personen verehrten, hörnerförmigen Mond auf einem Ständer.
I Palmyrenische Eintrittsmarke zu einem Bankett unter dem Patronat des Mondgottes ʿAglibol («Jungstier des Bol») in Sichelmondgestalt mit einem Stier, dessen Hörner dem Sichelmond angeglichen sind.

J Gott mit Mondszepter und Uterussymbol im Mondboot (mittelassyrisch; 13. Jh. v. Chr.).
K Mesopotamischer Beschwörungstext bei schwieriger Geburt: Der Mond schwängert als Stier eine Kuh und schickt ihr bei der Geburt die rettenden Hebammen.
L Ugaritischer Beschwörungstext bei schwieriger Geburt: Er handelt von der Hochzeit zwischen Mond und Möndin und endet mit der Beschwörung der Hebammen.

Wandelbarkeit des Mondsymbols (Abb. IIk)

Um die große Bedeutung des Mondgottes im Alten Orient richtig zu verstehen, ist es wichtig, die verschiedenen Assoziationen, die der Mond auslösen konnte, zu kennen. Im altorientalischen Denken spielt die Assoziation eine große Rolle. Ähnlich klingende Wörter konnten zueinander in Beziehung gesetzt werden. Dasselbe gilt auch für Bilder. Die Form der Mondsichel hat die Menschen bald an ein Schiff, bald an die Hörner eines Stiers, bald an einen Uterus erinnert. Daraus entstanden neue Bildtypen und Konstellationen bei der Darstellung des Mondgottes.

K

Es war einmal eine Kuh des Sin, «Magd des Sin» war ihr Name.
Sie hatte, was eine Kuh schön macht, in Fülle, war von verführerischer Gestalt. Sin sah sie und verliebte sich in sie. Den Glanz des Sin ließ er ihr zuteilt werden. Ja, er übertrug ihr sogar die Leitung der Herde, die Hirten hatten sich ihr unterzuordnen: Im zartesten Gras lassen sie sie weiden, an den sattesten Tränken tränken sie sie mit Wasser. Verborgen vor dem Hirtenjungen, ohne dass der Hirte etwas sah, besprang ein wilder Bulle die Kuh, bäumte sich an ihrem Schwanz auf.
Als sie ihre trächtigen Tage zu Ende gebracht, ihre Monate vollendet hatte, kam die Kuh ins Zittern, brachte ihren Hirten ins Zittern: Er lässt den Kopf hängen – alle Hirtenjungen klagen für sie – auf ihr Gebrüll, auf ihr Geschrei in den Wehen hin kauert er sich zu Boden.
Die Himmelsleuchte Sin hörte im Himmel ihr Schreien: Er hob seine Hand himmelwärts, da kamen zwei Schutzfeen des Himmels herab. Die eine trug ein Töpfchen mit Öl, die andere brachte Wehenwasser mit herab. Mit Öl aus dem Töpfchen bestrich sie ihre Stirn, mit Wehenwasser besprengte sie ihren ganzen Körper. Ein zweites Mal bestrich sie mit Öl aus dem Töpfchen ihre Stirn, besprengte mit Wehenwasser ihren ganzen Körper. Als sie sie zum dritten Mal bestrich, da fiel das Kalb wie ein Gazellenjunges heraus zu Boden. «Milchkalb» gab sie dem Kalb als Namen.
So leicht, wie «Magd des Sin» geworfen hat, möge auch das Mädchen, das so grosse Schwierigkeiten hat, gebären! Möge für die Hebamme keine Verzögerung eintreten, möge es die Schwangere bei der Geburt leicht haben!

Diese Beschwörung wurde im Zweistromland seit sumerischer Zeit jahrhundertelang in vielen Varianten überliefert und bei Geburten angewendet. Tod bei der Geburt oder im Kindsbett war für die Frauen damals die häufigste Todesursache.

Adaptiert nach: TUAT II, 275f.

L

Besingen will ich Mondfrucht,
die Tochter Cherchabs, des Königs der Erntezeit,
die Tochter Cherchabs, des Königs der Hochzeit.
Beim Untergang von Sonne entflammte Mond.
Er umarmte, die gebären wird mit Hilfe der Glücksbringerinnen.
Schaut auf sie! Bereitet ihr zuliebe Speisen (?) für ihr Fleisch und Blut!
Ja, wirklich: Erhaltet ihr Leben! Belebt sie als Ehefrau seines Hauses!
Hört, ihr Glücksbringerinnen!
Schaut auf sie! Bereitet ihr zuliebe Speisen (?) für ihren Vater, ...
Dugun von Tuttul.
Ihr Glücksbringerinnen! Ihr Töchter des Neumonds! Ihr Schwalben!

Mond, die Leuchte des Himmels, schickte zu Cherchab, dem König der Erntezeit:
Gib Möndin, dass sie heirate, damit Frucht in sein Haus eintrete!
Ich werde ihrem Vater einen Brautpreis geben von tausend Stücken Silber und zehntausend Stücken Gold.
Ich werde strahlendes Lapislazuli schicken.
Ich werde ihr Weinberge schenken, Obstgärten für die Liebe.
Aber Cherchab, König der Erntezeit, antwortete:
O Liebling Gottes (El), o Schwiegersohn des Herrn (Baal)!
Heirate doch lieber Weitzerstreut, seine Tochter! Ich werde dich ihrem Herrn (Baal) Vater vorstellen, damit er eifersüchtig (Ischtar) um sie bittet.
Heirate doch lieber Wasserreicherin! Das Haus ihres Vaters möge der Löwe zur Hochzeit aufwecken!
Doch Mond antwortete mit fester Stimme: Möndin will ich heiraten!
Da heiratete Möndin den Mond.
Ihr Vater stellte den Sockel der Waage auf.
Ihre Mutter legte die Waagschalen darein.
Ihre Brüder setzten den Messbalken ein.
Ihre Schwestern brachten die Gewichtssteine herbei.
Mondfrucht, die ich besinge, beleuchte Mond, und Mond beleuchte dich!

Besingen will ich die Glücksbringergöttinnen,
die Töchter des Neumonds, die Schwalben,
die Töchter des Neumonds, des Herrn der Sichel,
die mit Wacholder herabsteigen, mit Olivenöl, für das Glückbringen,
zusammen mit dem gütigen Gott (El), dem Barmherzigen.
Siehe! Mein Mund zählt euch auf, meine Lippen beschwören euch:
Mitgift und Hochzeitsgeschenk,
Durchschneiderin mit Spalterin,
Händeklatscherin mit Fruchtbringerin (?),
Gütige, die jüngste der Glücksbringerinnen.

Adaptiert nach: Theuer, Mondgott, 147ff.

Mondgottheiten in Ägypten (Kat. 108-112)

Die intensive Mondgottverehrung in Vorderasien strahlt im
7. Jh. v. Chr. bis nach Ägypten aus, wo der Mondgott eine
Renaissance erlebt. Die Ägypter übernehmen das Symbol der
Mondstandarte aber nicht. Sie greifen vielmehr auf ihre eigene, vielfältige Mondsymbolik zurück:

Im Bereich	...hat der Mond die Gestalt des
Kosmos	Mondgestirns
Soziopolitik	Sekretärs des Königs
Mythos	Horusauges, bzw. Horusfalken
Theologie	· Schreibergottes Thot als Ibis oder Pavian
	· Chons, «Wanderer»
	· Iach, synkretistischer Mondgott

Der kosmischen Erscheinung des Mondes als Stellvertreter
der Sonne während ihrer Abwesenheit in der Nacht entspricht
soziopolitisch der Schreiber als Sekretär des Königs, mythologisch das Auge des Horus, das durch den feindlichen Bruder
Seth zerstört, durch die zauberkundige Mutter Isis aber wieder geheilt wird. Theologisch kann der Mond der Schreibergott Thot als Wesir des Königsgottes Re sein, vergegenwärtigt
im Ibis, jenem Vogel, der in weiser Voraussicht die Nilflut
ankündigt, oder dem gelehrigen Pavian, der kauert wie die
Schreiber. Der Mond kann aber auch Chons, «Wanderer»
heißen. Als solcher ist er der Sohn des thebanischen Götter-
paares Amun und Mut.

Das Nachleben der Mondfrömmigkeit bis heute

Besonders im Judentum und im Islam, aber auch im nicht
religiös gebundenen Volksglauben lebt der Glaube an die
Wirksamkeit des Mondes bis heute fort.

Judentum

Das Judentum gilt gemeinhin als Geschichtsreligion, in
deren Zentrum Gott steht, der Israel aus Ägypten heraus-
führte und am Sinai das Gesetz gab. Dass Gott auch Schöpfer des Himmels und der Erde ist, dessen Spuren in allen
Schöpfungswerken gegenwärtig sind, wird dabei gerne übersehen. Das Neumondfest ist das Fest der Erneuerungskräf-
te in der Schöpfung schlechthin. In biblischer Zeit war das
Neumondfest ein arbeitsloser Festtag wie der Sabbat, verbunden mit Opfern am Tempel (Num 28,11-15). Im traditionellen Judentum wird bis heute monatlich der Neumond
(*rosch chodesch*) gesegnet. Auf jiddisch heisst das: Rausch
chaudesch benschen. Stand in einer kalenderarmen Zeit die
Wahrnehmung des neuen Mondzyklus im Vordergrund, so
später vor allem die mit der Mondbegrüßung verbundenen
Segenssprüche. Die Segnung des Mondes (*Birkat ha-Levanah*), auch Heiligung des Mondes (*Kiddusch ha-Levanah* oder
Kiddusch ha-Kodesch) genannt, wird zwischen dem 3. und
15. Tag nach Erscheinen des neuen Mondes, also in der Phase
des zunehmenden Mondes, bei sichtbarem Mond, vorzugs-
weise unter freiem Himmel gesprochen. Man solle es tun,
als wäre es die göttliche Gegenwart (*Schechinah*). Dazu wird
auf den Zehenspitzen gewippt, allerdings ohne die Knie
dabei durchzubiegen, damit es nicht wie eine Anbetung des
Mondes aussieht!

Stimmt den Lobgesang an,
schlagt die Tamburine,
greift in die Saiten von Leier und Laute!
Blast das Horn zum Neumond,
dem Tag unseres Festes!
Denn das ist eine Vorschrift für Israel,
so hat es der Gott Jakobs befohlen.
Diese Regel gab er dem Volk Josefs,
als er gegen die Ägypter kämpfte.
Psalm 81,3-6

In der Schule Rabbi Ismaels wurde
gelehrt: Wäre den Israeliten nichts mehr
beschieden, als jeden Monat das Gesicht
ihres Vaters im Himmel zu empfangen, so
würde ihnen dies genügt haben.
Talmud, Sanh 42a

Abb. III: Friedrich Kaskeline: Rosch Chodesch (Neumond).
Jüdische Neujahrskarte.

Islam

In der Verehrung der Nachtgestirne hatte die universalistische Gottesauffassung des alten Orient ihre wohl populärste Form gefunden. Es verwundert daher nicht, gerade den Mond als eines der ganz wenigen bildlichen Embleme des Islam wiederzufinden. Vor allem über die sassanidische (persische) Münzprägung hat das Neumondemblem als altorientalisches Gottes- und Hoheitssymbol ziemlich ungebrochen Einzug in die islamische Welt gehalten. Allerdings wird im Koran betont, dass im Mond keine Gottheit zu sehen sei, deretwegen man im Alltag ehrfürchtige Rituale vollzieht (2,189). Die Spaltung des Mondes kann daher geradezu zum endzeitlichen Zeichen für die Offenbarung der Wahrheit des Islam werden (54,1-2). Die Bedeutung des Neumondes (*hilāl*) beruht für den rechtgläubigen Islam einzig und allein auf seiner gottgewollten Funktion als Zeitmesser. Das islamische Jahr ist ein reines Mondjahr mit wandernden Monaten. Daher rührt die zentrale Bedeutung des Mondes für die Festlegung des jährlichen Fastenmonates Ramadan. Bis heute wehren sich traditionalistische Gruppen gegen eine Berechnung des Fastenmonates. Sie beharren auf der spontanen Sichtung des Neumondes, um über Anfang und Ende des Fastenmonates zu bestimmen.

Wenn also kein religiöses Symbol im engeren Sinne, so ist das Neumondemblem als Symbol des Islam doch allgegenwärtig. Schon im frühen Mittelalter wurden in Moscheen verwandelte Kirchen äusserlich dadurch kenntlich gemacht, dass das Kreuz durch einen Sichelmond ersetzt wurde. In diesem Sinne wird der Sichelmond neben Kreuzen für Christen, Davidsternen für Juden und dem Rad der Wahrheit für Buddhisten heute etwa auf US-amerikanischen Soldatenfriedhöfen für muslimische Mitglieder der Armee verwendet, und die islamische Partnerorganisation zum Internationalen Roten Kreuz ist der Internationale Rote Halbmond. Mit dem aufkommenden nationalen Selbstbewusstsein der Türken im osmanischen Reich erhielten Sichelmond und Sterne auf den nach europäischem Vorbild gestalteten Fahnen eine zusätzliche, kämpferisch-politische Bedeutung wie schon unter den Assyrern. Die Jungtürken behielten 1923 die Fahne bei. Tunesien, Ägypten, Libyen, Malaysia, Mauretanien, Algerien und die Malediven folgten nach und nach dem Beispiel der Türken, indem sie den Sichelmond in ihre Flagge integrierten.

Man fragt dich nach den Neumonden. Sag: Sie sind (von Gott gesetzt als) feste Zeiten für die Menschen, und für die Wallfahrt. Und die Frömmigkeit besteht nicht darin, dass ihr von hinten in die Häuser geht. Sie besteht vielmehr darin, dass man gottesfürchtig ist. Geht also zur Tür in die Häuser, und fürchtet Gott! Vielleicht wird es euch (dann) wohl ergehen.
Koran 2,189

Die Stunde (des Gerichts) ist (schon) nahegerückt, und der Mond hat sich gespalten. Aber wenn sie (d.h. die Ungläubigen) ein Zeichen sehen, wenden sie sich (davon) ab und sagen: «Fortwährend Zauberei.»
Koran 54,1-2

Abb. IIm: Moschee mit Neumondemblem.

Abb. IIn: Plakat anlässlich der Anerkennung der Türkei im Friedensvertrag von Lausanne 1923. Die personifizierte Türkei führt als unverschleierte Frau das Pferd des Generals Ismet Inonu. Ihr Kleid und ihr Diadem zeigen Sichelmond und Stern, das Wappen des jungtürkischen Staates.

Volksglaube

Verschiedenste Einflüsse, deren Herkunft meist nicht mehr zu ergründen ist, darunter aber bestimmt auch über die griechisch-römische Antike vermittelte orientalische, haben sich im europäischen Mondglauben niedergeschlagen. Dabei fällt auf, dass das Wachsen und Schwinden des großen Nachtgestirnes die menschliche Phantasie viel mehr beschäftigt hat als das strahlende Licht der Sonne. Der naive Sympathieglaube verknüpfte mit dem Zu- und Abnehmen des Mondes Wünsche und Flüche. Sollte etwas zur Förderung des Guten getan werden, unternahm man es bei zunehmendem Mond, Vernichtendes dagegen bei abnehmendem Mond. Diese Regel konnte variantenreich auf alle Bereiche des menschlichen Lebens angewandt werden. Aus der riesigen Fülle der überlieferten Sitten und Gebräuche seien stellvertretend nur zwei Sprüche herausgegriffen. Der neue Mond konnte mit den Worten begrüßt werden: «Ich grüße dich, du neues Licht, hilf für die Zähne und für die Gicht...». Aus dem Sarganserland ist der Spruch überliefert: «Hübschi Warza, schüni Warza, mit'm schwinätä Mu muoscht du vergu» (Hübsche Warze, schöne Warze, mit dem schwindenden Mond musst du vergehen).

Die Aufklärung vermochte durch das Aufzeigen falscher Ursachenverknüpfung den Mondglauben nicht gegenstandslos zu machen. Menschliche Intuition wird nach wie vor gerne mit dem Lauf der Gestirne am Himmel in Verbindung gebracht. So erteilt ein in Warenhäusern verkaufter Mondkalender für das Jahr 2003 (Abb. IIo) aufgrund des Mondstandes Ratschläge für Natur, Haushalt und Garten, Gesundheit und Schönheit, Beruf und Familie. Gleichzeitig verwahren sich Autor und Verlag freilich gegen eine allfällige Haftung für Personen-, Sach- und Vermögensschäden und erklären in allen medizinischen Fragen den Rat des Arztes für maßgebend. □

Abb. IIn: «Finden Sie an allen Tagen des Jahres mit der Macht des Mondes den richtigen Zeitpunkt für Ihre Alltagsentscheidungen... Denn: Der Mond ist ein zuverlässiger Helfer bei vielen Gelegenheiten.» (Aus dem Werbetext auf der Rückseite des Kalenders)

Lit.:
• Zu Sin von Harran und zum Mondkult: T.M. Green, The City of the Moon God. Religious Traditions of Harran (Religions of the Greco-Roman World 114), Leiden 1992; O. Keel, Das Mondemblem von Harran auf Stelen und Siegelamuletten und der Kult der nächtlichen Gestirne bei den Aramäern, in: ders., Studien zu den Stempelsiegeln aus Palästina/Israel IV (OBO 135) Freiburg CH/Göttingen 1994, 135-202; GGG 164f. 340-369.
• Zu Mondkult und Bibel: O. Keel, Jahwevisionen und Siegelkunst. Eine neue Deutung der Majestätsschilderungen in Jes 6, Ez 1 und 10 und Sach 4 (SBS 84/85), Stuttgart 1977, 274-320; Ch. Uehlinger, Figurative Policy, Propagana und Prophetie: J.A. Emerton (ed.), Congress Volume Cambridge 1995, Leiden et al. 1997, 297-349; G. Theuer, Der Mondgott in den Religionen Syrien-Palästina (OBO 173), Freiburg CH/Göttingen 2000.
• Zum Neumond: O. Keel, Goddesses and Trees. New Moon and Yahweh. Two Natural Phenomena in Ancient Near Eastern Art and in the Hebrew Bible (JSOT.S), Sheffield 1998.
• Zur Stele von Betsaida; Mond- und Wettergott: M. Bernett/O. Keel, Mond, Stier und Kult am Stadttor. Die Stele von Betsaida (et-Tell) (OBO 161), Freiburg CH/Göttingen 1998; T. Ornan, The Bull and its Two Masters: Moon and Storm Deities in Relation to the Bull in Ancient Near Eastern Art: IEJ 51 (2001) 1-26; M. Novák, Zur Verbindung von Mondgott und Wettergott bei den Aramäern im 1. Jahrtausend v. Chr.: UF 33 (2001) 437-465.
• Zum Mondkult in Ägypten: LÄ I,960-63; RÄRG 140-45; G. Posener, Une réinterprétation tardive du nom du dieu Khonsou: ZÄS 93 (1966) 115-119.
• Zum Nachleben im Judentum: I. Elbogen, Der jüdische Gottesdienst in seiner geschichtlichen Entwicklung, Hildesheim 1962 (= Frankfurt a. M. 1931), 122-126; EJ 12,290-93.
• Zum Nachleben im Islam: EI NE 3,390-398; 4,539-541.
• Zum Mond im Volksglauben: HWDA 6,477-537; A.A. Schwarz/R.P. Schweppe, Der große Mondkalender für das Jahr 2003, Rastatt.

1 Vgl. dazu das besonders für Samal typische Joch über der geflügelten Sonnenscheibe.
2 Vgl. Keel, Corpus I, 660f. Nr. 2, ein Siegel aus ʿAroʿer. Das Motiv findet sich ausserdem auf Siegeln aus Tell en-Naṣbeh (Ch.Ch. McCown, Tell en-Naṣbeh. Vol. I, Berkeley/New Haven 1947, 296 Pl. 55 Nr. 58), Ḥorvat ʿUza (Locus 555, Reg. Nr. 2282) und Tell Malḥata (Areal F, Locus 1001, Reg. Nr. 1423).
3 Es kann die Grösse einer Standarte haben, wie in diesem Fall oder klein sein wie ein Altar oder ein Opferständer. Im Gegensatz zu den Standarten von Sin, Nabu und Marduk, von denen es in jedem Fall zu unterscheiden ist, steht es nie auf dem Götterpodest (vgl. Liane Jakob-Rost, Die Stempelsiegel im Vorderasiatischen Museum Berlin, Mainz 1997, 92f. Nr. 390f.). Vom Kontext her scheint eine astrale Bedeutung nahe zu liegen. Im Westen wurde das Symbol als ägyptisches Lebenszeichen (ʿnḫ) stilisiert (vgl. Ch. Uehlinger, Ein ʿnḫ-ähnliches Astralkultsymbol auf Stempelsiegeln des 8./7. Jhs: Stempelsiegelstudien IV, 322-330).
4 Vgl. O. Keel, Corpus I, 20 Nr. 4 und 700 Nr. 32.
5 Bernett/Keel 90 mit Abb. 118 (Lit.!).

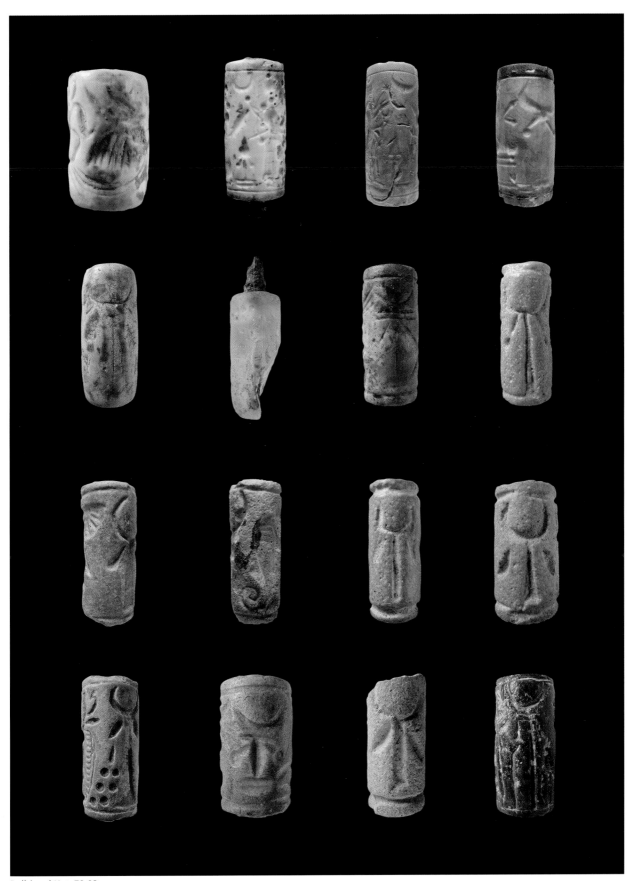

Rollsiegel Kat. 78-93

Siegel C

77 Rollsiegelabrollung mit «Mondgöttin» auf Tonumschlag eines Wirtschaftsdokuments

Tontafel in Umschlag, beide
gesiegelt und beschriftet
Tafel H. 4,89 cm, B. 4,08 cm,
T. 1,62 cm
Umschlag (aufgebrochen,
vier Bruchstücke erhalten),
H. 5,85 cm, B. 5,22 cm,
T. 2,98 cm
Gebrannter Ton
VT 1999.1
Südlicher Iraq, Reich von
Isin
Neusumerisch, 1984 v. Chr.
Geschenk von Herbert
Haag, Luzern

Siegel (nicht sichtbar)

Siegel A

Siegel B

Siegel C

Siegel E

Siegel (nicht sichtbar)

Das Dokument ist Teil dieser Ausstellung, weil es zum einen die praktische Verwendung von Rollsiegeln illustriert, zum andern eine Siegelung aufweist, die vielleicht eine südmesopotamische «Mondgöttin» darstellt.

Der Wirtschaftstext gibt einen außergewöhnlich differenzierten Einblick in die komplizierte Verwaltung eines südmesopotamischen (Palast- oder) Tempelmagazins und seiner Handwerkstätten. Über alles, was diese Magazine verließ und nach außen abgegeben wurde, musste sorgfältigst Buch geführt werden. Im vorliegenden Fall handelt es sich um eine Ausgangsquittung für Filz aus Schafwolle «fünfter Klasse», der zur Herstellung von Frauenstiefeln ausgegeben wurde. Das Dokument registriert Menge und Art der Ware, die Identität des Sendboten, der den Filz zum Stiefelatelier bringen sollte, den Namen des Beamten, der die Ware aus dem Magazin holte und abwog, die Aufsichtspersonen, welche den Vorgang per Siegel bestätigten, schließlich Monat und Jahr der Transaktion. Dank des Jahresnamens («Die entu-Priesterin des Lugalerra wurde eingesetzt») lässt sich die Abfassung des Dokuments genau ins 33. Regierungsjahr des Königs Išbi-Erra von Isin datieren (1984 v. Chr.). Am genauesten wird die Transaktion auf der Tafel selber registriert; der Umschlag bietet eine etwas kürzere Kopie davon (es fehlen die genaue Charakteristik der Wolle und die Identität der Siegelnden, da diese ja durch die auf dem Umschlag selbst angebrachten Siegelungen dokumentiert war). M.a.W., der Umschlag bietet in Form der Aufschrift und der Siegelungen alle wesentlichen Informationen, derer man als Garantie und für die weitere Buchhaltung bedurfte; der Text auf der Tafel stellt eine etwas vollständigere Sicherheitskopie dar, die bei Bedarf eine behördliche Überprüfung ermöglicht hätte.

Führen wir uns den Vorgang konkret vor Augen: Als der Sendbote ins Magazin kam, waren etliche unbeschriftete Tontafeln schon vorbereitet worden, darunter die vorliegende. Auf ihrer linken Langseite waren zwei Siegel (A und B) nebeneinander abgerollt worden: das Siegel eines Schreibers namens Buqušum und das eines Mannes ohne Titel. Weitere Siegelungen an der oberen und unteren Schmalseite sind nicht lesbar, weshalb wir nicht wissen, ob es sich um Abdrücke derselben oder weiterer Siegel handelt. Die Tafel selbst war bereits lederhart und wurde nun *ad hoc* mittels eines Rohrkeils beschrieben. Dann formte der Schreiber mit leicht angefeuchtetem Ton die Hülle um die Tafel herum. Auf ihr rollte man wiederum mehrere Siegel ab: auf der oberen Schmal- und der linken Längsseite das einem Mann namens Puzur-Šara gehörende Siegel C, dessen vollständige Abrollung sich am besten erhalten hat (Abbildung oben); senkrecht über die ganze Vorder- und die untere Schmalseite Siegel D, ein Amtssiegel, das den Namen des regierenden Königs und den des verantwortlichen Schreibers Kurub-Irra trägt, welcher auch auf der Tafel namentlich genannt wird; auf der Vorder- und Rückseite außerdem Siegel E eines Schreibers namens Warad-Irra; und schließlich auf der rechten Längs- und der Rückseite noch

zwei- bis dreimal Siegel A (Buqušum). An der uns geradezu belanglos erscheinenden Transaktion waren somit nicht weniger als sieben Personen beteiligt, wovon fünf mit ihren Siegeln für die Korrektheit bürgen!

Siegel C (Abbildung oben) wurde mit besonderer Sorgfalt an den geschütztesten Stellen des Umschlags abgerollt – mehrfach hin und zurück, wie die leichten Versetzungen der Abrollung zeigen. Das Siegel weist neben der Schriftlegende auch ein Bild auf, das trotz der Versetzungen gut erkennbar ist. Die Legende nennt «Puzur-Šara, Sohn von Ku-Nanna» ohne Titel, wohl den Mann, unter dessen Verwaltungshoheit das betroffene Magazin stand. Das Siegelbild zeigt eine so genannte Einführungsszene: Rechts sitzt eine Göttin mit ungegliedertem Gewand auf einem kubischen Thron, der in der Mitte eine senkrechte Stütze hat. Mit ihrer rechten Hand grüßt bzw. segnet sie einen kahlgeschorenen Priester, den genannten Puzur Šara. Dieser erhebt seinerseits verehrend seine Rechte und wird an der Linken von einer niedrigeren Göttin zur Thronenden geführt. Auch die Mittlerin (oder persönliche Göttin) hat eine Hand zum respektvollen Gruß erhoben. Zwischen den beiden Gottheiten sind eine Mondsichel und ein zur Thronenden hin gewandter Vogel mit langem Hals, eine Gans oder ein Schwan, zu sehen. Die Sichel gibt der Szene einen lunaren Kontext. Die Tafel stammt ursprünglich aus Isin oder vielleicht aus Ur, dem Hauptkultort des Mondgottes Mondgottes Nanna/Su'en. Der Vogel vor der Göttin wird zwar häufig auf Nanše, eine Große Göttin der Städte Girsu und Lagasch, bezogen. Ebenso gut könnte es sich bei der Thronenden aber um Ningal, die Gattin des Mondgottes Nanna/Su'en, handeln.

Bemerkenswert und auch mit ungeübtem Auge leicht erkennbar ist der Unterschied zwischen der archaisierenden, feierlichen Schrift der Siegellegenden (die Siegel stehen deutlich in der Tradition der vorausgehenden Ur III-Zeit) und der moderneren, geradezu «kursiv» wirkenden Handschrift des Schreibers.

Lit.: Unveröffentlicht. – Dem Kommentar liegt u.a. eine Bearbeitung des Keilschrifttexts durch Prof. Wolfgang Röllig (Universität Tübingen) und eine solche der Siegellegenden durch Dr. Pascal Attinger (Universität Bern) und P. Marcel Sigrist OP (École Biblique et Archéologique, Jerusalem) zugrunde.– Parallelen zum Siegelbild: Claudia Fischer, Siegelabrollungen im British Museum auf Ur III-zeitlichen Texten aus der Provinz Lagaš. Untersuchungen zu den Verehrungsszenen: Baghdader Mitteilungen 28 (1997), 97-183, hier Nr. 17 (Šulgi 46', Lagasch), zur Verbindung mit Nanše ebd. 122ff; C.L. Woolley, Ur Ecavations 2: The Royal Cemetery. A Report on the Predynastic and Sargonid Graves Excavated between 1926 and 1931, London – Philadelphia 1934, Nr. 387 (Ur); A. Parrot, Glyptique Mésopotamienne. Fouilles de Lagash (Tello) et de Larsa (Senkereh) (1931-1933), Paris 1954, Nr. 134 und 137 (Tello); E. Porada, Corpus of Ancient Near Eastern Seals…Pierpont Morgan Library, Washington, DC, 1948, Nr. 282, 287.– Zur Göttin Nanše vgl. W. Heimpel/Eva Andrea Braun-Holzinger, Art. Nanše: Reallexikon der Assyriologie IX/2-3 (1998-99) 152-162; zu Ningal Annette Zgoll / Eva Andrea Braun-Holzinger, ebd. IX/5-6 (2000) 352-356, 359.

Beschreibung von Kat. 77 von Christoph Uehlinger

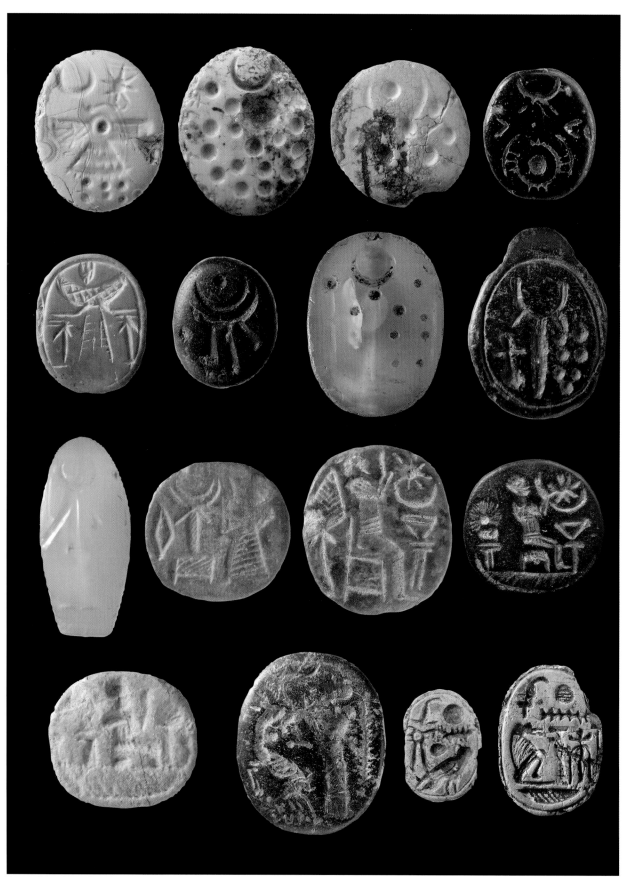

Stempelsiegel Kat. 94-107, 109, 110

78 Rollsiegel mit Mondgott im Boot

Gelblich-weißer Muschelkalk, teilweise
versintert
H. 1,7 cm, Dm. 1,1 cm
Mittelmesopotamien
Frühdynastisch IIIb, ca. 2500-2340 v. Chr.
Sammlungen BIBEL+ORIENT, VR 1991.7
Lit.: Unveröffentlicht.

Mondboot und Mondstandarte tauchen auf mesopotamischen Rollsiegeln schon in
frühdynastischer Zeit auf. Durch die Mondsichel über dem personifizierten und
damit vergöttlichten Boot wird dieses oder der Thronende mit dem Stab im Boot als
Mondgott charakterisiert. Der Skorpion verweist auf Sexualität und Fruchtbarkeit.
Ähnliches gilt für den Vogelmenschen, der zur Umgebung des Bootsgottes gehört.
Das Hauptheiligtum des sumerischen Mondgottes Nanna befand sich in Ur. Es
erlebte unter der 3. Dynastie von Ur (21. Jh. v. Chr.) seine Blütezeit.

79 Rollsiegel mit Verehrung der Götterbilder von Sin und Ischtar (?)

Milchig weißer, teilweise grau und
dunkelbeige gesprenkelter Kalkstein.
Reste einer Metallhalterung im Bohrkanal
H. 2,90 cm, Dm. 1,25 cm
Assyrien
Neuassyrisch, 8. Jh. v. Chr.
Sammlungen BIBEL+ORIENT, VR 1991.57
Lit.: Unveröffentlicht.

Zwei Eunuchen, bartlose Beter in Männergewändern, stehen in typisch assyrischer
Gebetshaltung mit ausgestrecktem Zeigefinger vor je einer menschengestaltigen
Gottheit: Links, mit Zepter und Schwert, der Mondgott, erkenntlich am Sichelmond
auf der Hörnerkrone; rechts, mit Pfeilbogen und Schwert bewaffnet, in der ausgestreckten Linken ein Ring, die Rechte zum Gruß erhoben, eine Göttin mit Kugel
auf der Hörnerkrone. Wahrscheinlich handelt es sich um Ischtar, vielleicht aber
auch um eine Gestaltung des Vollmondes. Zwischen dem ersten Paar ein Stern und
ein Antilopenkopf, zwischen dem zweiten das Sebetti (Siebengestirn) und ein Rinderkopf; Sichelmond über Fisch und Marduksymbol als Szenentrenner. Das technisch perfekt gearbeitete Stück gehörte einem Eunuchen, der zu den höchsten Beamten des assyrischen Staates zählte.

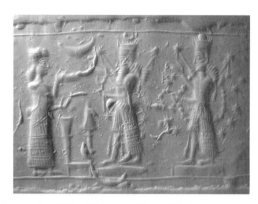

80 Rollsiegel mit Verehrung der Götterbilder von Sin und Ischtar

Hellbeiger, teilweise gräulicher Kalkstein
H. 3,40 cm, Dm. 1,44 cm
Assyrien
Neuassyrisch, 8. Jh. v. Chr.; evtl. unter
Sargon II., 721-705 v. Chr.
Sammlungen BIBEL+ORIENT, VR 1992.17
Lit.: Miniaturkunst, 155 Abb. 179; Uehlinger
1997, 332 Abb. 20.

Ein bartloser Beter, also ein Eunuch, steht in assyrischer Gebetshaltung vor zwei menschengestaltigen, auf Podesten stehenden Götterfiguren: Vorne der bärtige Sin, mit gekreuzten Bogen in Köchern und Schwert bewaffnet, in der Linken eine kleine Mondstandarte, die Rechte zum segnend erhoben, einen Sichelmond auf der Hörnerkrone. Hinten die bartlose Ischtar im Sternenkranz, in der Linken einen Ring, die Rechte zum Gruß erhoben, eine Scheibe (statt eines Sterns!) auf der Hörnerkrone. Das Siegel ist technisch perfekt gearbeitet und stilistisch gegenüber der älteren Nr. 79 noch verfeinert.

81 Rollsiegel mit Verehrung Sins als Standarte und Götterbild

Weißlicher Kalkstein,
Reste der Metallhalterung im Bohrkanal
H. 3,33 cm, Dm. 1,57 cm
Assyrien
Neuassyrisch, Ende 8./frühes 7. Jh. v. Chr.
Sammlungen BIBEL+ORIENT, VR 1991.58
Lit.: Unveröffentlicht.

Das Eunuchensiegel zeigt einen bartlosen Beter vor der Mondstandarte (Sichelmond mit Troddeln) auf einem Sockel und dem thronenden und segnen den Mondgott mit der Hörnerkrone. Flügelsonne über Sebetti (Siebengestirn), Raute und Fisch als Szenentrenner.

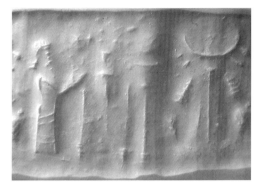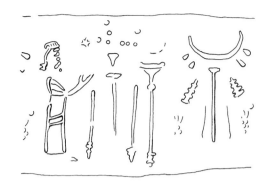

82 Rollsiegel mit Gebets- und Opferszene vor Sin

Beiger Kalkstein
H. 3,36 cm, Dm. 1,48 cm
Assyrien
Neuassyrisch, 8. Jh. v. Chr.
Sammlungen BIBEL+ORIENT, VR 1991.59
Lit.: Unveröffentlicht.

Ein bärtiger Beter erhebt die Rechte vor einem Gestell mit vasenähnlichem Gefäß, einem Räucherständer (?) und einer Mondstandarte (Sichelmond mit je einem Troddelpaar an Standarte und Sichelmond; vgl. Abb. IIa) auf Podest, aus dem zwei Zweige ragen.

83 Rollsiegel mit Ritual am Heiligen Baum unter Gestirnen

Bergkristall
H. 3,18 cm, Dm. 1,32 cm
Assyrien oder Babylonien
Neuassyrisch, 9./8. Jh. v. Chr.
Sammlungen BIBEL+ORIENT, VR 1991.60
Lit.: Unveröffentlicht.

Genien im Fischkostüm vollziehen mit Weihwasser einen Ritus am Heiligen Baum unter dem gestirnten Firmament, repräsentiert durch: Ischtar bzw. Venus (achtstrahliger Stern), Schamasch bzw. Sonne (in Kugeln endendes Kreuz und Diagonalkreuz), Sebetti (Siebengestirn) und Sin bzw. Mond (kleine Sichelmondstandarte). Der Baum vergegenwärtigt die lebenspendenden Auswirkungen der Gestirnskräfte, die durch den Kult verdankt und gefördert werden sollten.

84 Rollsiegel mit Mondverehrung und Capride

Rosa-grau-beige gescheckter,
teilweise versinterter Stein
H. 1,94 cm, Dm. 0,87 cm
Randgebiet des assyrischen Reiches (?)
Neuassyrisch, 8./7. Jh. v. Chr.
Sammlungen BIBEL+ORIENT, VR 1981.102
Lit.: Unveröffentlicht.

Beterfigur vor Mondgottstandarte (Sichelmond mit Troddeln), Flügelsonne, Capride und Altar. Hinter ihr ein Fisch (?), Ischtar (Stern) und Zweig (?). Der Capride repräsentiert hier den Segen des Mondgottes.

85 Rollsiegel mit Verehrung der Sin- und Nabu-Standarten

Kompositmaterial mit Türkisglasur
H. 2,26 cm, Dm. 0,86 cm
Assyrien
Neuassyrisch, 8./7. Jh. v. Chr.
Sammlungen BIBEL+ORIENT, VR 1996.3
Lit.: Unveröffentlicht.

Verehrung der Standarten des Mondgottes von Harran (Sichelmond mit Troddeln) und des Schreibergottes Nabu (Griffel) in typischer Gebetshaltung durch den vornehmen Beter. Der Besitzer des Siegels war wahrscheinlich ein Beamter. Nabu war sein Berufspatron, Sin repräsentierte die kämpferisch-kosmische Gottheit.

  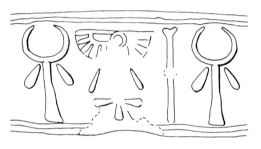

86 Rollsiegel mit den Symbolen von Sin, Schamasch und Nabu

Hellgrün glasiertes Kompositmaterial
H. 2,48 cm, Dm. 1,09 cm
Assyrien
Neuassyrisch, 7. Jh. v. Chr.
Sammlungen BIBEL+ORIENT, VR 1992.3
Lit.: Unveröffentlicht.

Symbole des Mondgottes Sin von Harran (Sichelmond mit Troddeln), des Sonnengottes Schamasch (Flügelsonne) und des Schreibergottes Nabu (Griffel). Die Verwaltungskunst des assyrischen Reiches wird mit dem Schutz der höchsten Himmelsgötter in Verbindung gebracht. Im 7. Jh. fällt die Darstellung der Beterfigur meistens weg.

87 Rollsiegel mit Sin- und Marduk-Standarten

Kompositmaterial mit Resten von Türkisglasur
H. 2,75 cm, Dm. 1,03 cm
Wahrscheinlich aus Palästina/Israel
Neuassyrisch, 7. Jh. v. Chr.
Sammlungen BIBEL+ORIENT, VR 1995.25
Lit.: Uehlinger 1997, 318f. Abb. 16 (dort als VR 1995.19).

Standarten des Sin von Harran (Sichelmond mit Troddeln) und des Stadtgottes Marduk von Babylon (Spaten mit Troddeln). Dazwischen eine kleine Pflanze. Davor ein Uräus (Kobraschlange), der die göttliche Sphäre markiert und beschützt. Marduk repräsentierte die politische Segenskraft, Sin die kosmische im Kampf gegen die Mächte des Bösen bzw. der Finsternis.

88 Rollsiegel mit den Symbolen von Sin, Marduk und einem Baum

Gräulich-türkisfarbig glasiertes
Kompositmaterial
H. 2,63 cm, Dm. 1,04 cm
Wahrscheinlich aus Palästina/Israel
Neuassyrisch, 7. Jh. v. Chr.
Sammlungen BIBEL+ORIENT, VR 1995.27
Lit.: Unveröffentlicht.

Symbole des Mondgottes Sin von Harran (Sichelmond mit Troddeln) und des Marduk (Spaten). Der Baum vergegenwärtigt den göttlichen Segen im vegetativen Wachstum, während Sin den kosmischen und Marduk den politischen Aspekt des Segens repräsentiert.

89 Rollsiegel mit Sin- und Ischtarsymbolen

Graugrünlich glasiertes Kompositmaterial
H. 2,32 cm, Dm. 1,22 cm
Wahrscheinlich aus Palästina/Israel
Neuassyrisch, 7. Jh. v. Chr.
Sammlungen BIBEL+ORIENT, VR 1995.26
Lit.: Uehlinger 1997, 318f. Abb. 17 (dort als VR 1995.20).

Symbole des Mondgottes Sin von Harran (Sichelmond mit Troddeln) und der Ischtar bzw. Venus (Kreis mit neun Strahlen statt acht) auf einem Sockel. Die Götterzeichen werden vom ägyptischen Uräus (Kobraschlange) beschützt. So wurde assyrischer Anspruch über Ägypten zum Ausdruck gebracht, das unter Asarhaddon ins assyrische Reich integriert worden war.

90 Rollsiegel mit vergöttlichten Nachtgestirnen

Hellgrünbraunes Kompositmaterial
H. 2,74 cm, Dm. 1,22 cm
Assyrien, Syrien (?)
Neuassyrisch, 7. Jh. v. Chr.
Sammlungen BIBEL+ORIENT, VR 1991.68
Lit.: Vergangenheit 1993, 68 Abb. links unten, 74; GGG, 156 Abb. 180; Uehlinger 1997, 381f. Abb. 15.

Symbole der bedeutendsten Nachtgestirne: Ischtar bzw. Venus (achtstrahliger Stern) über einem Altar, Standarte des Sin von Harran (Sichelmond mit Troddeln) und Sebetti (Siebengestirn). Die Götterzeichen werden vom ägyptischen Uräus (Kobraschlange mit ägyptischer Königskrone) beschützt. So wurde assyrischer Anspruch über Ägypten zum Ausdruck gebracht (vgl. Kat. 89).

91 Rollsiegel mit Sin-Standarte und Gestirnen

Beiger Stein mit einer Spur grüner Farbe
H. 1,70 cm, Dm. 0,97 cm
Assyrien
Neuassyrisch, 7. Jh. v. Chr.
Sammlungen BIBEL+ORIENT, VR 1995.24
Lit.: Unveröffentlicht.

Mondstandarte (Sichelmond mit Troddeln) auf Sockel neben einer Reihe weiterer Astralsymbole: Stern, Sebetti (Siebengestirn) und Flügelsonne. Die Nebensymbole – Capride, Raute und Fisch – verweisen auf die von den Gestirnen bewirkte Fruchtbarkeit zu Lande und im Wasser. Die künstliche Stilisierung des Mondes auf der Standarte hebt ihn von den übrigen Gestirnen ab. Das Wegfallen der Beterfigur ist typisch für Siegel des 7. Jh. v. Chr.

  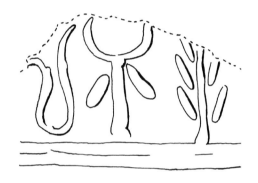

92 Rollsiegel mit Sin-Standarte und Pflanze

Grünlich-beiges Kompositmaterial
H. 2,20 cm, Dm. 1,04 cm
Wahrscheinlich aus Palästina/Israel
Neuassyrisch, 7. Jh. v. Chr.
Sammlungen BIBEL+ORIENT, VR 1995.28
Lit.: Unveröffentlicht.

Symbole des Sin von Harran (Sichelmond mit Troddeln) und Pflanze. Die Pflanze vergegenwärtigt den Fruchtbarkeitsaspekt des Mondgottes. Das Götterzeichen wird vom ägyptischen Uräus (Kobraschlange) beschützt. So wurde assyrischer Anspruch über Ägypten zum Ausdruck gebracht.

93 Rollsiegel mit Wedelszene und den Standarten von Marduk, Sin und Nabu

Dunkelgrün-grauer Stein
H. 1,81 cm, Dm. 0,90 cm
Angeblich von Tell Dotan (Palästina/Israel)
Neuassyrisch, 8. Jh. v. Chr.
Sammlungen BIBEL+ORIENT, VR 1976.9
Lit.: Keel 1977, 291f., 295 Abb. 221, 358 Taf. 5b; GGG, 328-330 Abb. 281; Uehlinger, 314f. Abb. 10.

Wedelhalter vor dem stehenden König und einem Gestell mit zwei Gefäßen. Neben dem Wedelhalter die Standarten des babylonischen Stadtgottes Marduk (Spaten mit Troddeln), des Mondgottes Sin (Sichelmond mit Troddeln) und des Schreibergottes Nabu (Griffel).
Das Siegel dürfte einem assyrischen Beamten gehört haben, der in Israel seine Dienste ausübte. Israel wurde 722 v. Chr. als untreuer Vasallenstaat erobert und dem assyrischen Reich einverleibt.

94 Skaraboid mit Himmelsheer
Gebänderter Achat
L. 2,09 cm, B. 1,68 cm, H. 1,11 cm
Nordsyrien, Samal (?)[1]
8., ev. 7. Jh. v. Chr.
Sammlungen BIBEL+ORIENT,
VS 1997.3
Lit.: Unveröffentlicht.

Geflügelte Sonnenscheibe, darüber Stern und Sichelmond,
darunter Sebetti (Siebengestirn).

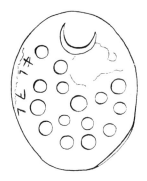

95 Skaraboid mit Nachtgestirnen und Namensinschrift
Dunkelgrau-weiß gesprenkelter Silex
L. 2,20 cm, B. 1,80 cm, H. 1,77 cm
Nordsyrien (in Jerusalem gekauft)
Um 700 v. Chr.
Privatbesitz, SK 1978.19
Lit.: Keel 1980, 275 Fig. 85; Keel 1990, 223 Fig. 47; Keel-Leu 1991,
112f. Nr. 128; GGG, 368 und Abb. 316.

Sichelmond und 16 Sterne in Kugelform. Am linken Rand ist
die wahrscheinlich nachträglich hinzugefügte Beischrift «Dem
Ila (gehörig)» (ljl')zu lesen. Auf verwandten Stücken werden
nebst dem Mond meistens die Sebetti (Siebengestirn) dargestellt. Hier ist wohl das gesamte nächtliche Himmelsheer gemeint.

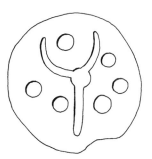

96 Skaraboid mit Nachtgestirnen
Beiger Stein mit rostroten Einschüben
L. 1,86 cm, B. 1,82 cm, H. 0,91 cm
Palästina/Israel
7. Jh. v. Chr.
Sammlungen BIBEL+ORIENT, VS 1993.1
Lit.: Unveröffentlicht.

Sichelmond und Ischtar (= Venus) über Sebetti (Siebengestirn).

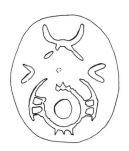

97 Skaraboid mit Mondstandarte über Stern (?)
Grüngestein
L. 1,65 cm, B. 1,35 cm, H. 0,90 cm
Nordsyrien
8./7. Jh. v. Chr.
Privatbesitz, SK 1981.3
Lit.: Keel-Leu 1991, 113 Nr. 130.

Standarte des Mondgottes Sin (Sichelmond mit Troddeln) über
einer von zwei konzentrischen Ringen umrahmten Scheibe
und nach aussen verlaufenden Strichen, nebst zwei nach außen gekehrten Winkeln. Das sternartige Gebilde unter der
Mondstandarte dürfte auf Ischtar zu deuten sein (vgl. Kat. 89).

98 Skaraboid mit vermenschlichter Mondsichel (?)

Hellrotbrauner Kalkstein
L. 1,80 cm, B. 1,50 cm, H. 0,76 cm
Edom (?; in Jerusalem gekauft)
8./7. Jh. v. Chr.
Privatbesitz, SK 1977.16
Lit.: Keel-Leu 1991, 114 Nr. 132.

Die Anordnung der Elemente auf diesem Stempelsiegelamulett erweckt den Eindruck, dass ein Sichelmond mit Kopf, Armen und Schurz ausgestattet wurde (vgl. Abb. IIh, i). Seine Arme scheinen auf stilisierten Standarten zu ruhen. Das Zeichen über dem Sichelmond, das hier als Kopf verstanden werden könnte, begegnet ab und zu auf edomitischen Stempelsiegeln². In Randregionen des assyrischen Reiches wie Edom konnte es vorkommen, dass lokale Mondgottvarianten mit solchen der Kolonialmacht kombiniert wurden.

99 Konoid mit Mondstandarte, Sichelmond und Stern

Grüngestein; stark abgewetzt
L. 1,66 cm, B. 1,37 cm, H. 1,80 cm
Syrien
8./7. Jh. v. Chr.
Privatbesitz, SK 1979.11
Lit.: Keel-Leu 1991, 113f. Nr. 131.

Standarte des Mondgottes Sin (Sichelmond mit Troddeln) unter Sichelmond und Stern. Die scheinbar redundante Kombination könnte ein Hinweis darauf sein, dass mit der Mondstandarte nur ganz bestimmte Aspekte des Mondgottes, zum Beispiel seine Wächterfunktion über Verträge, verbunden wurden. Sie zeigt jedenfalls, wie sehr man sich der Nichtidentität zwischen Zeichen und Bezeichnetem bewusst war.

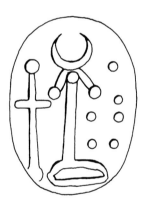

100 Skaraboid mit Gestirnsymbolen

Orange-gelblich milchiger Quarz
L. 2,38 cm, B. 1,81 cm, H. 1,23 cm
Nordsyrien, Assyrien
7. Jh. v. Chr.
Sammlungen BIBEL+ORIENT, VS 2001.2
Lit.: Unveröffentlicht.

Mondstandarte (Sichelmond mit Troddeln), flankiert von Sebetti (Siebengestirn) und «Kugelkreuz». Die Bedeutung des Letzteren ist unklar.³

101 Stierkopfkonoid mit Mondstandarte und Sebetti (Siebengestirn)

Grüngestein, Serpentin (?)
L. 2,47 cm, B. 1,78 cm, H. 1,10 cm
Nordsyrien
8./7. Jh. v. Chr.
Sammlungen BIBEL+ORIENT, M. 6001
Lit.: Keel-Leu 1991, 113. Nr. 129.

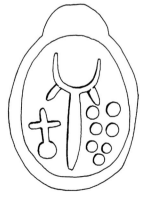

Standarte des Mondgottes Sin (Sichelmond mit Troddeln), flankiert von Sebetti (Siebengestirn) und einem umgekehrten «Kugelkreuz» (?). Die Verbindung von Stier und Mond wurde hier, dem Medium des Stempelsiegelamulettes entsprechend, in eleganter Weise gelöst.

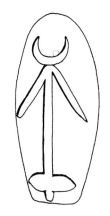

102 Entenkonoid mit Mondstandarte
Weißer, durchscheinender Achat
L. 2,58 cm, B. 1,16 cm, H. 1,86 cm
Mesopotamien
7./6. Jh. v. Chr.
Sammlungen BIBEL+ORIENT, VS 1981.68
Lit.: Keel-Leu 1991, 131 Nr. 163.

Die Standarte des Mondgottes von Harran (Sichelmond mit Troddeln) auf Sockel in *splendid isolation*.

103 Skaraboid mit Verehrung der Mondstandarte
Rotbrauner Kalkstein
L. 1,82 cm, B. 1,72 cm, H. 0,85 cm
Palästina/Israel
8./7. Jh. v. Chr.
Sammlungen BIBEL+ORIENT, VS 2002.2
Lit.: Unveröffentlicht.

Mondstandarte (Sichelmond mit Troddeln) auf Podest, flankiert von einem Rhombus (Astralsymbol) und einem Verehrer in langem Schurz.

104 Skaraboid mit thronendem Mondgott
Dunkelgraubrauner Kalkstein
L. 2,18 cm, B. 1,95 cm, H. 0,78 cm
Palästina/Israel
8./7. Jh. v. Chr.
Sammlungen BIBEL+ORIENT, VS 1999.1
Lit.: Unveröffentlicht.

Bärtiger, thronender Mondgott mit segnend erhobener Rechter vor einem stilisierten Opferständer; darüber Stern der Ischtar (= Venus) in Mondsichel. Hinter der Gottheit ein stilisierter Baum mit Troddeln.

105 Skaraboid mit Mondgott im Boot vor Opferständer
Dunkelbrauner Kalkstein
L. 1,75 cm, B. 1,85 cm, H. 0,78 cm
Palästina/Israel
8./7. Jh. v. Chr.
Privatbesitz, SK 1983.3
Lit.: Uehlinger 1990, 329 Abb. 104; GGG, 351, Abb. 305b; Keel-Leu 1991, 115 Nr. 134.

Der Mondgott im Boot thront vor einem stilisierten Opferständer, darüber Sichelmond und Stern. Hinter dem Thronenden ein Lampenständer. Auffällig wieder der sichelartige, segnende Handgestus des Gottes.

106 Skaraboid mit Mondgott im Boot vor Baum
Hellbeiger, oben rötlicher Kalkstein
L. 2,00 cm, B. 1,80 cm, H. 0,80 cm
Palästina
8./7. Jh. v. Chr.
Privatbesitz, SK 1981.5
Lit.: Keel-Leu 1991, 114f. Nr. 133.

Der Mondgott im Boot begegnete schon auf den ältesten, sumerischen Mondgott-Rollsiegeln (vgl. Kat. 78 und den akkadischen Ausdruck «Lastschiff des Himmels» für den Sichel- oder Halbmond). Unter den Aramäern feierte das Motiv ein Comeback. In dieser palästinischen Variante kommt als typisch einheimisches Element die Baumverehrung dazu. Die erweiterten Enden des Schiffes an Bug und Heck scheinen den zoomorphen Galionsfiguren der phönizischen Schiffe nachempfunden zu sein.

107 Skaraboid mit Capride, Zweig und Sichelmond
Dunkelbrauner Kalkstein
L. 2,44 cm, B. 2,01 cm, H. 1,11 cm
Palästina/Israel
8./7. Jh. v. Chr.
Privatbesitz, SK 1984.6
Lit.: Keel 1986, 93 Abb. 47; Keel-Leu 1991, 118f. Nr. 138; Stempelsiegelstudien IV, 195 Abb. 75.

Ein Beter zwischen aufgerichtetem Capriden und Zweig unter Sichelmond. Zweig und Capride symbolisieren die Fruchtbarkeit, die der Neumond schenkt. Er hat als Spender der Vitalität die Göttin abgelöst.

108 Bronzefigur des Gottes Chons
Bronze, Vollguss
H. 7,15 cm; Sockel: L. 1,6 cm, B. 1,45 cm, H. 0,5 cm
Ägypten
Spätzeit bis ptolemäische Epoche, 664-30 v. Chr.
Sammlungen BIBEL+ORIENT, ÄFig 2001.15
Lit.: Unveröffentlicht.

Die Blüte der Mondverehrung in Vorderasien hat auch den ägyptischen Mondkult aufleben lassen. Der Mondgott Chons in Menschengestalt mit «Geißel» und Krummszepter, Prinzenlocke, Götterbart, Uräus an der Stirn, sowie Sichel- und Vollmond auf dem Kopf.

111 Amulett mit falkenköpfigem Mondgott
Bronzevollguss
L. 4,0 cm, B. 2,3 cm
Ägypten
Ptolemäische Zeit, 1. Jh. v. Chr.
Sammlungen BIBEL+ORIENT, M. 2138
Lit.: Page Gasser, Götter, 94-96, Tafel XXIV.

Erhalten ist nur noch der Kopf. Der restliche Leib war wahrscheinlich menschengestaltig. Wie die Verbindung von Mond und Horusfalke zeigt, konnte Chons, «der Wanderer», das Kind der thebanischen Götter Amun und Mut, mit Horus, dem Kind von Isis und Osiris in Beziehung gebracht werden. Dies umso mehr, als der schwindende und wachsende Mond als Horusauge gedeutet werden konnte, das durch den feindlichen Bruder Seth zerstört, durch die zauberkundige Mutter Isis aber wieder geheilt wird.

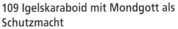

109 Igelskaraboid mit Mondgott als Schutzmacht
Enstatit
L. 1,22 cm, B. 1,19 cm, H. 0,87 cm
Ägypten
26. Dynastie, 664-525 v. Chr.
Sammlungen BIBEL+ORIENT, M. 5477
Lit.: Matouk, Corpus II, 389, Nr. 853 (nur Oberseite).

Die Inschrift auf dem Amulett lautet: «Chons als Schutz» (ḫnsw m zȝ). Beispiele mit ähnlichen Inschriften stammen aus den stark ägyptisch beeinflussten Hafenstädten Achsib und Aschkelon in Palästina/Israel.[4]

110 Skarabäus mit Segensspruch des Mondgottes
Steatit
L. 1,94 cm, B. 1,36 cm, H. 0,85 cm
Ägypten
26. Dynastie, 664-525 v. Chr.
Sammlungen BIBEL+ORIENT, M. 1976
Lit.: Unveröffentlicht.

Der Mondgott konnte als Förderer des Lebens angerufen werden. Die Inschrift über dem nb-Zeichen für Erde lautet: «Geboren von Chons, gesegnet von Thot» (ḫnsw ms ḏḥutj ḥsj). Ab der 22. Dyn. werden Thot und Chons in Gestalt des Pavians oft miteinander verbunden.[5]

112 Amulett mit einzelnem und vierfachem Horusauge
Hellblaue, undurchsichtige Glaspaste
L. 4,81 cm, B. 4,08 cm, T. 0,86 cm
Unterägypten oder Palästina/Israel
Spätzeit, 23.-25. Dynastie, 823-656 v. Chr.
Sammlungen BIBEL+ORIENT, M.A. 198
Lit.: Müller-Winkler 46, Tafel XI.

Das Auge des königlichen Knaben Horus, das vom feindlichen Bruder Seth zerstört und von der zauberkundigen Mutter Isis geheilt wird, kann den schwindenden und wachsenden Mond und seine regenerierenden Kräfte vergegenwärtigen. Die Vervierfachung des Horusauges könnte eine Anspielung auf die vier Mondphasen sein. Amulette dieser Art sind typisch für Unterägypten und Palästina/Israel des im 7. Jh. Möglicherweise sind sie ein Reflex auf die von Harran ausgegangene Propagierung des Mondkultes.

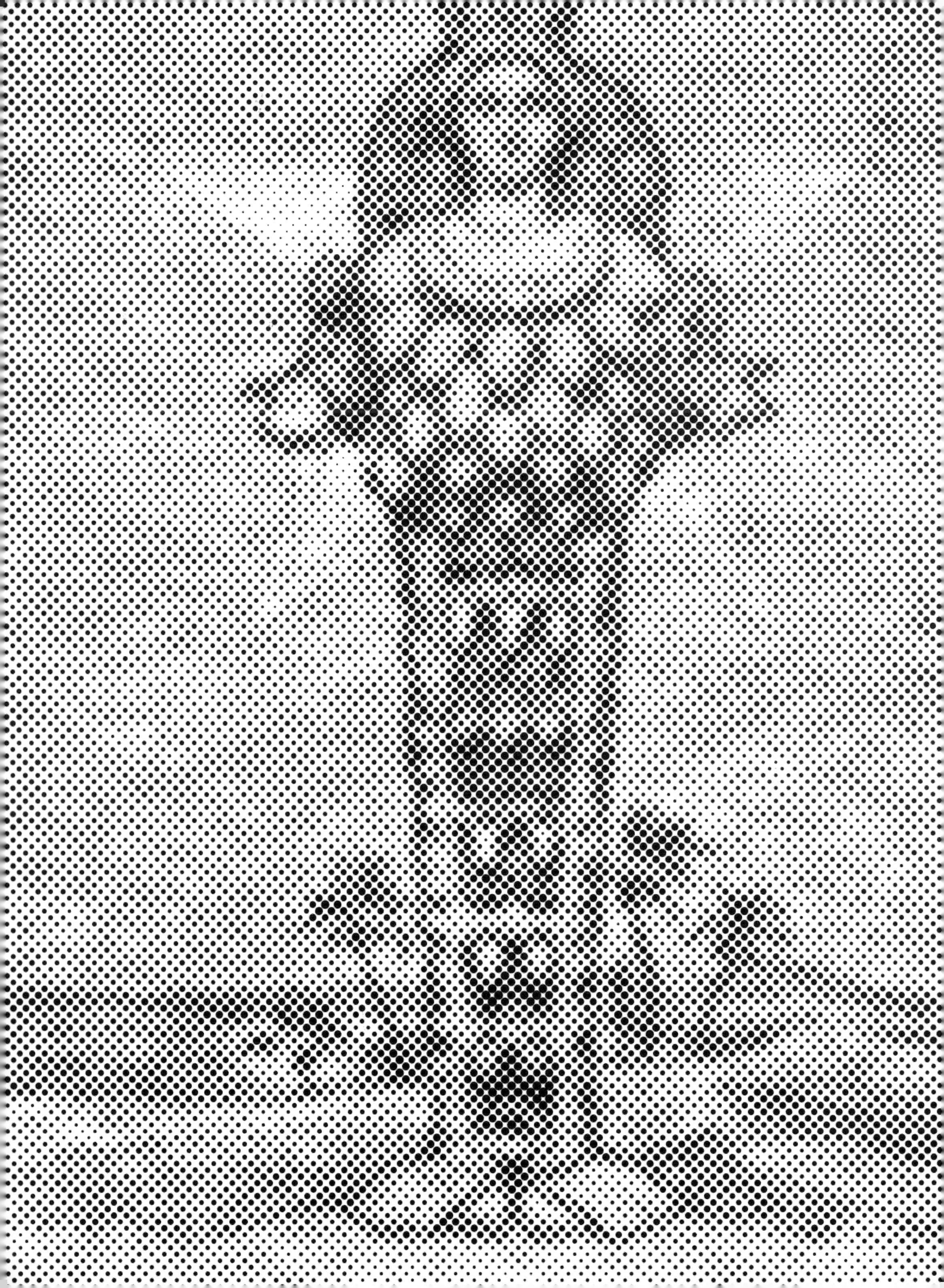

Kapitel III

Artemis von Ephesus und die ephesischen Münzbilder

Von Thomas Staubli

Der Artemistempel von Ephesus galt in der Antike als eines der sieben Weltwunder. Die Faszination, die schon damals vom gigantischen Tempel und seinem geheimnisvollen, orientalisch inspirierten Kultbild, der Artemis Ephesia, ausgingen, hält bis in die Gegenwart an. Der englische Archäologe John Turtle Wood begann in den Jahren 1863-69 nach dem Artemision zu graben, noch bevor Heinrich Schliemann in Troja den Spaten ansetzte und lange bevor die endlosen Touristenströme ins großflächig ausgegrabene und teilweise rekonstruierte Ephesus einsetzten. Die Berühmtheit des Artemisions verdankt sich einer Stiftung des steinreichen Kroisos (Krösus). Unter dem Lyderkönig kam auch die Münzprägung auf. Auf den ephesischen Münzen wurden von Anfang an die Attribute der Artemis Ephesia, später dann auch das Kultbild selber und der Tempel auf den Münzen propagiert. Die weite Verbreitung der Artemis Ephesia auf Münzen zeugt von ihrer internationalen Ausstrahlung in römischer Zeit.

Apascha – Koressos – Ephesos

Ephesus liegt am Kleinen Mäander, der in der Antike unter dem Namen Kaystros soviel Sand mitbrachte, dass die Küstenlinie heute viel weiter im Westen liegt als vor zwei- bis dreitausend Jahren. Mythologisch gesprochen konnte der deltabildene Kaystros daher zu Recht als Vater des Ephesos bezeichnet werden, der seinerseits als Gründer des Artemisions galt. Das Artemision lag zur Zeit seiner Gründung direkt am Meer an einer geschützten Bucht, die in Seenot geratenen Schiffen eine sichere Zuflucht bot. Darin liegt wohl auch der praktische Ursprung des später berühmten Asylortes. Auf dem sog. Burghügel hinter der Bucht vermutet man die älteste Stadt. Jedenfalls fanden sich dort Mauern aus dem 2. Jt. v. Chr. und mykenische Gräber. Vielleicht ist die Stadt mit Apascha, der Hauptstadt des Hatti-Staates Arzawa identisch, der öfters in ägyptischen Quellen genannt wird. Apascha könnte dann als Urform des Namens Ephesus aufgefasst werden. Möglicherweise hat sich im lateinischen Wort für Biene, *apis*, derselbe indogermanische Wortstamm erhalten, der dem Namen der Stadt zugrunde liegt, deren wichtigstes Wappentier über Jahrhunderte hinweg die Biene geblieben ist.

Die zur Zeit der Seevölkerwanderung von Griechenland her kommenden ionischen Einwanderer nannten den von ihnen eroberten Ort neu Koressos. Wegen dem damals bereits weit vorgeschobenen Delta bevorzugten sie allerdings die Bucht unterhalb des Pion-Gebirges, an dessen Rücken ihre Siedlung entstand, als Hafen. Im griechischen Mythos wird später an den «Ureinwohner Koressos» erinnert, der das Artemision gegründet habe. Kroisos knüpft bei der Neugründung der Stadt um 560 v. Chr. an die alte Namenstradition an. Die Bewohner der zerstörten Burgstadt Koressos ließen sich hinter dem Artemision, in dessen Schutz sie sich gestellt hatten, nieder. Unter dem Makedonen Lysimachos, einem der Leibwächter Alexanders d. Gr., wurde die Stadt als Arsinoeia, benannt nach der ägyptischen Prinzessin, die Lysimachos' Frau war (Kat. 118), rings um den Pion neu gegründet. Der Name blieb zwar Episode, aber die Stadt Ephesos entwickelte sich fortan innerhalb des lysimachischen Mauerwerks. Das Pion-Gebirge konnte daher später auf Münzen anstelle der Stadt zum Träger bzw. Neokor (Tempelpfleger) der Artemis Ephesia stilisiert werden (Kat. 133).

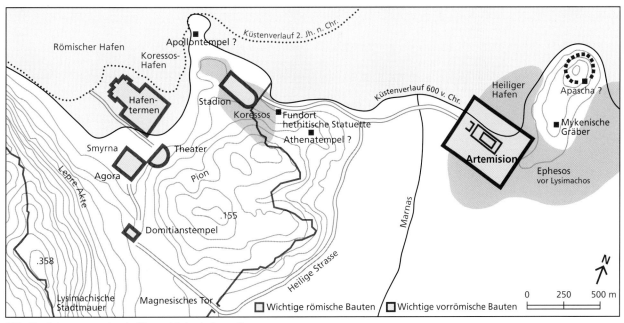

Abb. IIIa: Ephesus, von den Anfängen bis ins 1. Jh. n. Chr.

Das Artemision

Das Artemision lässt sich archäologisch bis ins 10. Jh. v. Chr. zurückverfolgen. Ab ca. 575 v. Chr. wurde der ältere Kultbau für die Göttin von Ephesus anlässlich einer immensen Stiftung durch den sprichwörtlich reichen Kroisos von Sardes im Verlaufe von über hundert Jahren durch einen gewaltigen Tempel von 115 m Länge und 55 m Breite mit einer Säulenhöhe von fast 18 m ersetzt und von den berühmtesten Künstlern der Zeit ausgeschmückt. Der Bau fand eine Eintragung in die Liste der sieben antiken Weltwunder, die im Kern auf den aus Halikarnassos (heute Bodrum, Türkei) gebürtigen Herodot zurückgeht, der als Vater der Geschichtsschreibung gilt. Den Zweck dieses Riesenwerks umschreibt der Ephesos-Forscher Stefan Karwiese folgendermaßen: «Mit diesem neuen, solcherart aufs herrlichste ausgestatteten Tempel konnten Artemis, Priester und Asylon nun weithin noch besser für sich ‹werben› und aller Welt demonstrieren, wie ausgezeichnet es um den Ort stand, und wie sicher all die Schätze ruhen mussten, die hier deponiert waren. Je reicher und großartiger das Artemision sich nach außen darstellte, umso mehr Leute ließen sich zu Dedikationen und Depositen anlocken.»[1]

Tempel: Größte Bank Asiens

Das Artemision als unantastbarer heiliger Bezirk war die Hauptstütze im kleinasiatischen Bankwesen und darüber hinaus, wie eine antike Quelle anschaulich beschreibt: «Die Epheser sind euch natürlich ein Begriff und dass große Geldsummen in ihren Händen liegen, teilweise von Privaten im Artemistempel hinterlegt, nicht nur Geld von Ephesern, sondern auch von Ausländern aus allen Weltgegenden, in einigen Fällen sogar von Gemeinwesen und Königen, Geld, das hinterlegt wird, damit es sicher sei, da es noch nie jemand gewagt hat, diesen Ort zu berauben, obwohl in der Vergangenheit unzählige Kriege stattfanden und die Stadt schon oft eingenommen wurde.»[2] Anders gesagt: das Artemision profitierte zu einem guten Teil von Fluchtgeldern aus aller Welt. Das Geld wurde natürlich nicht bloß gehortet, sondern ausgeliehen. Einige der ältesten bekannten Leihverträge in griechischer Sprache stammen aus Ephesus. Eine städtische Bankenkommission wachte darüber, dass das Geld zuverlässig ausgeliehen und zurückbezahlt wurde, damit der gute Ruf Ephesus' als Bankenplatz nicht gefährdet wurde. Schließlich sorgten testamentarische Verfügungen, private Donationen und die weiten, in Pacht gegebenen Ländereien und Herden des Heiligtums für zusätzlichen Reichtum.

Asylon: Bekannte Asylstätte

Das Artemision war ein wichtiger Asylort, und zwar seit frühester Zeit, wahrscheinlich weil der Hafen als sicherer Ankerplatz für in Seenot geratene Schiffe galt. Politisch Verfolgte, Schuldsklaven oder Sklavinnen, die gegen ihre Herren Klage führen wollten, fanden Zuflucht im Schutz der Göttin. Zwischen letzteren und ihren Herren traten die Tempelbeamten als Vermittler auf. Erst wenn die Besitzer der Sklavinnen einen Eid vor der Göttin abgelegt hatten, dass sie der entlaufenen Sklavin kein Übel antun wollten, durften sie sie wieder mitnehmen. Ansonsten trat die Bittstelle-

rin in den Dienst der Göttin ein. Herodot berichtet, dass die Epheser selbst sich das Asyl des Artemisions zunutze machten. Als Kroisos Ephesus angriff, zogen sie vom sieben Stadien entfernten Tempel bis zur Stadtmauer ein Seil, um so die ganze Stadt dem Schutz der Göttin zu unterstellen.[3]

Der Missbrauch des Asyls war durch die Jahrhunderte hindurch ein ständiger Streitpunkt. Unter Alexander d. Gr., Mithridates und Mark Anton wurde der Asylbereich militärisch verletzt, unter Tiberius kam es zu staatlich verordneten Säuberungsaktionen. Die Apologeten der Artemis unterstrichen daher immer wieder, dass Artemis nur den Unglücklichen, nicht aber den Schuldigen Zuflucht gewähre.[4]

Ortygia: Frauenpilgerstätte

Neben dem Hauptheiligtum der Artemis in Ephesus gab es eine heilige Grotte, «Ortygia». Der Name erinnert an die Hebamme, die Leto, der Geliebten des Zeus, bei und nach der Geburt der Zwillinge Apollo und Artemis beistand. Der von Hera verfolgten Leto gelang dem Mythos zufolge dank der Hilfe der Kureten die Flucht in eine verborgene Höhle. Heiligtümer dieser Art erfüllten in einer Gesellschaft mit hoher Kinder- und Müttersterblichkeit eine elementare psychohygienische und religiöse Funktion und erfreuten sich daher größter Beliebtheit. Im Umfeld der Heiligtümer dürfte der Handel mit volksmedizinischen Präparaten und den weitverbreiteten Geburtsamuletten geblüht haben. Das Geburtsfest der Artemis, die ihrerseits in ganz Griechenland als wichtigste Schutzgöttin der Gebärenden galt, gehörte zu den größten Festen der Stadt, bei welchen auch die Artemismysterien vollzogen wurden.

Wie für die Asylsuchenden, so trat auch für die Schwangeren und Wöchnerinnen Artemis als «Erhörende» (*epäkoos*) in Erscheinung, und somit in einer Eigenschaft, die für Göttinnen in der Art der Artemis Ephesia entlang der östlichen Mittelmeerküsten spätestens seit dem 18. Jh. v. Chr. gut bezeugt ist (Abb. IIIb).[5] Für erhörte Gebete wurde der Göttin mit guten Gaben (*eucharistia*) gedankt, mit jenen Stiftungen also, die so viel zum Ruhm und Reichtum der Artemis Ephesia beigetragen haben und beredtes Zeugnis ablegten vom lebendigen *do ut des* zwischen Gottheit und Menschen im Artemision.

Abb. IIIb: Sogenannte Zweiggöttin mit großen Ohren als Zeichen ihrer Eigenschaft als «Erhörende» auf einem einfach geschnittenen Stempelsiegelamulett aus Palästina/Israel um 1700 v. Chr. Das archaische Kultbild der Artemis Ephesia steht in der Tradition der orientalischen Zweig- und Baumgöttinnen.

Kleine Geschichte des Artemis-Heiligtums von Ephesos

um 2000 v. Chr.	An der Mündung des Flusses Kaystros entsteht ein sicherer Ankerplatz, das Ur-Asyl der Göttin von Ephesos.
nach 1500	Apascha, möglicherweise das spätere Ephesos, ist die Hauptstadt des Landes Arzawa.
1350-1300	Der Hethiterkönig Murschilis II. zerstört Apascha. In Ephesos gibt es einen mykenischen Handelsposten.
1300-1200	Im Rahmen des Seevölkersturmes besiedeln Karer das Land.
1200-1100	Ionier besetzen das Land und nennen den Platz an der Kaystros-Mündung Koressos.
nach 1000	Das Artemision steht spätestens jetzt am heutigen Ort. Es gibt Prozessionen um den Panayır dağı.
900-800	Aus dieser Zeit stammen die ältesten Funde des Artemisions.
800-700	Koressische Könige werden durch Oligarchen ersetzt, die von lydischen Emigranten unterstützt werden.
645	Das Artemision wird von der Plünderung durch die Kimmerier unter Lygdamis verschont.
650-600	Pythagoras, der erste Tyrann von Koressos, stiftet Artemis einen Tempel.
um 600	Beginn der lokalen Münzprägung.
um 560	Kroisos nimmt Koressos ein und gründet die Stadt Ephesos. Sein kostbarer Tempelneubau erhält den Status eines Weltwunders.
um 550	Einführung der Demokratie in Ephesos.
546	Ephesos wird unter Harpagos von den Medern eingenommen, die gute Kontakte zur Priesterschaft unterhalten und Stadttyrannen bestimmen. Die Göttin erhält ihr orientalisches Gepräge.
um 480	Xerxes verschont von allen griechischen Tempeln in Kleinasien nur das Artemision von Ephesos.
411	Der persische Satrap Tissaphernes opfert offiziell der Artemis. Mit spartanischer Unterstützung kämpfen die Epheser und andere ionische Städte erfolgreich gegen Athener im Westen und Perser im Osten.
394	Xenophon, der im Dienste des Perserkönigs Kyros das berühmte spartanische Heer der 10'000 führt, deponiert sein Vermögen beim Oberpriester (Megabyzos), dem «Tempelpfleger (Neokoros) der Artemis», der es ihm später anlässlich einer heiligen Gesandtschaft nach Olympia überbringt.
356	Der Artemistempel brennt nieder. Der diensthabende Priester Herostratos wird dafür verantwortlich gemacht. Der Philosoph Aristoteles besucht die Tempelruine. Nach einer Zwangskollekte entsteht unter Mithilfe der Künstler Praxiteles und Apelles ein neues Weltwunder.
336-334	Propersische Epheser stürzen die Statue Philipps von Mazedonien im Tempel und rufen die Perser zu Hilfe. Der Satrap Autophradates erobert Ephesos. Ein Jahr später marschiert Alexander der Große auf. Sein Hilfsangebot für den Wiederaufbau des Tempels wird von Stadt und Priesterschaft diplomatisch abgelehnt.
289	Nach den langwierigen Diadochenkämpfen gründet Lysimachos die Stadt neu und nennt sie nach seiner Frau Arsinoë. Bau des Mauerrings und der Agora.
279	Kelten (Galater) unter Brennos dringen bis Ephesos vor. Die Priesterin Demodike rettet das Artemision mittels einer Schmuckkollekte.
um 260	Der ptolemäische Kommandant Ptolemaios wird zusammen mit seiner Frau Eirene nach einer verlorenen See-schlacht im Artemision erschlagen.
246	Ephesos wird ptolemäisch.
197	Der Seleukide Antiochos III. beendet die ptolemäische Herrschaft und schlägt in Ephesos sein Hauptquartier auf. 195-190 gibt er Hannibal Asyl.
188/187	Scipio Asiagenus überwintert in Ephesos, das dem Reich von Pergamon angegliedert wird. Einführung des Reichskurants der Cistophoren.
133	Einrichtung der römischen Provinz Asia. Beginn einer neuen Ära. Die Meilensteine werden von Ephesos aus gezählt.
89-84	Der pontische König Mithridates Eupator wird als Befreier willkommen geheißen. Römische Bildnisse werden umgeworfen. Epheser nehmen an antirömischen Pogromen Teil. Der Tempelbezirk wird erweitert. Epheser werden von den Römern zur Rechenschaft gezogen. Sie versuchen die Schuld gutzumachen, indem sie Zenobios, den General des Mithridates, umbringen.
vor 6	Im Artemision wird ein Sebasteion (Tempel für den Kaiserkult) errichtet.
49-41 v. Chr.	Römische Beamte versuchen, die Depositen im Artemision zu beschlagnahmen, was Iulius Caesar durch ein neues Steuersystem verhindert. Die Caesarmörder Brutus und Longinus finden Asyl im Artemision. Markus Antonius zieht als neuer Dionysos in Ephesos ein, opfert der Artemis, lässt aber die Caesarmörder aus dem Heiligtum zerren. Der heilige Bezirk wird um das Doppelte vergrößert.
52-55 n. Chr.	Der Apostel Paulus weilt mit Unterbrüchen in Ephesos. Seine christliche Mission führt zu einem Aufstand unter den Devotionalienhändlern der Stadt.
104	C. Vib. Salutaris stiftet ein Vermögen für die Artemisprozessionen.
162/164	Ein prokonsularisches Edikt legt fest, dass während des Monats Artemision Feiertagsruhe herrschen soll.
262	Das Artemision wird bei einem schweren Erdbeben zerstört und von Goten geplündert. Ende der ephesischen Münzprägung. Artemis wird weiterhin verehrt, doch der Glanz des Weltwunders ist dahin.
431	Das dritte ökumenische Konzil findet in Ephesos statt und dogmatisiert im Angesicht der altehrwürdigen, aber angeschlagenen Artemis Maria als «Gottesgebärerin».
557	Nach weiteren Erdbeben wird mit den Steinen des Artemisions die Johanneskirche gebaut.

Das Kultbild der Artemis Ephesia (Abb. IIIc)

Kultbilder der Artemis Ephesia auf Statuetten (Kat. 113), Terrakotten (Kat. 114) oder auf Münzen (Kat. 124ff.) sind erst ab dem 2. Jh. v. Chr. erhalten geblieben. Die älteste Kultstatue in Ephesus war wahrscheinlich eine Holzfigur wie jene der Hera von Samos, die durch glückliche Umstän-de erhalten geblieben ist, also eine schlanke, aus einem Stamm gearbeitete, und dadurch starr wirkende Figur. Daran erinnert auch noch die Haltung der jüngsten Artemis Ephesia-Bilder. Der starke Traditionalismus, der gegenüber dem Kultbild an den Tag gelegt wurde, brachte es mit sich,

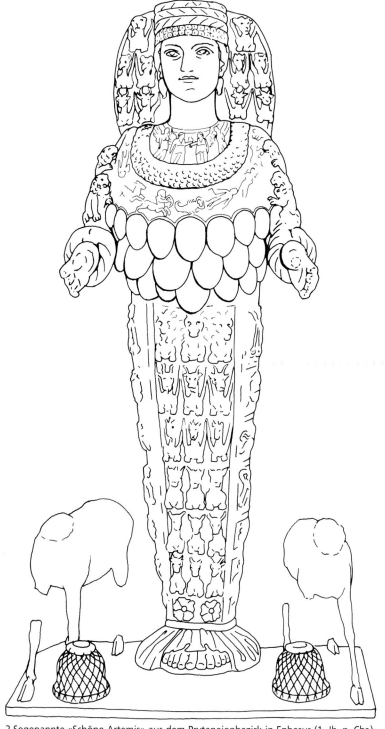

1 Hellenistische Statuette der Artemis Ephesia (um 100 v. Chr.). Original im Antikenmuseum und Sammlung Ludwig Basel, Schweiz (= Kat. 113).

2 Sogenannte «Schöne Artemis» aus dem Prytaneionbezirk in Ephesus (1. Jh. n. Chr.). Original im Museum von Selçuk, Türkei.

dass zwar neue Elemente nach und nach integriert, alte aber kaum abgeschafft wurden. Im Folgenden werden die einzelnen Elemente der Artemis Ephesia gedeutet und in ihrer Herkunft, soweit möglich, verortet.

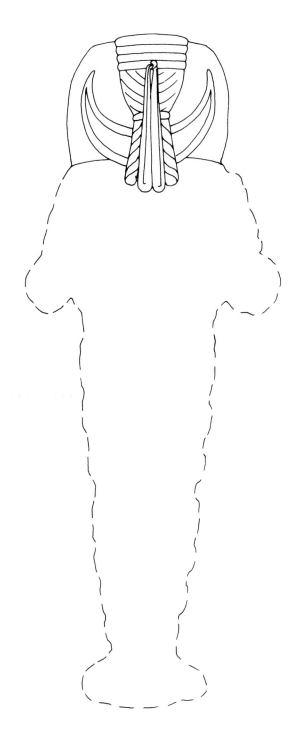

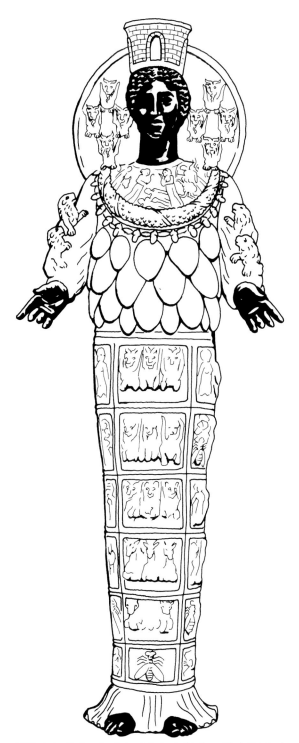

3 Römische Statue der Artemis Ephesia (2. Jh. n. Chr.). Original im Museo Nazionale, Neapel, Italien.

A

B

C

D

E

F

G

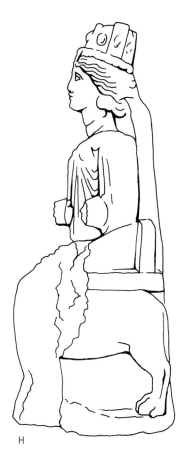

H

I

Abb. IIIc (Fortsetzung)

A Göttin aus der Kammer A in Yazilikaya (13. Jh. v. Chr.).
B Göttin auf altsyrischem Rollsiegel (18. Jh. v. Chr.).
C Göttin auf der Goldschale von Hasanlu (12. Jh. v. Chr.).
D Ephesische Münze mit Biene (546 v. Chr.).
E Münze aus Arwad (Syrien) mit Palme und Hirschkuh,
  auf der Rückseite eine Biene (um 150 v. Chr.).
F Verehrung einer Jagdgottheit auf einem hethitischen
  Silberrhyton (14./13. Jh. v. Chr.).
G Gussform, wahrscheinlich aus Kültepe, einer sich ent-
  schleiernden Göttin mit zwei Tauben (um 1800 v. Chr.).
H Dea Syria aus Gaziantep (2. Jh. n. Chr.).
I Ephesische Münze mit Löwenpranke (um 570 v. Chr.).

Kopfschmuck

Zum älteren Bild der Ephesia gehörte die Mauerkrone, die sich schon bei althethitischen Gottheiten findet (**A**; vgl. auch **H**). Bei der jüngeren Artemis wird sie durch eine Aedicula (Tempelaufsatz) ersetzt, der von Sphingen flankiert wird.

«Nimbus»

Der «Nimbus» ist eigentlich ein über den Kopf gezogenes Gewandstück, das mit Tiermotiven durchwirkt sein konnte. Ursprünglich handelt es sich wohl um das Gewand der in Syrien (**B**) und Anatolien (**C**; **G**) bekannten, sich entschleiernden Göttin.

Hals- und Brustschmuck

Die Göttin trägt fast immer Eichel- und Blütenkränze, wie sie die Bittenden als Opfergaben brachten. Ferner finden sich nikenartige Keruben, der Tierkreis und Lunula(-Diskus)-Anhänger (**C**), Symbole also, die die Göttin in den Rang einer kosmischen Allgöttin erheben.

Stierhoden («Brüste»)

Die Göttin trägt unterhalb des Gürtels einen Behang von gegerbten Stierhoden, die wohl anlässlich großer Kultfeiern anfielen. Sie sind das wichtigste Merkmal der Artemis Ephesia, die auch «Stiertummlerin» genannt werden konnte. In ihrem Kult gab es «Stiervernichterinnen» und jugendliche Weinschenken, die «Stiere» genannt wurden. Zu den wichtigsten Weihegaben des Kroisos gehörten goldene Rinder. Knochenfunde aus dem Altarbereich belegen die Bedeutung der Stiere ebenfalls. Die syrische «Nackte Göttin» erscheint manchmal auf einem Stier (**C**). Er kann Symboltier des Wetter- oder des Mondgottes sein.

Die römischen Kopisten der Figur haben den Sinn der Stierhoden nicht mehr verstanden. Sie wurden als Brüste interpretiert und über der Gürtellinie gestaltet. Artemis Ephesia galt nun als vielbrüstige, nährende Muttergottheit, wie zwei lateinische Kirchenväter berichten.

«Diana ist zuweilen eine hochgeschürzte Jägerin, zu Ephesus ist sie mit vielen Brüsten und Eutern behangen...»
Minutius Felix, Octavius 22,5

Die Epheser verehrten die vielbrüstige Diana, nicht jene Jägerin, die den Bogen hält und gegürtet ist, sondern jene vielbrüstige, die die Griechen polymastos *nennen und von der sie aufgrund eben ihres Kultbildes vorgeben, dass sie aller Tiere und Lebewesen Nährerin sei.*
Hieronymus, Vorrede seines Kommentars zum Epheserbrief

Schurz (Ependytes)

Der Schurz bestand ursprünglich aus mit Goldplättchen verzierten, kostbaren Gewändern. Auf den Plättchen befinden sich vielerlei Symbole. Tierprotome erinnern an alte, nicht mehr verstandene, orientalische Mischwesen. Rosetten vergegenwärtigen die Pflanzenwelt.

Die Biene ist eines der ältesten Symboltiere der anatolischen Göttin. Von ihr stammt das auf Münzen allgegenwärtige Wappentier von Ephesus (**D**) und vielleicht auch der Name der Stadt, die in vorgriechischer Zeit Apascha hieß (vgl. eventuell lat. *apis*). – Die Biene ist das Botentier der großen hethitischen Göttinnen. Inara scheint bald Tochter, bald Frau des Wettergottes, bald Schutzgöttin der Königsstadt Hattuscha, bald Herrin der Tiere gewesen zu sein. In ihrem Kult hatte das Verschwinden der Göttin und ihre Rückführung durch das Ritual «Beschwörung des Lebens» eine große Bedeutung. Darin kam der Biene als rettender Botin der Muttergöttin Channachanna eine entscheidende Rolle zu. Eine ähnliche Funktion hat die Biene im Telipinu-Mythos, worin sie den auf einer Wiese eingeschlafenen Wettergott durch einen Stich weckt, damit die Erde nicht verdursten muss. Eine weitere hattische Göttin der Wildtiere, die ihrerseits vielleicht ein Aspekt Inaras ist, heißt Teteschchapi («große Göttin»). In ihrem Kult spielte der Tierfriede zwischen Raubtieren und Grasfressern an der Heiligen Quelle eine Rolle.[6]

Die Rankenfrau verweist wie der ganze stammartige Unterteil der Göttin auf die vegetative Sphäre. Die Göttin konnte auch in Pflanzen, zum Beispiel in Palmen (**E**; **F**) erscheinen. Baum und Göttin waren sozusagen auswechselbar. Vom Moment an, wo Artemis Ephesia menschengestaltig auf Münzen erscheint, verschwindet sie für immer als Baum.

Wollbinden (Tänien)

Die Göttin hält in ihren nach Vorne ausgestreckten Armen Wollbinden mit Vögeln am oberen Ende. Wahrscheinlich handelt es sich um Relikte des Schleiers der alten, sich entschleiernden syro-hethitischen Göttin (**B**; **G**). Die ursprüngliche Taube konnte als Falke (**F**) missverstanden werden.

Begleittiere

Unter den Begleittieren erscheint zunächst der Löwe, das alte Tier der Göttin, das ihre wilde Seite verkörpert. Er gehört zur Dea Syria (**H**) und dominiert die ältesten Münzen von Ephesus (**I**), ist aber noch auf den jüngsten Skulpturen der Artemis Ephesia prominent vertreten. Auf den Münzen wird er von Hirschkühen verdrängt, die im phönizischen und hethitischen Raum zur Sphäre der Göttin gehörten (**E**; **F**).

Artemis Ephesia auf Münzen (Kat. 115-153)

Im Wetteifer der antiken Städte um Reichtum und Ansehen vergegenwärtigen die Götterbilder auf den Münzen die Frömmigkeit der Stadt und den Segen ihrer Schutzgottheit – einen Segen, der im Geldfluss handgreifliche Gestalt annahm. Als äußerst bewegliches Gut waren Münzen ideale Werbeträger. Das Wandern von Hand zu Hand, über die Grenzen der Stadt hinaus, lag sozusagen in ihrer Natur. Dass das Münzbild noch in römischer Zeit nicht bloß Garantiezeichen des Münzwertes war, sondern durch die Vergegenwärtigung der Gottheiten auch Amulettcharakter hatte, zeigen gelochte Exemplare, die bei einfacher Lochung an Kettchen (Kat. 133) oder bei mehrfacher Lochung angenäht an ein Kleidungsstück als Brosche (Kat. 135) getragen werden konnten.

1. Die Sphäre der Artemis auf frühen Münzen aus Ephesos (Kat. 115-123)

Aus dem Gründungsdepot des von Kroisos gestifteten Artemisions stammen die ältesten uns überhaupt bekannten Münzen aus Elektron, einer Silber-Gold-Legierung. Vor der Erfindung der Münzen gab es natürlich bereits genormtes Metall, z.B. die zypriotischen Kupferbarren, das seinerseits in die seit Jahrhunderten gebräuchlichen Maßsysteme für Gerste, Weizen, Gold, Öl, Wasser, Eier und Honig passte. Mehr oder weniger komplette Maßsysteme sind aus Mesopotamien, Ägypten, der Levante (Bibel), Kleinasien, Kreta und dem Industal bekannt.

Damals war es nötig, dass Verkäufer und Käufer die gehandelte Ware mit ihrer je eigenen Waage wogen. Beim Metall kam dazu, dass erst die Läuterung im Schmelzofen sicherstellen konnte, ob das Metall rein war. Daher verfiel man auf das Punzen der genormten Goldnuggets und des Hacksilbers. Von der Punze, also einem künstlichen Einschlag, der den Kern des gehandelten Metalls freilegte, zur Münze, also zur bildlich ausgestalteten Punze, war es ein kleiner Schritt. Das rege Handelsleben im Reich der Lyder um 600 v. Chr. bot dazu die idealen Bedingungen. Die selbständige unternehmerische Tätigkeit verschiedener Clans verlangte ihre Einbindung in das übergeordnete Reich. Die Einprägung von Clanwappen ins genormte Metall konnte diesem Bedarf entsprechen, ohne den unternehmerischen Eifer der einzelnen Gruppen zu brechen.

Die ephesische Münzprägung konzentrierte sich motivisch von Anfang an auf die große Göttin ihres Heiligtums. Rund 400 Jahre lang spielte die menschliche Gestalt der Göttin dabei aber kaum eine Rolle. Ihre Sphäre wurde vor allem durch Tiere, zunächst durch Löwen (Abb. IIIc/I), dann durch die Biene (Abb. IIIc/D; Kat. 115-120, 123), später auch durch Hirschkühe (117, 119-123, 131, 134, 138, 141, 144, 147-148, 151-152) vergegenwärtigt. Bis zum Aufkommen der menschengestaltigen Bilder kann auch die Palme die Göttin repräsentieren. Die Göttin wird noch im orientalischen Sinn als Herrin der Tiere und der Flur verstanden. Das Auftauchen von Köcher und Bogen (Kat. 118-119) kündigt ab dem 4. Jh. v. Chr. das griechische Verständnis der Göttin als Herrin der Jagd an.

2. Cistophoren (Kat. 122, 124, 125)

190 v. Chr. siegten die Römer in der Schlacht von Magnesia über die Seleukiden. Kleinasien wurde römisch. Das aufstrebende, romfreundliche Königreich Pergamon wurde mit der Vorherrschaft über weite Teile Kleinasiens betraut. Ephesus wurde dabei zum Militärbezirk Pergamons erklärt. Als Ausdruck ihrer Oberhoheit und um Steuern erheben zu können, führten die Pergamener erstmals in den Städten ihres Reichs einen Reichskurant ein, der auf der Vorderseite immer einen von Efeu umrahmten, halb geöffneten Schlangenkorb zeigte. Das Motiv, die «Cista Mystica», ein geflochtener Korb für die Haushaltsgegenstände, spielt auf den in Pergamon beheimateten dionysischen Mysterienkult an. Daher die Bezeichnung dieser Münzen als Cistophoren («Korbträger»). Auf der Rückseite ist immer eine von zwei Schlangen umschlungene Bogentasche (Goryt) zu sehen. Links und rechts dieses Motivs finden sich jeweils Beischriften und Beizeichen von insgesamt sechzehn verschiedenen Städten, die unter pergamesischer Herrschaft standen. Von Ephesos (Beischrift: ΕΦΕ) sind fünf Cistophorenserien zwischen 166 und 128 v. Chr. bekannt. Sie

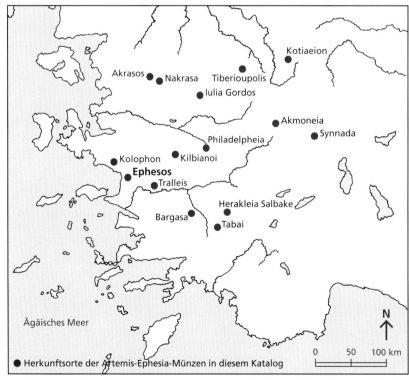

Abb. IIId: Prägestätten der Münzen Kat. 135-153.

zeigen insgesamt 51 verschiedene Beizeichen.[7] Darunter finden sich nicht bloß die altbekannten Attributtiere der Göttin, wie der Hirsch (Kat. 122)[8], sondern erstmals auch die Artemis Ephesia in menschlicher Gestalt, sei es als Götterstatue (Kat. 124) oder als Brustbild (Kat. 125). Was bislang offenbar tabu war, die menschengestaltige Darstellung der Göttin außerhalb ihres Tempels, wurde in den winzigkleinen Beizeichen auf den Cistophorenprägungen möglich. Gleichzeitig – und das ist sicher kein Zufall – verschwindet die Palme als Repräsentantin der Göttin für immer von den Münzen.

3. Ephesische Münzen mit dem Bildnis der Artemis (Kat. 124-134)

Was mit den Beizeichen auf den Cistophorenprägungen einen fast versteckten Anfang nahm, wurde in der Folge der Normalfall. Das eigenartige, archaische Kultbild wurde zum beherrschenden Markenzeichen der Stadt. Eine Münze aus der Zeit des Claudius (Kat. 126; vgl. Kat. 130 aus der Zeit Hadrians) zeigt die Göttin in ihrem Heiligtum mit den typischen Erscheinungsfenstern. Deutlich sind der hohe Aufsatz der Mauerkrone und der «Nimbus» zu erkennen. Der Leib ist mit Brustteil, Stierhodengehänge und Schurz (Ependytes) in drei Zonen gegliedert. Die Thänien enden in drei Zipfeln. Die eigentlich nach vorne ausgestreckten Arme richten sich aufgrund künstlerischer Konvention zur Seite hin. Manchmal wird sogar der Figurenschmuck des Schurzes durch Punkte in einem Kassettenmuster angedeutet (Kat. 128). Auch die traditionellen Hirschkühe können wieder zur Göttin kommen (Kat. 131), wie im Standbild (Abb. IIIc/2), aber auch ganz neue, nur auf Münzen beschränkte Motive wie die mit Astragalen, also Orakelwürfeln spielenden Kinder (Kat. 132) oder das vergöttlichte Gebirge Pion als Träger der Göttin und damit auch als Repräsentant der Neokorie (Kultpflege), auf welche die Stadt Ephesos sehr stolz war (Kat. 133). Nicht nur in den Standbildern, auch auf den Münzbildern lässt sich eine Tendenz zur Attributhäufung ausmachen. So, wenn zu den Hirschkühen noch Sonne und Mond hinzutreten, um den kosmischen Charakter der Göttin hervorzuheben (Kat. 134). Die Stierhoden wandern im Verlauf der Zeit nach oben und werden so tatsächlich Teil einer vielbrüstigen Göttin, während die Mauerkrone zu einem Miniaturtempel wird (Kat. 134; vgl. Abb. IIIc/3).

4. Artemis Ephesia auf Münzen außerhalb von Ephesos (Kat. 135-153)

Das Kultbild der ephesischen Artemis wurde nicht nur in Ephesus, sondern auch in vielen anderen Städten über Münzen verbreitet. Prägestätten, die die Artemis Ephesia münzten, gab es im Westen bis zur Kykladeninsel Andros und Gortyn auf Kreta, im Südosten bis Neapolis (Nablus, Palästina), im Osten bis Ankyra (Ankara), und im Norden bis Kyzikos am Bosporos (Abb. IIId).
Meistens wurde nur das Kultbild dargestellt, recht häufig auch mit Hirschkühen (Kat. 144, 146-148, 151-152). Durch Sonne und Mond konnte der kosmische Charakter der Göttin betont werden (Kat. 135, 139). Die enge Verbindung einer Stadt mit der Göttin konnte durch ihre Präsentation in der Hand der Stadtgöttin (Athena, Tyche) ausgedrückt werden (Kat. 145) oder durch die schützende Flankierung der Rachegöttinnen (*nemeseis*; Kat. 146). Manchmal erscheint Artemis mit dem Zwillingsbruder Apollon (Kat. 149), selten auch im Tempel (Kat. 135).
Nichts könnte den internationalen Charakter der Artemis Ephesia besser illustrieren als der weite Horizont ihrer Münzen. Ihre Ikone verkörperte die west-östliche Ökumene der Mittelmeerwelt, und ihre Verbreitung bezeugte die lebendige Wirksamkeit der Gottheit. Da das Christentum mit derselben universalen, lebensstiftenden Kernbotschaft auftrat, konnte eine Konfrontation nicht ausbleiben, umso mehr als das junge Christentum in Ephesus seine prägende Form erhielt.

Artemis und das junge Christentum

Paulus, der bedeutendste Kopf des im ersten Jahrhundert entstehenden Christentums, gebürtig aus Tarsus, lebte mehrere Jahre lang in Ephesus, wo in der Folge wahrscheinlich die größte paulinische Christengemeinde heranwuchs. In der Apostelgeschichte des Lukas (19,8ff.) wird berichtet, dass er zunächst in der dortigen Synagoge lehrte, sich dann aber wegen der lautwerdenden jüdischen Kritik an seinem messianischen Verständnis des Judentums von ihr trennte und im Lehrsaal eines gewissen Tyrannus öffentlich lehrte. Ausserdem verzeichnete er Erfolge als Heiler, was ganz besonders zur Ausbreitung des Christentums beigetragen haben muss. Des Paulus tief in der jüdischen Götzenkritik verwurzelte Polemik gegen Magie und Kultbilder führte einerseits zur öffentlichen Verbrennung von Zauberbüchern, andererseits zur Revolte der Silberschmiede von Ephesus, die um ihr Handwerk fürchteten. Der Pilgertourismus und der damit verbundene Devotionalienhandel gehörte zu den bedeutendsten Einkommenszweigen der Stadt, deren Schicksal seit Jahrhunderten engstens mit dem des Artemisions und ihrem ehrwürdigen Kultbild verbunden war. Die Stadt verstand sich als Besitzerin und Unterhalterin des Tempels, als *neokoros*. Sie empfand die paulinische Kritik als anmaßend und entwürdigend, versuchte sie doch umgekehrt gerade damals unter Claudius und Agrippina durch erstmalige Prägung des Kaiserpaares auf ihren Münzen (Kat. 128) den Kult der Artemis durch Verbindung mit dem aufkommenden Kaiserkult zu «globalisieren».

Christus versus Artemis Ephesia

Das bunte Lokalkolorit der Ephesus-Geschichte innerhalb der lukanischen Apostelgeschichte lässt keinen Zweifel daran, dass hier lebhafte Erinnerungen der ephesischen Christengemeinde überliefert werden. Andererseits fehlt in außerbiblischen Dokumenten jede Spur einer Erwähnung eines dramatischen Zwischenfalls, der offensichtlich außerhalb christlicher Kreise bloß als Episode wahrgenommen wurde. Der Hauptgrund für die Bedeutung, die Lukas in seiner Apostelgeschichte diesem Konflikt beimisst, ist der internationale, ja kosmische Charakter der Artemis Ephesia in der antiken Welt. In Bittgebeten wurde sie als Erlöserin (*soteira*), Herrin (*kyria*) oder Königin des Kosmos (*basile-*

us kosmou) angesprochen,[9] mit eben jenen Titeln also, die die Christen für Jesus Christus reservierten. Die Göttin wurde durch Kopien ihres Bildes in der ganzen griechisch-römischen Welt bekannt gemacht und verehrt.[10] Im Westen reichte ihr Verbreitungsgebiet nach dem Historiker und Geographen Strabo bis Karthago im Süden und Marseille im Norden.[11] Pausanias, der antike Reiseschriftsteller des ausgehenden 2. Jh. n. Chr., schreibt, dass keine andere Gottheit mehr verehrt wurde als sie.[12] Die umfassende, ökumenische Verehrung auf dem ganzen bekannten Erdkreis war in der Antike der beste Beweis für die effektive Macht einer Gottheit (vgl. Apg 19,23ff.!). Daher unterstreicht der für die ephesische Gemeinde und wohl auch in ihr verfasste erste Timotheusbrief die weltweite, ja kosmische Anerkennung Christi: «Und anerkanntermaßen groß ist das Geheimnis der Frömmigkeit: der offenbart ward im Fleisch,/ gerecht erwiesen im Geist,/ erschienen den Engeln,/ verkündigt unter den Völkern/ geglaubt in der Welt,/ emporgenommen in Herrlichkeit.»[13] Eben darum geht es auch dem Historiker Lukas in seiner Apostelgeschichte, wenn er die Ereignisse in Ephesus so darstellt, dass Paulus' Predigt und Wundertätigkeit aus der Kraft Christi heraus die weltweite Größe der Artemis von Ephesus in Frage zu stellen vermochte. Wesentlich weiter und über den guten Geschmack hinaus gehen die rund hundert Jahre später entstandenen Akten des Apostels Johannes, dessen Grab in Ephesus verehrt wurde. Sie erzählen, dass aufgrund des Gebetes des Apostels Johannes im Tempel der Artemis der Altar und die im Tempel aufgestellten Weihegaben zerborsten seien und ein Priester von einer einstürzenden Säule erschlagen worden sei, worauf alle Ephesier den Rest des Artemisions zerstört hätten und zum Christentum übergetreten seien.[14] Diese

Phantasien machen überdeutlich, wie intensiv sich das junge Christentum durch den Kult der Göttin herausgefordert fühlte, dessen Niedergang sie mit den Mitteln und aus der Position der Sekte heraus vorausahnte und herbeiwünschte.

Kosmische Artemis und kosmischer Christus

Wie sehr man umgekehrt im Christentum bestrebt war, das Image Christi dem der Göttin Artemis und anderer Gottheiten anzunähern, sei abschließend anhand einer Argumentation im Epheserbrief erläutert. Dieser im Neuen Testament überlieferte Brief enthält in den ältesten Handschriften keine Adresse. Es handelte sich um einen bewusst allgemein gehaltenen Rundbrief. In einer frühen Paulusbriefsammlung wird er dann der Gemeinde von Ephesus zugeordnet.[16] Eindeutige Anspielungen auf den Kult der Artemis Ephesia, mit dem sich eine Christengemeinde in Ephesus wohl auseinanderzusetzen hatte, sucht man daher vergeblich. Hingegen findet sich im Epheserbrief ein zentraler Gedanke, der in diesem Zusammenhang unsere Aufmerksamkeit verdient. Für den Briefschreiber, wohl einen Schüler des Paulus, ist die Vorstellung eines kosmischen Christus sehr wichtig. Die Gemeinde und jeder Gläubige wird aufgerufen, Teil des kosmischen Christus zu werden, der die «Zusammenfassung des Alls»[17] sei (Eph 1,10). Ja, in Erweiterung des paulinischen Leib-Christi-Gedankens (vgl. Gal 3,26; 1Kor 6,15-17; 12,12.27) und des antiken Organismus-Gedankens spricht der Verfasser von Christus als einer das All erfüllenden Gestalt, der alles zu Füßen liegt, die Haupt über alles ist, und deren Leib von der Kirche erfüllt wird (Eph 1,22). Wer denkt da nicht an hellenistisch-pantheistische Vorstellungen vom Allgott? Die Auffassung, dass Gott als kosmischer Leib alles erfüllt, ist alt und weitverbreitet.

---

23 In dieser Zeit kam es wegen der neuen Lehre zu schweren Unruhen in Ephesus. 24 Es gab dort nämlich einen Silberschmied namens Demetrius, der silberne Nachbildungen vom Tempel der Göttin Artemis verkaufte; das brachte ihm und den Handwerkern, die er beschäftigte, einen schönen Gewinn. 25 Dieser Demetrius rief alle, die in diesem Gewerbe tätig waren, zusammen und sagte: «Männer, ihr wisst: Unser ganzer Wohlstand hängt davon ab, daß wir diese Nachbildungen herstellen. 26 Und ihr werdet erfahren haben, daß dieser Paulus den Leuten einredet: ‹Götter, die man mit Händen macht, sind gar keine Götter.› Er hat mit seinen Reden nicht nur hier in Ephesus Erfolg, sondern fast überall in der Provinz Asien. 27 Es besteht aber nicht nur die Gefahr, dass er unseren Geschäftszweig in Verruf bringt, nein, auch die Achtung vor dem Tempel der großen Göttin Artemis wird schwinden! Es wird noch dahin kommen, dass die Göttin ihr Ansehen vollständig einbüßt – sie, die heute in der ganzen Provinz Asien und überall in der Welt verehrt wird!» 28 Als die Männer das hörten, wurden sie wütend und riefen: «Groß ist die Artemis von Ephesus!» 29 Die ganze Stadt geriet in Aufruhr, und die Leute stürmten ins Theater. Gaius und Aristarch, Reisegefährten von Paulus aus Mazedonien, wurden von der Menge gepackt und mit dorthin geschleppt. 30 Paulus selbst wollte sich der Menge stellen, aber die Jünger ließen ihn nicht aus dem Haus. 31 Auch einige hohe Beamte der Provinz, die ihm freundlich gesinnt waren, warnten ihn durch Boten davor, sich im Theater sehen zu

lassen. 32 Unter den dort Zusammengeströmten herrschte die größte Verwirrung. Alle schrien durcheinander, und die meisten wussten nicht einmal, worum es ging. 33 Die Juden schickten Alexander nach vorn, und einige aus der Menge erklärten ihm den Anlass. Alexander winkte mit der Hand und wollte vor dem Volk eine Verteidigungsrede für die Juden halten. 34 Aber als die Leute merkten, dass er Jude war, schrien sie ihn nieder und riefen zwei Stunden lang im Chor: «Groß ist die Artemis von Ephesus!» 35 Schließlich gelang es dem Verwaltungsdirektor der Stadt, die Menge zu beruhigen. «Männer von Ephesus», rief er, «in der ganzen Welt weiß man doch, daß unsere Stadt den Tempel und das vom Himmel gefallene Standbild der großen Artemis hütet. 36 Das wird kein Mensch bestreiten! Beruhigt euch also und lasst euch zu nichts hinreißen! 37 Ihr habt diese Männer hergeschleppt, obwohl sie weder den Tempel beraubt noch unsere Göttin beleidigt haben. 38 Wenn Demetrius und seine Handwerker Anklage wegen Geschäftsschädigung gegen jemand erheben wollen, dann gibt es dafür Gerichte und Behörden. Dort können sie ihre Sache vorbringen. 39 Wenn ihr aber irgendwelche anderen Forderungen habt, muss das auf einer ordentlich einberufenen Volksversammlung geklärt werden. 40 Was heute geschehen ist, kann uns leicht als Rebellion ausgelegt werden. Es gibt keinen Grund für diesen Aufruhr; wir können ihn durch nichts rechtfertigen.» Mit diesen Worten löste er die Versammlung auf.
Apostelgeschichte 19,23-40[15]

Er findet sich etwa im Zweistromland bezogen auf Tiamat im Schöpfungsmythos Enuma Elisch,[18] in Ägypten bezogen auf Isis in den Selbstlobhymnen der Göttin[19] oder viel früher schon im Denkmal memphitischer Theologie, bezogen auf Ptah (vgl. Kap. I). Aus dem griechischen Raum ist ein orphischer Text bekannt, der Zeus als Allgott würdigt.[20] Viel präsenter als diese mythologisch-spekulativen Texte waren im Alltag der großen hellenistischen Städte jedoch Götterbilder. Gerade aus dem kleinasiatisch-syrischen Raum, aus dem Paulus und seine ersten Schüler stammen, sind eine ganze Reihe von berühmten Kultbildern bekannt, die in diese Richtung weisen. Dies gilt ganz besonders für Artemis Ephesia, Artemis Leukophryene und Artemis von Perge, aber auch für Jupiter Heliopolitanus, Hermes von Baalbek und Atargatis. Bei all diesen Gottheiten werden die über Jahrhunderte angesammelten Attribute in hellenistisch-römischer Zeit in die immer komplexer werdende Kleidung der Kultfigur integriert. Zusätzlich verleihen astrale Elemente, Sonne und Mond und besonders der Zodiak ihrer Gestalt den Charakter einer Allgottheit.[21] Der Epheserbrief griff demnach mit dem kosmischen Christus in spezifisch jüdisch-christlicher Prägung einen Gedanken auf, der im östlichen Mittelmeerraum sozusagen in der Luft lag, und im Bildnis der Artemis Ephesia für breite Kreise einen geheimnisvollen gestalterischen Ausdruck fand, der noch im 20. Jh. so attraktiv wirkte, dass er Verbreitung auf Briefmarken als modernen Massenkommunikationsmitteln fand (Abb. IIIe). □

1 Karwiese, Groß ist die Artemis, 35.
2 Dio Chrysostom, Or. 31.54 nach der Übersetzung bei Oster 33.
3 Herodot, Historien 1,26.
4 Achilles Tatius, Leucippe und Clitophon 8.8.11.
5 S. Schroer, Die Göttin auf den Stempelsiegeln aus Palästina/Israel: O. Keel/H. Keel-Leu/S. Schroer, Studien zu den Stempelsiegeln aus Palästina/Israel. Bd. II (OBO 88), Freiburg CH/Göttingen 1989, 98f. mit Abb. 19-40 und 110-113.
6 V. Haas, Geschichte der hethitischen Religion (Handbuch des Orients 15), Leiden/New York/Köln 1994, 436ff.
7 F.S. Kleiner/S.P. Noe, The Early Cistophoric Coinage (Numismatic Studies 14), New York 1977, 57-59.
8 Vgl. ebd. Pl. XII,6.
9 Belege bei Oster 40.
10 Strabo 4.1.4
11 Strabo 4.1.4/8; 3.4.6
12 Pausanias 4.31.8.
13 Übersetzung nach J. Roloff, Der erste Brief an Timotheus (EKK XV), Zürich/Neukirchen-Vluyn 1988, 189.
14 Johannesakten 42.
15 Gute Nachricht Bibel, revidierte Fassung, durchgesehene Ausgabe in neuer Rechtschreibung, © 2000 Deutsche Bibelgesellschaft, Stuttgart. Mit freundlicher Genehmigung.
16 David Trobisch, Die Entstehung der Paulusbriefsammlung (NTOA 19), Freiburg CH/Göttingen 1989, 80-83.
17 J. Becker/U. Luz, Die Briefe an die Galater, Epheser und Kolosser (NTD 8,1), Göttingen 1998, 121.
18 Enuma Elisch Taf. IV,130-140.
19 Vgl. zum Beispiel G. Hentschel/E. Zenger, Lehrerin der Gerechtigkeit (Erfurter Theologische Schriften 19), Leipzig 1991, 98f.
20 Orphisches Fragment 168. Weitere relevante Textstellen bei K.M. Fischer, Tendenz und Absicht des Epheserbriefs (FRLANT 111), Göttingen 1973, 71f.
21 Fleischer, Artemis 405f.
22 Die Legenden zu den Münzen folgen weitestgehend Bloesch. Die Inschriften werden nur dort wiedergegeben, wo sie für unser Thema von besonderem Interesse sind.

Lit.:
• Zu Ephesos: F. Hueber, Ephesos. Gebaute Geschichte, Mainz 1997; S. Karwiese, Groß ist die Artemis von Ephesos, Wien 1995; E. Lessing E./ W. Oberleitner, Ephesos. Weltstadt der Antike, Wien/Heidelberg 1978.
• Zum Artemision von Ephesos: A. Bammer, Die Architektur des jüngeren Artemision von Ephesos, Wiesbaden 1972; A. Bammer/U. Muss, Das Artemision von Ephesos, Mainz 1996; B.F. Cook, The Tympanum of the Fourth-Century Temple of Artemis at Ephesus: British Museum Quarterly 37 (1973) 137-140: W. Ekschmitt, Die Sieben Weltwunder, Mainz 1984; F. Krischen, Weltwunder der Baukunst in Babylonien und Jonien, Tübingen 1956; L. Trell Bluma, The Temple of Artemis at Ephesos, New York 1945; ders., Der Tempel der Artemis zu Ephesos: P. Clayton/M. Price (Hgg.), Die sieben Weltwunder, Stuttgart 1990, 105-133.
• Zur Artemis von Ephesos: R. Fleischer, Artemis von Ephesos und verwandte Kultstatuen aus Anatolien und Syrien (EPRO 35), Leiden 1973; O. Jessen, RE V 2 (1905) 2753-2771 s.v. Ephesia; G. Seiterle, Artemis – Die Große Göttin von Ephesos: Antike Welt 10 Nr. 3 (1979) 3-16; H. Thiersch, Artemis Ephesia. Eine archäologische Untersuchung, Berlin 1935 (= Nelden 1972).
• Zur Münzprägung von Ephesos: H. Bloesch, Griechische Münzen in Winterthur. Textband 2: Nr. 2322-4292, Winterthur 1997; S. Karwiese, RE Suppl. XII, 297-364; ders., Die Münzprägung von Ephesos I. Die Anfänge: Die ältesten Prägungen und der Beginn der Münzprägung überhaupt, 1995; M.J. Price/L. Trell Bluma, Coins and their Cities, London 1977, 127-132; S. Ritter, Bildkontakte. Götter und Heroen in der Bildsprache griechischer Münzen des 4. Jahrhunderts v. Chr., Berlin 2002, 150-173.
• Artemis Ephesia und Christentum: R. Oster, The Ephesian Artemis as an Opponent of Early Christianity: Jahrbuch für Antike und Christentum 19 (1976) 24-44.

Abb. IIIe: Briefmarke der italienischen Kolonie in Libyen; Tripolis 1921. 1912, noch vor den großen Ausgrabungen, fand das italienische Militär in Leptis magna eine Statue der Artemis Ephesia. Die Propagierung der Statue auf Briefmarken stand im Dienste der ideologischen Legitimation der italienischen Kolonialpolitik durch Rückgriff auf antike Geschichte und Themen.

113 Statuette der Artemis Ephesia

Grobkristalliner Marmor
H. 68,5 cm
Herkunft unbekannt; aus dem römischen Kunsthandel
Späthellenistisch (um 100 v. Chr.)
Antikenmuseum Basel & Sammlung Ludwig, BS 280

Der Kopf der Göttin ist freundlich nach unten geneigt. Die Haare sind bis auf zwei Strähnen, die ihr über die Schultern nach vorne fallen, aufgebunden, so dass die Ohren sichtbar sind. Am Hals trägt die Göttin eine Rosettenkette. Der Brustschmuck umfasst drei Bänder bzw. Kleidungsstücke: eine mythologische Szene, ein Rosettenband und ein Band mit dem Tierkreis. Unterhalb der Brüste verläuft ein Gürtel mit einer Mondsichelschnalle in der Mitte. Darunter ist der aus Stierhoden zusammengesetzte Schurz sichtbar. Vom Ependytes, dem schlanken, in Kassetten gegliederten Beinschurz sind nur die beiden oberen Kassettenreihen erhalten. Während die seitlichen Kassetten ornamental ausgestaltet sind, zeigt die obere Mittelkassette zwei Ziegen am stilisierten Lebensbaum, die untere eine «Rankenfrau», ein Mischwesen mit Menschenleib und Flügeln. Durch die dritte Kassettenreihe verläuft die Bruchstelle. Die Arme der Göttin sind oberhalb der Ellbogen abgeschlagen. Auffällig groß ist der «Nimbus» gestaltet. Er zeigt in feiner, sich überlagernder Reliefarbeit mindestens sieben bis acht Tiere, Löwen und Stiere, vielleicht auch einen Leoparden, die nach außen galoppieren.

Die Haltung der Göttin charakterisiert sie als Erhörende. Der «Nimbus» lässt sie als Herrin der Tiere erscheinen, wobei mit Stieren und Löwen, den kraftvollsten Tieren, die im alten Orient oft auch als Rivalen dargestellt worden sind, und erst recht mit der gestaffelten und bewegten Darstellungsweise ein Höchstmaß an Dynamik und Wehrbereitschaft zum Ausdruck gebracht wird. Die Elemente des Brustbereiches, Zodiak und Mond, weisen die Göttin darüber hinaus als Herrin des Alls aus. Die Stierhoden verweisen als Samenbeutel der Opfertiere auf das fruchtbare Wirken der Göttin einerseits und auf die kultische Referenz ihrer Gemeinde andererseits. Die «Rankenfrau» und die Ziegen am Lebensbaum schließlich verweisen auf den Aspekt der lebenspendenden Baum- oder Zweiggöttin. Dass man diese Elemente in jenem Bereich der Statue vergegenwärtigt, der noch am stärksten an die archaischen pfeilerartigen Figuren des Orients und die alten Holzkultbilder erinnert, zeigt, dass der Künstler dieser Statue noch um die theologischen Ursprünge der Göttin wusste, ohne deshalb auf «moderne» Elemente der hellenistischen Allgöttin zu verzichten.

Lit.: Thiersch, Artemis 13-17, Nr. 11, Taf. 30; Fleischer, Artemis passim, Nr. E 58, Taf. 33; LIMC II, 760, Nr. 86 mit Abb.

114 Terrakotta der Artemis Ephesia

Terrakotta aus rosa-orangem Ton
H. 29.5 cm
Kleinasien (Klazomenai?)
Datierung unbestimmt
Musée d'art et d'histoire, Ville de Genève, Inv.-Nr. 9148

Die aus zwei Gussteilen zusammengefügte Terrakottastatuette hat einen hohen Kopfaufsatz in Gestalt eines sphingenbewachten Tempels. Der scheibenförmige «Nimbus» war vielleicht mit Tierprotomen in flachem Relief verziert. Einzigartig ist das Oberarme und Rücken bedeckende Tuch, das in Falten bis zu den Knien hinunterfällt. Ein Reif bildet den Halsschmuck. Eingerahmt von zwei Perlenketten fällt das Sichel- und Vollmondemblem auf der Brust ins Auge. Dann folgt auf der Höhe der abgeschlagenen Unterarme eine Reihe von vier Löwen, weiter unten zwei Reihen Stierhoden. Der Schurz ist in drei vertikale Bahnen gegliedert. Die mittlere Bahn zeigt zwei Hirschprotome über einem zweiten Sichel- und Vollmond und einem Greifen- oder Sphinxprotome. Die Verzierung der schmaleren Seitenbahnen ist schwer zu erkennen. Am deutlichsten sind die Zweige, ev. finden sich hier auch

Bienen. Die Fußpitzen schauen aus dem dafür ausgeschnittenen Chiton hervor. Die ganze Figur steht auf einem hohen, dreiteiligen Sockel. Thiersch hat an der Figur noch Spuren von Vergoldung gesehen.

Terrakottamodel ermöglichten eine relativ günstige, massenhafte Produktion von Göttinnenstatuetten für den Hausgebrauch. Die Goldspuren zeigen jedoch an, dass die ursprüngliche künstlerische Ausgestaltung die Figur zu einer wertvollen Devotionalie machte, welche sich nicht jedermann leisten konnte. Der hohe Kopfschmuck und die vorstehenden Löwen am Bauch der Göttin betonen ihren stolz-wehrhaften Charakter. Auch die tiefliegenden Stierhoden, die in keiner Weise die Assoziation von Brüsten aufkommen lassen, und der zweifach angebrachte Mond zeigen, dass diese Figur noch nicht von der griechischen Jägerin- oder der römischen Mutter-Artemis überformt worden ist, sondern noch ganz in der Tradition der lebensstarken orientalischen Göttin steht.

Lit.: Thiersch, Artemis 58f., Nr. 44, Taf. 41; Fleischer, Artemis passim, Nr. E 92; LIMC II, 761, Nr. 103 mit Abb.

115 Trite mit Biene[22]
Elektron (Silber-Goldlegierung; hier nur ca.
5% Gold)
4,24 g
12,6 mm
Ephesos
6. Jh. v. Chr.
Münzkabinett Winterthur, G 2900
Lit.: Bloesch, 63; vgl. Karwiese, RE, 300.315f.

Vorderseite: Biene in Incusum.
Rückseite: Zweiteiliges Incusum.

116 Drachme mit Biene
Silber
3,09 g
16,6 mm
Ephesos
478-449 v. Chr.
Münzkabinett Winterthur, G 2902
Lit.: Bloesch, 63; vgl. Karwiese, RE, 300.315f.

Vorderseite: ΕΦ Biene mit zu Voluten
gerollten Fühlern.
Rückseite: Incusum mit Fadenkreuz
und unregelmäßigen Erhöhungen.

117 Tetradrachmon mit Biene
Silber
15,21 g
23,5 mm
Ephesos
387-332 v. Chr.
Münzkabinett Winterthur, G 2905
Lit.: Bloesch, 63; vgl. Karwiese, RE, 302.315f.

Vorderseite: Biene mit straffen Flügeln.
Rückseite: Hirschkuh und Palme. EO–
ΕΛΘΩΝ, ohne Einschlag.

**118 Oktobol mit Köcher, Bogen und
Biene**
Silber
5,26 g
19,3 mm
Ephesos
288-81 v. Chr.
Münzkabinett Winterthur, G 2912
Lit.: Bloesch, 63f.; vgl. Karwiese, RE, 304.321f.

Vorderseite: Brustbild der Arsinoe mit
«Melonenfrisur», das Himation (Um-
wurf) über den Kopf gezogen.
Rückseite: Köcher mit Tragriemen und
Bogen. Rechts oben Biene. Links: ΓΟ–
ΝΕΥΣ.

119 Didrachmon mit Hirschkuh und Biene
Silber
6,52 g
22,3 mm
Ephesos
258-202 v. Chr.
Münzkabinett Winterthur, G 2916
Lit.: Bloesch, 64; vgl. Karwiese, RE, 307.316.321f.

Vorderseite: Brustbild der Artemis mit Stephane (Kranz), Köcher und Bogen, das Gewand um die Schultern.
Rückseite: ΕΦ Kniender und umblickender Hirschkuh. Darüber Biene. Links: ΑΡΙΣΤΟΦΩ[Ν].

120 Münze mit Hirschkuh und Köcher
Bronze
4,23 g
17,4 mm
Ephesos
258-202 v. Chr.
Münzkabinett Winterthur, G 2913
Lit.: Bloesch, 64; vgl. Karwiese, RE, 308.321f.

Vorderseite: ΕΦ Biene.
Rückseite: Hirschkuh auf Standlinie. Darüber ein Köcher. Rechts: ΕΡΞΕΥΣ.

121 Drachme mit Hirschkuh und Palme
Silber
4,17 g
18,4 mm
Ephesos
202-189 v. Chr.
Münzkabinett Winterthur, G 2920
Lit.: Bloesch, 64; vgl. Karwiese, RE, 308.316-320.

Vorderseite: ΕΦ Biene.
Rückseite: Hirschkuh vor Palme auf Standlinie. Rechts: ΓΑΡΜΕΝΙΣΣΚΟ[Σ].

122 Tetradrachmon mit Hirschkuh
Silber
12,68 g
27,2 mm
Ephesos
166-160 v. Chr.
Münzkabinett Winterthur, G 2923
Lit.: Bloesch, 65; vgl. Karwiese, RE, 309f.316f.

Cistophorenprägung
Vorderseite: Aus einer *cista mystica* herauskriechende Schlange, rundum Efeukranz.
Rückseite: Bogen in einem von zwei Schlangen umwundenen Goryt (Bogentasche). Links: ΕΦΕ. Rechts: Vorderteil einer knienden Hirschkuh als Beizeichen.

 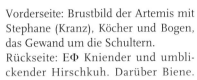

123 Münze mit Biene in Lorbeerkranz
Bronze
2,46 g
14,5 mm
Ephesos
Spätes 2. Jh. v. Chr.
Münzkabinett Winterthur, G 2929
Lit.: Bloesch, 65f.

Vorderseite: Biene in Lorbeerkranz.
Rückseite: Hirschkuh mit Tänie im Maul, hinter ihm eine Fackel, rechts eine Ähre. Prägung im Auftrag von ΜΙΝΗΑΣ.

124 Abguss eines Tetradrachmons mit Bildnis der Artemis
Original aus Silber
Ephesos
12,6 g
30,9 mm
Ephesos
160-150 v. Chr.
Münzkabinett Winterthur, Gipsabguss
Lit.: Vgl. Karwiese, RE, 309f.323f.

Cistophorenprägung
Vorderseite: Aus einer Cista mystica herauskriechende Schlange, rundum Efeukranz.
Rückseite: Bogen in einem von zwei Schlangen umwundenen Goryt (Bogentasche). Bildnis der Artemis als Beizeichen.

125 Tetradrachmon mit Brustbild der Artemis
Silber
11,89 g
30,6 mm
Ephesos
140/139 v. Chr.
Münzkabinett Winterthur, G 2924
Lit.: Bloesch, 65; vgl. Karwiese, RE, 309f.323f.

Cistophorenprägung
Vorderseite: Aus einer Cista mystica herauskriechende Schlange, rundum Efeukranz.
Rückseite: Bogen in einem von zwei Schlangen umwundenen Goryt (Bogentasche). Links: EΦE. Rechts: Brustbild der Artemis als Beizeichen.

126 Münze mit Artemis im Tempel
Silber, zerkratzt
10,35 g
27,3 mm
Ephesus
41-42 (?) n. Chr.
Münzkabinett Winterthur, R 365
Lit.: RIC 12, 130 Nr.118.

Vorderseite: Büste des Kaisers Augustus.
Rückseite: Kultbild der Artemis (Diana) von Ephesus in ihrem Tempel. Giebel mit Erscheinungsfenster, flankiert von Niken.

127 Münze mit Bildnis der Artemis
Bronze
3,50 g
17,7 mm
Ephesos
50 n. Chr.
Münzkabinett Winterthur, G 2937
Lit.: Bloesch, 66; vgl. Karwiese, RE, 330f.

Vorderseite: ΕΦΕ Brustbild des jugendlichen Nero
Rückseite: ΚΟΥΣΙΝΙΟΣ. Artemis Ephesia auf kurzer Standlinie. Rundum Lorbeerkranz.

128 Münze mit Claudius, Agrippina und Artemis
Silber
11,6 g
25,7 mm
Ephesus
50-51 (?) n. Chr.
Münzkabinett Winterthur, R 82
Lit.: RIC 12, 130 Nr.119; vgl. Karwiese, RE, 329.

Vorderseite: Die Büsten des Kaiserpaares Claudius und Agrippina. Beischrift: TI(TUS) CLAV(DIUS) CAES(AR) AVG(USTUS) AGRIPP(INA) AUG(U-STA).
Rückseite: Kultstatue der Artemis (Diana) von Ephesus. Beischrift: DIANA EPHESIA.

129 Münze mit Bildnis der Artemis mit Inschrift
Bronze
3,81 g
21,5 mm
Ephesos
117-138 n. Chr.
Münzkabinett Winterthur, G 2942
Lit.: Bloesch, 67; vgl. Karwiese, RE, 333-336.

Vorderseite: Brustbild des Hadrian mit Inschrift.
Rückseite: Artemis Ephesia, Standlinie; Inschrift: ΑΡΤΕΜΙΣ ΕΦΕΣΙΑ.

130 Münze mit Artemis im Tempel
Bronze
6,51 g
20,2 mm
Ephesos
117-138 n. Chr.
Münzkabinett Winterthur, G 2943
Lit.: Bloesch, 67; vgl. Karwiese, RE, 333-336.

Vorderseite: Brustbild des Hadrian mit Inschrift.
Rückseite: Artemis Ephesia im Tempel. In der Giebelwand drei Fenster.

131 Münze mit Artemis zwischen Hirschkühen
Bronze
13,47 g
33,1 mm
Ephesos
117-136 n. Chr.
Münzkabinett Winterthur, G 2945
Lit.: Bloesch, 67; vgl. Karwiese, RE, 333-336.

Vorderseite: Brustbild der Sabina mit Inschrift.
Rückseite: ΑΡΤΕΜΙΣ ΕΦΕΣΙΑ Artemis Ephesia mit Aedicula (Tempelaufsatz) auf dem Kopf zwischen zwei Hirschkühen. Standlinie.

132 Münze mit Artemis, Kindern und Altar
Kupfer
6,41 g
22,9 mm
Ephesos
197-198 n. Chr.
Münzkabinett Winterthur, G 2947
Lit.: Bloesch, 67; vgl. Karwiese, RE, 321.

Vorderseite: Brustbild des jugendlichen Caracalla mit Inschrift.
Rückseite: Zwei mit Astragalen spielende Kinder. Im Hintergrund über einem bekränzten Altar Artemis Ephesia mit hoher Aedicula (Tempelaufsatz) auf dem Kopf. ΕΦΕΣΙΩΝ und Β•ΝΕΟ–ΚΟΡΩΝ (Hinweis auf die beiden offiziellen Tempelbestellungen durch Ephesus).

133 Münze mit Artemis und Berggott Pion
Bronze, gelocht
17,52 g
35,4 mm
Ephesos
218-219 n. Chr.
Münzkabinett Winterthur, G 2951
Lit.: Bloesch, 68; vgl. Karwiese, RE, 337f.

Vorderseite: Panzerbüste des Severus Alexander mit Inschrift.
Rückseite: ΕΦΕΣΙΩΝ und ΠΕΙΩΝ. Auf Felsen gelagerter Berggott Pion mit Füllhorn. Darstellung einer ephesischen Gründungssage. Auf der vorgestreckten Rechten Idol der Artemis Ephesia. Oben, auf einem felsigen Berggrat ein von einem Speer durchbohrter Eber. Rechts davon drei Mauerzinnen und ein Baum. Etwas tiefer, in der Senke zwischen der befestigten Tracheia und dem Pion, der kleine, in Dreiviertelansicht wiedergegebene Athenatempel. Der Berg Pion verkörpert zugleich die Neokorie (Tempelpflege) der Stadt Ephesus.

134 Münze mit Hirschkühen, Stern und Mondsichel
Bronze
10,03 g
29,0 mm
Ephesos
244-249 n. Chr.
Münzkabinett Winterthur, G 2956
Lit.: Bloesch, 68.

Vorderseite: Brustbild der Otacilia Severa mit Inschrift.
Rückseite: ΑΡΤΕΜΙΣ ΕΦΕΣΙΑ ΑΣΥ–ΛΟΣ. Artemis Ephesia zwischen zwei zu ihr aufblickenden Hirschkühen. Oben, beiderseits der hohen Aedicula (Tempelaufsatz) auf dem Kopf, Stern und Mondsichel.

135 Münze aus Ephesos und Alexandreia
Kupfer, dreimal gelocht
20,39 g
37,6 mm
238-244 n. Chr.
Münzkabinett Winterthur, G 2962
Lit.: Bloesch, 69.

Vorderseite: Panzerbüste Gordians III. mit Inschrift.
Rückseite: ΕΦΕΣΙΩΝ ΚΑΙ ΑΛΕΞΑΝ–ΔΡΕΩΝ ΟΜΟΝΟΙΑ. Zwei schräg gegeneinander gestellte Tempel mit Kultbildern. Links Artemis Ephesia im Profil, hinter ihr Mondsichel über Stern. Rechts thronender Serapis mit Szepter, das Himation (Umwurf) um die Hüften.

136 Münze aus Kolophon
Bronze
9,80 g
29,2 mm
244-249 n. Chr.
Münzkabinett Winterthur, G 3050
Lit.: Bloesch, 76.

Vorderseite: Brustbild der Otacilia Severa mit Inschrift.
Rückseite: Kultbild der Artemis Ephesia mit hohem Kopfaufsatz von vorn.

137 Münze aus Bargasa
Bronze
3,61 g
19,1 mm
177 n. Chr.
Münzkabinett Winterthur, G 3346
Lit.: Bloesch, 104.

Vorderseite: Brustbild des Commodus mit Inschrift.
Rückseite: Kultbild der Artemis Ephesia von vorn.

138 Münze aus Herakleia Salbake
Bronze
8,28 g
25,0 mm
138-161 n. Chr. (Antonius Pius)
Münzkabinett Winterthur, G 3360
Lit.: Bloesch, 105.

Vorderseite: Kopf des Herakles mit Lö-
wenkopfhaut.
Rückseite: Kultbild der Artemis Ephesia zwischen zwei Hirschkühen. Standlinie. Inschrift: ΣΤΑΤΤΑΛΟΣ ΑΡΧΙΑ–
ΤΡΟΣ, «Chefarzt Stattalos».

139 Münze aus Tabai
Silber
2,91 g
18,7 mm
Späteres 1. Jh. v. Chr.
Münzkabinett Winterthur, G 3552
Lit.: Bloesch, 124.

Vorderseite: Kopf des Herakles.
Rückseite: Inschrift: ΤΑΒΗΝΩΝ ΑΡ–
ΤΕΜΩΝΠΑΠΙΟΥ. ΑΡ Artemis Ephesia
zwischen Stern und Mondsichel.

140 Münze aus Tralleis
Bronze
3,31 g
16,4 mm
50-80 n. Chr.
Münzkabinett Winterthur, G 3577
Lit.: Bloesch, 126.

Vorderseite: Kopf des Dionysos ΤΡΑΛ–
ΛΙΑΝΩΝ, «von Tralleis».
Rückseite: Artemis Ephesia ΚΑΙ–
ΣΑΡΕΩΝ, «die kaiserliche».

141 Münze aus Akrasos
Bronze
6,40 g
23,9 mm
202-205 n. Chr.
Münzkabinett Winterthur, G 3679
Lit.: Bloesch, 136.

Vorderseite: Brustbild der Plautilla mit
Inschrift.
Rückseite: Stadtname. Kultbild der Ar-
temis Ephesia zwischen Hirschkühen.
Standlinie.

142 Münze aus Iulia Gordos
Bronze
4,12 g
17,6 mm
Späteres 2 Jh. n. Chr.
Münzkabinett Winterthur, G 3758
Lit.: Bloesch, 144.

Vorderseite: Brustbild der Stadtgöttin mit Mauerkrone.
Rückseite: Stadtname. Kultbild der Artemis Ephesia.

143 (Untere) Kilbianer, Münze aus Nikaia
Bronze
3,27 g
18,5 mm
Spätes 1. bis mittleres 2. Jh. n. Chr.
Münzkabinett Winterthur, G 3775
Lit.: Bloesch, 146.

Vorderseite: Brustbild des Helios. Gewand um die Schultern.
Rückseite: Stadtname. Kultbild der Artemis Ephesia. Standlinie.

144 Münze aus Nakrasa
Bronze
6,18 g
22,3 mm
2. Jh. n. Chr.
Münzkabinett Winterthur, G 3832
Lit.: Bloesch, 152.

Voderseite: Brustbild des jugendlichen Senates, Gewand um die Schultern.
Rückseite: Stadtname. Artemis Ephesia zwischen zwei Hirschkühen. Standlinie.

145 Münze aus Philadelpheia
Bronze
12,13 g
28,4 mm
Mittleres 3. Jh. n. Chr.
Münzkabinett Winterthur, G 3848
Lit.: Bloesch, 153.

Vorderseite: Brustbild des jugendlichen Senates, Gewand um die Schultern.
Rückseite: Athena mit Kalathos (Korb), im doppelt gegürteten Peplos (Tracht), über der linken Schulter und der linken Armbeuge ein Mäntelchen. In der Linken Speer und Schild, auf der Rechten Kultbild der ephesischen Artemis mit hohem Kalathos und zwei von den Händen herabhängenden Tänien (Wollbinden). Die Münze rühmt die Stadt als Tempelpflegerin (ΝΕΩΚΟΡΩΝ) der Artemis Ephesia.

146 Münze aus Philadelphia und Smyrna
Goldbronze. Weitgehend ausgewaschener Bleipfropfen im Zentrum der Münze.
22,20 g
37,3 mm
238-244 n. Chr.
Münzkabinett Winterthur, G 3878
Lit.: Bloesch, 156.

Vorderseite: Panzerbüste des Gordian mit Inschrift.
Rückseite: Stadtname. Artemis Ephesia mit zwei Hischkühen zwischen den beiden Nemeseis (Rachegöttinnen) von Smyrna, beide ihr Brusttuch hebend, diejenige rechts mit Elle und einem langen, über den Arm hängenden Ende des Himation (Umwurf).

147 Münze aus Akmoneia
Bronze
3,41 g
19,7 mm
194-217 n Chr.
Münzkabinett Winterthur, G 4019
Lit.: Bloesch, 172.

Vorderseite: Brustbild der Iulia Domna mit Inschrift.
Rückseite: Stadtname. Artemis Ephesia zwischen zwei zu ihr aufblickenden Hirschkühen. Standlinie.

148 Münze aus Ankyra
Bronze
3,94 g
19,5 mm
147-175 n. Chr.
Münzkabinett Winterthur, G 4042
Lit.: Bloesch, 174.

Vorderseite: Brustbild von Faustina d. J. mit Inschrift.
Rückseite: Stadtname. Artemis Ephesia zwischen zwei Hirschkühen, von welchen die rechte zur Göttin aufblickt.

149 Münze aus Ephesos und Dokimeion
Bronze
12,27 g
33,9 mm
238-244 n. Chr.
Münzkabinett Winterthur, G 4087
Lit.: Bloesch, 179.

Vorderseite: Panzerbüste des Gordian. Vier formlose Punzen im Gesicht. Inschrift.
Rückseite: Stadtname. Nackter Apollon mit Bogen reicht seine rechte Hand dem Kultbild der Artemis Ephesia.

150 Münze aus Kotiaeion
Bronze
2,53 g
16,3 mm
98 bis frühes (?) 2. Jh. n. Chr.
Münzkabinett Winterthur, G 4151
Lit.: Bloesch, 187.

Vorderseite: Brustbild des Traian mit Inschrift.
Rückseite: Stadtname. Artemis Ephesia. Standlinie.

151 Münze aus Synnada
Goldbronze
15,48 g
32,5 mm
164-169 n. Chr.
Münzkabinett Winterthur, G 4229
Lit.: Bloesch, 195.

Vorderseite: Brustbild der Lucilla mit Inschrift.
Rückseite: Stadtname. Kultbild der Artemis Ephesia zwischen zwei Hirschkühen. Priesterinnennamen der Klaudia Basilo: EPI•IERI•K•BASILOUS.

152 Münze aus Tiberioupolis
Bronze
5,05 g
20,7 mm
Frühes 2. Jh. n. Chr.
Münzkabinett Winterthur, G 4240
Lit.: Bloesch, 197.

Vorderseite: Jugendliches Brustbild des Senates, Gewand um die Schultern.
Rückseite: Stadtname. Kultbild der Artemis Ephesia zwischen zwei Hirschkühen. Standlinie.

Kat. 115-133

Kat. 134-152

Kapitel IV

Die Wallfahrt zur schwarzen Madonna von Einsiedeln

Von Alois Senti

Wallfahrten sind religiös ausgerichtete Reisen, um Gott an einem bestimmten Ort seine Bitten vorzutragen oder für erwiesene Gnaden zu danken. Die Wallfahrenden sind überzeugt, an der geheiligten Stätte die Nähe Gottes in besonderer Weise zu erfahren. Äußerlich unterliegt das Wallfahrtswesen einem steten Wandel.

In der Schweiz gilt die heilige Kapelle der Benediktinerabtei Einsiedeln seit jeher als bedeutendster Wallfahrtsort. Der Legende nach geht die Gnadenstätte auf den im Jahre 861 von Räubern erschlagenen heiligen Meinrad zurück. 948 wurde die zu seinem Andenken erbaute Kapelle der Überlieferung zufolge von Christus selber seiner Mutter geweiht. Das als Engelweihe bezeichnete Wunder steht am Anfang der seit dem 12. Jh. nachgewiesenen Marienwallfahrt. Sie erreichte im 15. Jh. ihren ersten Höhepunkt. 1466 nahmen 130'000 Pilger am Fest der Engelweihe teil. Als Andenken an das Kirchweihfest bot das Kloster den Wallfahrenden drei Kupferstiche an, auf denen das Wunder festgehalten wird. Die als Wandschmuck gedachten Andachtsbilder zählen zu den frühesten Werbeträgern des Wallfahrtsortes (Abb. IVa).

Nach der Reformation benötigte die geschwächte Mönchsgemeinschaft mehrere Jahrzehnte, um wieder zu erstarken. 1670 bis 1770 erlebte die Abtei eine zweite Hochblüte. Es entstand die großartige barocke Klosteranlage mit der in den letzten Jahren restaurierten Wallfahrtskirche. An der Wende zum 19. Jh. verbot Napoleon das Wallfahren. Seine Truppen zerstörten die heilige Kapelle und plünderten das Kloster. Die Mönche flohen ins Vorarlbergische. 1802 kehrten sie mit der ebenfalls außer Landes gebrachten schwarzen Madonna zurück und bauten die Gnadenkapelle wieder auf. Wie den Einfall der Franzosen überstand das Kloster Einsiedeln auch die Gefährdungen des 19. Jh. Am Millenarium von 1861 registrierte das Kloster zwischen 20'000 und 25'000 Pilger. Dies mitten im Kulturkampf. In den achtziger und neunziger Jahren nahm der Pilgerstrom von Jahr zu Jahr zu.

In der Einsiedler Wallfahrtsgeschichte sind die von den weltlichen Obrigkeiten angeordneten Landeswallfahrten und die von den Pfarreien organisierten Pilgerzüge des späten 19. Jh. auseinander zu halten. Bei den von den Behörden verantworteten Wallfahrten ist die Rede von Kreuzgängen.

Man wusste im Kloster, an welchen Tagen des Kirchenjahrs die Zuger, Schwyzer, Nidwaldner, die Glarner und Rapperswiler in Einsiedeln eintrafen und mit Kreuz und Fahne abzuholen waren. Die Pilger wurden unter dem Geläut der Glocken in feierlicher Prozession, Klosterschüler, Klerus und Obrigkeit an der Spitze, zur Stiftskirche geleitet. Während sich die gewöhnlichen Leute vor der Gnadenkapelle zur ersten Andacht einfanden, wurden die Mitglieder der Behörden vom Abt empfangen. Die so genannte Einholung der von der Geistlichkeit einer Pfarrei oder einer Region veranstalteten Pilgerzüge gestaltete sich etwas einfacher. Auch

Abb. IVa: Das 1466 zum 500jährigen Bestehen des Klosters angefertigte Engelweihbild zählt zu den frühesten Wallfahrtsandenken Einsiedelns. – Nach dem Jahrzeitbuch des Berner Münsters ist der Erlöser im Jahre 948 selber vom Himmel gestiegen, um die Kapelle seiner Mutter Maria zu weihen. Als Bischof Konrad von Konstanz nach Einsiedeln reiste, um die neue Kirche und die erneuerte St.-Meinrads-Kapelle zu weihen, vernahm er in der Nacht ein Singen und sah, «wie die Engel die bei der Weihe von Kirchen üblichen Weisen singen und Zeremonien vollführen». Er weigerte sich anderntags, die von Jesus in der Nacht vollzogene Weihe zu wiederholen. Das später als «Engelweihe» bekannt gewordene Motiv läßt sich seit dem 14. Jh. nachweisen.

sie wurden aber von abkömmlichen Klosterherren begrüßt. Außerhalb der Kreuzgänge und Pilgerzüge machten sich seit jeher auch kleinere Gruppen und Einzelpersonen, bis hin zu den Frauen und Männern, die gegen eine bescheidene Entschädigung Wallfahrten für Dritte unternahmen, auf den Weg nach Maria Einsiedeln. Die Wallfahrer kannten die Dörfer, Kirchen, Kapellen, Bildstöcke und Kreuze am Pilgerweg, verpflegten sich aus den über die Schultern getragenen Zwerchsäcken und wussten, wo sie abends ein Heulager fanden. Erst in der zweiten Hälfte des 19. Jh. ver-

einfachte der Bau der Eisenbahn das Wallfahrtswesen. Die bislang mehrtägigen Reisen wurden auf zwei bis einen Tag verkürzt.

In Einsiedeln angekommen, erwartete die Pilger ein seit Generationen vertrautes, durchstrukturiertes Programm. Man kannte die Gottesdienst- und Essenszeiten und richtete sich mit großer Selbstverständlichkeit danach. Nach der ersten Andacht vor der Gnadenkapelle (Abb. IVc; Kat. 163) verteilten sich die Pilger auf die ihnen zugewiesenen Wirtschaften und Gasthäuser zum Mittagessen. Die gemeinsam eingenommenen Mahlzeiten bilden bis heute einen wichtigen Bestandteil der Wallfahrten. Am Tisch erlebten die Teilnehmer das Zusammensein mit Gleichgesinnten. Nach dem Mittagessen nahmen die Pilger, begleitet von ihren Geistlichen, an der großen Kreuzwegandacht im Freien teil und wohnten am späteren Nachmittag der Vesper der Mönche bei. Das Salve Regina vor der schwarzen Madonna im Strahlenkranz (Abb. IVf; Kat. 197-200) der heiligen Kapelle bildete den ersten Höhepunkt der Wallfahrt. Eine eindrückliche Lichterprozession nach Einbruch der Dunkelheit beschloss den ersten Tag. Die Pilger trugen brennen-

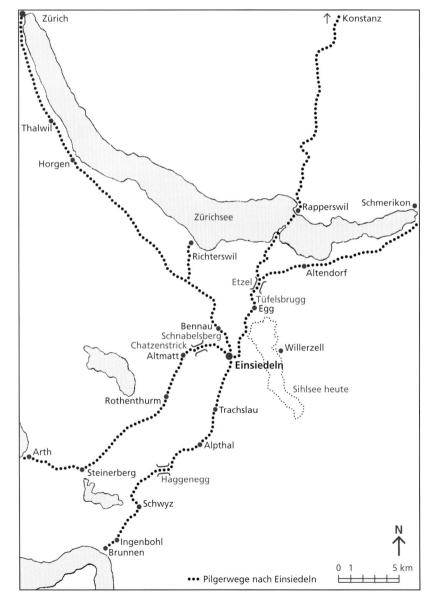

Abb. IVb: Pilgerwege nach Einsiedeln. Aus dem Burgund, aus Lothringen, aus Süddeutschland und aus der Nordwestschweiz führten die Wege nach Zürich. Hier hatten die Pilger die Wahl, mit dem Schiff nach Richterswil zu fahren oder den Landweg über Thalwil und Horgen einzuschlagen. Das letzte Wegstück nach Einsiedeln, von Schindellegi über Bennau und den Schnabelsberg, brachten sie gemeinsam hinter sich. Die Pilger aus Vorarlberg und aus dem Tirol trafen sich mit den Ostschweizern am oberen Zürichsee, erklommen von Rapperswil oder Schmerikon aus den steilen Etzelpass und gelangten über die Tüfelsbrugg in Richtung Egg an ihr Ziel. Die Schwyzer, Zuger, Freiämter, Luzerner und Obwaldner und alle, die aus dem Freiburgischen oder aus Südfrankreich über den Brünig kamen, erreichten Einsiedeln über Arth, den Steinerberg, Rothenturm, Altmatt und den Chatzenstrick. Eine Variante des Pilgerwegs führte von Zug direkt über Aegeri und die Altmatt. Die Walliser, die Tessiner, die Urner und Nidwaldner hatten am Schluss ihrer Wallfahrt über Brunnen und Seewen die nordöstlich von Schwyz gelegene Haggenegg zu überwinden und gelangten über Alpthal und Trachslau nach Einsiedeln.

de Kerzen in die Nacht hinaus. Übernachtet wurde in den Gasthäusern und hierfür eingerichteten Privathäusern. An der Wende zum 20. Jh. war Einsiedeln in der Lage, vier bis fünf Tausend Pilger zu beherbergen. So klingende Namen wie «Zu St. Meinrad», «Zur Muttergottes», «Zum rothen Hut» und «Zur reitenden Post» erinnern an die über neunzig Gasthäuser. Wenn sie ausnahmsweise einmal überfordert waren, blieben die Türen der Klosterkirche über Nacht offen.

Am zweiten Tag fanden sich die ersten Beterinnen und Beter schon um fünf Uhr in der Klosterkirche ein und wohnten mehreren Messen und dem Frühamt bei. Nach dem Frühstück folgte die Teilnahme am feierlichen Spätamt. In der Regel beichteten und kommunizierten die Pilger in Einsiedeln. Das gehörte zum Bußcharakter der Wallfahrt (vgl. Kat. 219) wie die Erledigung der von Angehörigen und Nachbarn übernommenen Gebetsaufträge. Im stillen Gebet breitete sich da die verborgene Mühsal des Alltags ganzer Dörfer aus. Auffallende Gebetserhörungen und Wunder wurden dem Kloster mitgeteilt. Die entsprechenden «Öpferli» (Votivgaben; Kat. 226) befestigte man an den Gittern der Gnadenkapelle. Tafeln, auf denen ein heil überstandener Unglücksfall zur Darstellung kam, übergab man dem Sakristan der Gnadenkapelle, damit er sie an der hierfür vorgesehenen Wand festmachen konnte. Eine kleine Auswahl dieser Zeichen und Tafeln am Eingang der Stiftskirche erinnert bis heute an die unter Anrufung der Gottesmutter überstandenen Gefahren.

So weit es die bescheidenen Mittel der Pilger zuließen, erstanden sie in den Kramläden vor dem Kloster das eine oder andere Wallfahrtsandenken. Die Andachtsgegenstände brachte man zum Sigismund-Altar, wo sie im Laufe des Nachmittags gesegnet wurden. Die Kinder vergnügten sich unterdessen am Frauenbrunnen auf dem Klosterplatz und tranken Wasser der vierzehn Röhren. Erwachsene wuschen sich wenigstens die Hände oder den Hals am Brunnen und brachten den Brauch mit nicht näher bestimmten gesundheitlichen Wirkungen in Verbindung. So gegen drei Uhr nachmittags traf sich die Pilgerschar zur letzten gemeinsamen Andacht vor der Gnadenkapelle. Wie bei der Ankunft, so begleiteten einige Mönche die Wallfahrenden auch beim Auszug bis vor das Dorf hinaus oder auf den Bahnhof.

Zu den Festtagen, die außerhalb der Kreuzgänge und großen Pilgerzüge viele Pilger nach Einsiedeln bringen, gehören Mariae Himmelfahrt am 15. August, die Engelweihe vom 14. September und der Rosenkranz-Sonntag am ersten Sonntag im Oktober, früher auch die Georgsprozession (Kat. 160-163). An diesen Feiertagen

nehmen, freundliches Wetter vorausgesetzt, bis auf den Tag Tausende von Gläubigen an den Gottesdiensten der Mönchsgemeinschaft teil und verwandeln das Dorf in einen bunten Jahrmarkt. Das Kloster und das Dorf sind eng miteinander verbunden. Zu den neunzig Mönchen kommen etwa hundertdreißig Angestellte. Das Kloster ist ein bedeutender Arbeitgeber. In den letzten zwanzig Jahren wurden über 100 Millionen Franken für Restaurationsarbeiten aufgewendet. Während vor hundert Jahren jährlich zwischen 100'000 bis 200'000 Pilger gezählt wurden, sollen es zur Zeit 800'000 bis 1'000'000 sein. Viele halten sich freilich kaum noch eine Stunde am Wallfahrtsort auf.

Abb. IVc: Kupferstich der Einsiedler Gnadenkapelle von 1602. Beim Bau der barocken Klosteranlage wurde die Kapelle am Platz der alten «Kapelle der Einsiedler» belassen und von einem achteckigen Zentralraum (Oktogon) umfasst.

Keine Wallfahrt ohne Wallfahrtsandenken

Angehörige und Patenkinder der Wallfahrer durften bei deren Rückkehr aus Einsiedeln mit einem kleinen Geschenk rechnen: ein Gebetbüchlein (Kat. 174-175), ein Rosenkranz (Kat. 167-172), ein Halskettchen, eine Medaille (Kat. 185-186), ein kleines Andachtsbild (Kat. 197-200) oder ein Gebäck. Wallfahrtsandenken sind so alt wie die Wallfahrten selber und zählen gleichzeitig zu den wirksamsten Werbeträgern eines Wallfahrtsortes.

In Einsiedeln werden schon im 14. Jh. klostereigene Verkaufsstellen von Wallfahrtsandenken erwähnt. Verkauft wurden unter anderem aus Metall gegossene oder geschlagene und mit einer Öse versehene Medaillen (Kat. 185-186), die von den Pilgern am Hut oder an einem Kleidungsstück festgemacht wurden. Zur Darstellung gelangten der Märtyrertod des heiligen Meinrad und die Engelweihe. An den Tagen der Engelweihe von 1729 sollen gegen 130'000 runde «Zäieli» (Zeichen) aus Blei verkauft worden sein. Vor außergewöhnlichen Gedenktagen ließ das Kloster wiederholt Denkmünzen aus Gold und Silber schlagen, um sie hochangesehenen Wohltätern zu verehren. Die einfachen Pilger konnten die Münzen aus Blei und Zinn erwerben.

Nach dem Einfall der Franzosen ging dem Kloster das während Jahrhunderten beanspruchte alleinige Krämereirecht verloren. Damit breiteten sich Herstellung und Verkauf der Wallfahrtsandenken auf das ganze Dorf aus. Anstelle der Denkmünzen traten die heute noch begehrten Medaillen aus Kupfer, Messing, Zinn und Aluminium. Das nach der Freigabe des Handels aufkommende Gewerbe fertigte bald einmal auch Statuetten der schwarzen Madonna, Sterbekreuzlein, Reliquienkapseln und Rosenkränze an und erweiterte das Sortiment schließlich mit Finger- und Ohrringen, Broschen und Halskettchen. Am Ende des 19. Jh. nahmen die Kramläden die mit erhabenen Darstellungen des Gnadenbildes oder der Klosterfassade verzierten Zinnbecher, Tellerchen für Nippsachen und Aschenbecher in ihr Angebot auf.

Die einst von den Pilgern gewünschten, im Kloster geweihten, silbernen Wetterglöcklein sind heute bestenfalls noch in einem Museum zu finden. Sie sind kaum drei Zentimeter hoch und dienten den Wallfahrern aus Landesgegenden, in denen das Wetterläuten mit den Kirchenglocken behördlich untersagt war, zur Abwehr von Unwettern. Einsiedler Wetterglöcklein wurden bis in die Mitte des 19. Jh. auch aus Ton gebrannt. Man nannte sie in Anlehnung an den Pfingst-Kreuzgang der Schwyzer Pfingst-Schellen. So lange die Wallfahrt zu Fuß unternommen wurde, boten die Krämer auch «Stäckä» zum Kauf an, kräftige Pilgerstäbe, die auf dem Heimweg den Hunden den nötigen Respekt einflößten und zu Hause noch lange an die Einsiedler-Fahrt erinnerten. Als der Bedarf an Pilgerstäben zurück ging, wich das Gewerbe auf die Herstellung von Schirmen aus.

Es kam vor, dass das Kloster Pilgern aus fürstlichen Häusern und andern Wohltätern zum Abschied eine aus Holz geschnitzte Nachbildung der schwarzen Madonna schenkte. Um die geweihten, mit dem Urbild in der heiligen Kapelle in Berührung gebrachten und durch Brief und Siegel des Abtes für authentisch erklärten Statuen würdig unterzubringen, entstanden in der Schweiz und im Ausland über fünfzig Einsiedler-Gnadenstätten. Gewöhnliche Pilger sicherten sich die gleiche Nähe zum Gnadenbild, indem sie sich mit dem Taschenmesser Späne von den bis 1798 hölzernen Türen der Gnadenkapelle verschafften. Das Kloster versuchte den daraus entstehenden Schaden durch Nachbildungen der schwarzen Madonna zu verringern, die den Pilgern auf Wunsch kostenlos abgegeben wurden. Die bis zu zehn Zentimeter hohen, aus Tonerde gebrannten und gesegneten Statuetten bzw. Schabmadonnen tragen eine Pressmarke mit den beiden Raben aus dem Wappen der Abtei (Abb. IVd) auf dem Rücken. Dieses Zeichen dürfte zum Glauben beigetragen haben, das Andenken enthalte Spuren der Erde aus dem Bereich der Gnadenkapelle und der Reliquien des Klosters.

«Die Leute gebrauchten diese Gnadenbilder vertrauensvoll in allen Nöten und nahmen in Krankheiten das von ihnen abgeschabte Pulver ein und behaupteten, Hilfe gefunden zu haben», schrieb vor hundert Jahren der Stiftsarchivar Odilo Ringholz in der Einsiedler Wallfahrtsgeschichte. Die Schabmadonnen blieben, auch nachdem sie vom Kloster aufgegeben und im Dorf hergestellt wurden (Kat. 187-193), ein beliebtes Wallfahrtsandenken. Aus Terrakotta, Gips, Porzellan, Marmor, Alabaster und Glas entstanden in den Einsiedler Handwerksbetrieben ferner Kruzifixe in allen Größen, Heiligen-Statuen, Krippenfiguren, Tafeln mit religiösen Darstellungen, Briefbeschwerer und Nippsachen aller Art. Alles versehen mit den für die Pilger unverzichtbaren Abbildungen der Madonna oder der Klosterfassade.

Aus Holz, Horn, Perlmutter, Glas, Granaten, Korallen, Halb- und Ganz-Edelsteinen drechselten die Kunsthandwerker Abertausende von Perlen für die Fabrikation von Rosenkränzen (Kat. 167-172). Rosenkränze werden bis auf den Tag in großer Auswahl angeboten. Zu Geschenkzwecken sind sie wie schon vor hundert Jahren in kleinen, buchförmigen und mit einer Abbildung des Klosters geschmückten Blechbüchsen zu haben. Aus hartem Holz entstanden in Einsiedeln Sterbekreuzlein und Kapseln, in die Reliquien und kleinste Agnus Dei eingeschlossen wurden. Unter den Pilgern war bekannt, dass man sich in Einsiedeln um die Aufnahme in verschiedene Bruderschaften bewerben und solchermaßen mit dem Kloster auf Dauer verbinden konnte (Kat. 224). Am gefragtesten waren um die Wende zum 20. Jh. die Rosenkranz-Bruderschaft und die Skapulier-Bruderschaft. Den neu in die Skapulier-Bruderschaft aufgenommenen Mitgliedern

Ab. IVd: Klostermodel aus Gusseisen zur Herstellung von tönernen Schabmadonnen. Die abgebildeten Figürchen stammen aus einem anderen Model. Beide Typen tragen auf den Rücken geprägte Raben, ein Zeichen, das auf den nach der französischen Revolution im Dorf hergestellten Exemplaren fehlt (Kat.187-193). Sammlung Kloster Einsiedeln.

wurden aus Stoff gefertigte Skapuliere abgegeben (Kat. 225). Das Kloster übte seit jeher eine gewisse Kontrolle über die Öffnungszeiten der Kramläden und das Angebot an Wallfahrtsandenken aus. Die Gefahr war nicht zu übersehen, dass die Frömmigkeit der Pilger merkwürdigen Praktiken und Riten die Tür öffnete. In solchen Fällen wurde interveniert. Am strengsten war die Kontrolle in unmittelbarer Nähe der Stiftskirche. Da blieben bestimmte Wünsche unerfüllt. Wer eine Marienlänge (Kat. 195) nach Hause bringen wollte, musste sich im Dorf umsehen. Dort waren die bedruck-

ten Leinen- und Papierstreifen noch in der zweiten Hälfte des 19. Jh. zu haben. Der sechs bis acht Zentimeter breite Streifen entsprach in seiner Länge angeblich der Größe des Gnadenbildes und wurde von schwangeren Frauen getragen. In der gleichen Schublade lagen auch die so genannten «Schluggbildli» (Schluckbildchen; Kat. 194). Pater Odilo Ringholz bezeichnet sie unumwunden als «religiöse Spielerei». Die auf weiches, saugfähiges Papier gedruckten Schluckbildchen wurden im Wasser aufgelöst und gegen leibliche und geistliche Bedrohungen eingenommen. Ein

Abb. IVe: Kopien des Gnadenbildes der 1. Hälfte des 20. Jh. aus bemaltem Porzellan. Sammlung Kloster Einsiedeln. – Das Gnadenbild der schwarzen Madonna in der heiligen Kapelle des Klosters Einsiedeln reicht ins 15. Jh. zurück. Im Laufe der Zeit kamen zahlreiche Nachbildungen hinzu. Die dem Original eigene Ausdruckskraft scheinen die späteren Schnitzer aber nicht erreicht zu haben.

Einsiedler Buchdrucker soll den in Italien und Frankreich bekannten Brauch als Marktnische genutzt haben.

Eines großen Zuspruchs erfreuen sich nach wie vor alle Wachswaren (Abb. IVg; Kat. 179): Wetterkerzen, Verseh- und Sterbekerzen sowie bunt verzierte Wachsrodel. Die alten, hoch geschätzten Agnus-Dei-Scheiben aus Einsiedeln sehen den in Rom geweihten Heiltümern zum Verwechseln ähnlich (Kat. 180-184). Anstelle des römischen Lamm Gottes verzierten die Einsiedler Wachsgießer ihr Angebot mit dem Bild der Gottesmutter, der heiligen Anna, dem Herz Jesu oder einfach mit einem Kreuz. Im ausgehenden 19. Jh. wurden die heute noch im einen oder andern Haushalt anzutreffenden Wachsscheiben durch in Kapseln, Tafeln oder Kreuzen gefasste und in Rom geweihte Wachspartikel abgelöst und gut verkauft.

Im 15. Jh. ließ das Kloster Einsiedeln in Basel die Legende des heiligen Meinrad drucken (Kat. 218). Dem frühen Druck folgte die Engelweihlegende (Abb. IVa). Die Imprimate wurden gezielt als Werbeträger des Wallfahrtsortes eingesetzt und bildeten gewissermaßen die Vorstufe der später in vier

Abb. IVf: Frühe Beispiele kleiner Andachtsbilder, sogenannter «Helgeli». 17./18. Jh. Sammlung Kloster Einsiedeln.

Sprachen immer wieder neu aufgelegten «Einsiedler Chronik», der «Einsiedler Briefe», des beliebten «Bilger-Stabs» und der großauflagigen Volkskalender der zweiten Hälfte des 19. Jh. (Kat. 220-223). Um die gleiche Zeit entwickelten sich zahllose Gebet- und Unterrichtsbücher zu den begehrtesten Wallfahrtsandenken (Kat. 174-175). Neben der klostereigenen Druckerei und dem weltbekannten Druck- und Verlagshaus der Gebrüder Benziger arbeiteten auch mehrere kleine Druckereien im Klosterdorf. Bei Benziger entstan-

den die mit ungewöhnlichem Aufwand illustrierten Prachtbände und Schulbücher. Die damals in den Stuben und Schlafzimmern der katholischen Haushaltungen hängenden Wandbilder stammten größtenteils aus Einsiedeln.
In hohem Ansehen bei den Pilgern standen lange die von Hand auf Pergament oder Pergamentpapier gemalten «Helgeli» (kleine Andachtsbilder; Abb. IVf; Kat. 197-200). Sie wurden, der Mode gehorchend, mit Flitter, Metallblättchen, Stoffen, Haaren und Stroh verziert. An ihre Stelle traten noch

Abb. IVg: Verzierte Kerze, zwei Wachsrodel und ein Wachsbuch aus dem 20. Jh. Sammlung Kloster Einsiedeln.

im 19. Jh. die lithographierten oder in Kupfer- und Stahlstich gefertigten Bildchen. Das eine wie das andere wurde schließlich von der im In- und Ausland industriell hergestellten Massenware des frühen 20. Jh. abgelöst. Aus der gleichen Zeit stammen die mehrfarbigen Haussegen und die auf gepressten Karton gedruckten Muttergottes- und Herz-Jesu-Schilde sowie die vor allem von den Kindern geschätzten «Huuchhelgeli» und Zelluloidpräparate.

Alle Metall-, Holz-, Kunststoff-, Wachs- und Druckerzeugnisse der letzten zwei Jahrhunderte überdauert haben die Einsiedler Backwaren. Die einst von den Einsiedler Frauen zum Verkauf hergestellten «Schäfli» (Honigkuchen) werden heute als «Schafböck» oder «Häliböck», «Hollobänz» und «Limmelböck» von den Bäckereien im Dorf angeboten. Um die Wende zum 20. Jh. kosteten die kleinsten Schafböcke 1 Rappen. Noch billiger war nur das Wasser des Frauenbrunnens auf dem Klosterplatz. Viele Pilger füllen das Wasser – die Quelle soll unter der heiligen Kapelle gefasst werden – in Flaschen ab und nehmen es mit nach Hause.

Schwierigkeiten im Umgang mit dem Brauchtum

Das Sortiment an Wallfahrtsandenken in den dem Kloster vorgelagerten Kramläden ist im Laufe der letzten Jahre nicht kleiner geworden. Nach wie vor werden Marienstatuetten in allen Größen aus Holz, Ton, Gips, Metall und Kunststoff, Kruzifixe und Heilige, Medaillen, Bilder und Bücher, Kerzen, Rosenkränze, Finger- und Ohrringe, Kettchen und Nippsachen bis hin zum bedruckten T-Shirt und den Backwaren angeboten. Mit Ausnahme des Gebäcks werden sie aber nur noch zum kleinsten Teil in Einsiedeln angefertigt. Die alte Frage, ob es sich dabei um Kunst oder Kitsch handelt, ist nicht wichtig. Worauf es ankommt, ist die Funktion eines Andenkens im Alltag des Käufers oder der damit Beschenkten. Das gilt auch für das Wallfahren an sich. In breiten Schichten der Bevölkerung sind die Frömmigkeitsformen der letzten zwei Jahrhunderte in Vergessenheit geraten. Und häufig sind keine eigenen Kulterfahrungen mehr vorhanden. Da ist es auch in katholischen Pfarreien schwieriger geworden, mit dem Brauchtum an Wallfahrten umzugehen.

Das Wallfahren bildet heute, selbst wenn die modernen Ansätze der regionalen Nachtwallfahrten der Jugendlichen und die durch halb Europa ausgeschilderten Jakobswege berücksichtigt werden, einen Sonderbereich des täglichen Lebens. Das kirchliche und das weltliche Leben verlaufen getrennt, und der Sinn für das Sakramentale nimmt weiter ab. Während Martin Luther im Kruzifixus das eigentliche Gnadenbild sah, ließ es der nachtridentinische Katholizismus zu, dass auch andere Gnadenbilder verehrt werden. Der Gottesverehrung tut dies nach Ansicht der Kirche keinen Abbruch. Denn Heiligenverehrung ist nichts anderes als die Inanspruchnahme der Fürbitte der Heiligen. Luther verbat es sich denn auch, dass seine «lieben Heiligen» geschmäht werden, schon gar nicht die Muttergottes Maria. Was er ablehnte, war der Fetischismus mit Reliquien und Übertreibungen in der Verehrung bestimmter Bilder. Theologisch hat sich im Zusammenhang mit den Wallfahrten durch Luther nichts an dem mit der Heiligenverehrung verbundenen Glaubenssatz verändert.

Der 1993 erschienene Katechismus der katholischen Kirche fasst die übernommenen Formen der Volksfrömmigkeit als kirchenamtliches Faktum des Glaubens wie folgt zusammen: «Die Katechese soll nicht nur der sakramentalen Liturgie und den Sakramentalien Beachtung schenken, sondern auch den Frömmigkeitsformen der Gläubigen und der Volksreligiosität.» Die Katecheten werden daran erinnert, dass das Aufsuchen von Gnadenstätten, die Wallfahrten und Prozessionen, die Reliquienverehrung, das Rosenkranzgebet und die Medaillen seit jeher zum liturgischen Leben der Kirche gehören und mit dem Evangelium übereinstimmen. Sie sollen daher auch in Zukunft «unter Berücksichtigung der liturgischen Zeiten so geordnet werden, dass sie mit der heiligen Liturgie zusammenstimmen, gewissermaßen herausfließen und das Volk zu ihr hinführen...» Pastorale Aufmerksamkeit und Unterscheidungsvermögen haben den religiösen Sinn, der solchen Institutionen, Gebräuchen und Riten zu Grunde gelegt wird, zu begleiten.

Das heißt mit andern Worten, dass die Kirche den Gläubigen das Recht zugesteht, auf Wallfahrten und Bittgängen mit den ihnen eigenen Gebeten, Liedern, Gelübden und Bildern auf die erfahrene Gegenwart Gottes zu antworten. Den Chronisten der Wallfahrtsorte fassbar bleibt freilich auch so nur das, was dabei an die Oberfläche tritt. Was die Frauen, Männer und Kinder auf einer Wallfahrt erleben, wie sie sich Gott und den Heiligen im Einzelnen anvertrauen und in der Folge ihren Mitmenschen und der Schöpfung gegenüber verhalten, geht aus der Chronistik nicht hervor. □

Lit.: N. Curti, Volksbrauch und Volksfrömmigkeit im katholischen Kirchenjahr, Basel 1947, 100-102; E. Halter/D. Wunderlin (Hgg.), Volksfrömmigkeit in der Schweiz, Zürich 1999; W. Heim, Kleines Wallfahrtsbuch der Schweiz, Freiburg CH o.J., 77-86; G. Holzherr, Einsiedeln, München/Zürich 1987; Katechismus der katholischen Kirche, Freiburg CH 1993, 448f.; M. Lienert, Einsiedler Bräuche: Schweizer Volksleben, Erlenbach-Zürich 1931, 13f.; O. Ringholz, Wallfahrtsgeschichte unserer lieben Frau von Einsiedeln, Freiburg i. Br. 1896; ders., Die Einsiedler Wallfahrts-Andenken einst und jetzt: Schweizerisches Archiv für Volkskunde, Basel 1918/19, 176-191, 232-242.

1 Der Gnadenort

Der heilige Meinrad (Meginrat), geboren vor 800, ließ sich um 835 im «Finstern Wald» in einer Einsiedelei nieder und verbrachte dort 26 Jahre. 861 wurde er von zwei Räubern erschlagen. Raben verfolgten die Mörder auf ihrer Flucht bis nach Zürich, wo sie erkannt und hingerichtet wurden. Nach dem Tod Meinrads fanden sich andere Waldbrüder im Hochtal ein: die Anfänge der späteren Benediktnerabtei Einsiedeln.

153 Figur des Heiligen Meinrad
(Abb. Seite 126 Mitte)
Gebrannter Ton
H. 7,5 cm, B. 2,5 cm
Einsiedeln
Erste Hälfte 20. Jh.
Privatsammlung Einsiedeln

Die beiden Raben erinnern an die Vögel, welche die Mörder des hl. Meinrad verfolgten. Sie wurden von den Äbten des Klosters Einsiedeln ins Abteiwappen aufgenommen.

154 Andachtsbild der Meinradskapelle
(Abb. Seite 127 Mitte)
Bemalter Gips
L. 12 cm
Einsiedeln
19./20. Jh.
Privatsammlung Einsiedeln

St.-Meinrads-Kapelle mit der Gottesmutter und dem heiligen Meinrad, auf den das Kloster und das ganze Wallfahrtswesen in Einsiedeln zurückgeht.

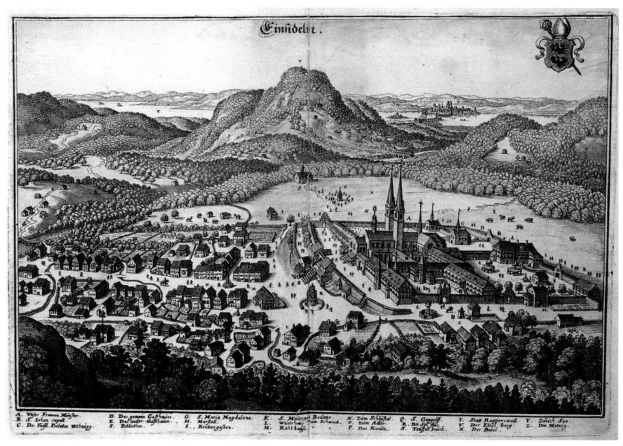

155 Kupferstich von Kloster und Dorf Einsiedeln
Farbig bedrucktes Papier
H. 20 cm, B. 30 cm
1654
Privatsammlung Einsiedeln

Ansicht aus der «Topographia Helvetiae» von Matthäus Merian. Das gotische Kloster liegt südlich des Münsters. Am oberen Rand des Kupferstichs, über Rapperswil, das Wappen der Abtei mit den beiden Raben aus der Meinradslegende. Zu den Pilgerwegen, die nach Einsiedeln führten vgl. Abb. IVb.

2 Das Gnadenbild

Das Gnadenbild des Klosters Einsiedeln reicht ins 15. Jahrhundert zurück. Man weiß, dass das Gnadenbild mehrmals restauriert worden ist, zum letzten Mal 1799 und 1933. Im Laufe der Jahrhunderte wurden dem Kloster etwa 150, zum Teil prunkvoll angefertigte Behänge für das Gnadenbild geschenkt.

Während die Pilger die dunkle Farbe der Gottesmutter und des Kindes, das einen Vogel an sich drückt, auf den Rauch der Kerzen und Öllichter in der Gnadenkapelle zurückführen, verweist die Theologie auf das Hohe Lied Salomons (1,5), das in der lauretanischen Litanei aufgegriffen wird: «Schwarz bin ich und schön.»

Schon früh wurden erste Kopien angefertigt. Im 17. und 18. Jh. kamen weitere Nachbildungen hinzu. Allein im letzten Jahrhundert stellte ein Klosterbruder mehr als hundert Kopien her. Die dem Original eigene Ausdruckskraft scheint von den späteren Schnitzern aber nicht erreicht zu worden zu sein. Das Kloster verschenkte die Statuen anderen Klöstern, Kirchen und Wohltätern. Sie durften davon ausgehen, dass die Kopien mit dem wundertätigen Gnadenbild in Berührung gebracht und vom Abt gesegnet worden waren.

156 Kopie des Gnadenbildes
Holz, bemalt
H. 32 cm
Einsiedeln
18. Jh.
Museum der Kulturen, Basel, Abteilung Europa, VI 53250
Lit.: Schweizerische Volkskunst, Ohne Ort 1967, Nr. 465.

Die bekrönte Einsiedler Madonna trägt das Kind immer links. In der rechten Hand der Holzskulptur befindet sich ein kleines Loch, in das anstelle eines hölzernen Blütenszepters eine frische Blume gesteckt werden konnte.

157 Kopie des Gnadenbildes
(Abb. Seite 127 rechts)
Bemaltes Porzellan
H. 10,7 cm
Einsiedeln
1. Hälfte 20. Jh.
Privatsammlung Einsiedeln

158 Kopie des Gnadenbildes
(Abb. Seite 126 rechts)
Gebrannter Ton
H. 9,7 cm, B. 4,7 cm
Einsiedeln
1. Hälfte 20. Jh.
Privatsammlung Einsiedeln

159 Kopie des Gnadenbildes
(Abb. Seite 126 links)
Gebrannter Ton
H. 13,4 cm, B. 3,7 cm
Einsiedeln
1. Hälfte 20. Jh.
Privatsammlung Einsiedeln

v.l.n.r: Kat. 159 Kopie des Gnadenbildes; Kat. 153 Figur des Heiligen Meinrad; Kat. 158 Kopie des Gnadenbildes.

v.l.n.r: Kat. 178 Weihwassergefäß; Kat. 154 Andachtsbild der Meinradskapelle; Kat. 157 Kopie des Gnadenbildes.

3 Pilgerleben

Behördlich organisierte Wallfahrten, so genannte Kreuzgänge, und individuelle Pilgerschaft brachten in der zweiten Hälfte des 19. und der ersten Hälfte des 20 Jh. jährlich Tausende von Gläubigen nach Einsiedeln. Viele Ehepaare heirateten damals in Einsiedeln. Neben den großen Festen des Kirchenjahres zog besonders die Georgsprozession zahlreiche Pilger aus dem In- und Ausland an. Zur Grundausstattung der Pilger gehörten der Rosenkranz und ein Gebetbuch mit speziellen Einsiedler Gebetszetteln.

160-161 Reliquienkissen
Gebeine auf Brokatstickerei
L. 21 cm, B. 17 cm und
L. 17 cm, B. 14 cm
Einsiedeln
2. Hälfte 19. Jh.
Privatsammlung Einsiedeln

Die Reliquien des Klosters wurden in Einsiedeln am «Jörgenumgang» (Georgs-Prozession) bis 1958 durch das Dorf getragen. Kloster und Dorf kamen damit einem nach dem Dorfbrand von 1577 abgegebenen Versprechen nach. Die kleineren Reliquien trugen die Patres, Brüder und Klosterschüler auf eigens hiefür angefertigten Kissen. An der Prozession mitgetragen wurden ferner eine Statue der Muttergottes, zahlreiche Reliquienschreine und Tafeln der Altäre, sowie das Haupt des heiligen Meinrad.

162 Postkarte von der Georgs-prozession
Farbig bedruckter Halbkarton
H. 8,8 cm, B. 13,8 cm
Einsiedeln
Um 1950
Privatsammlung Einsiedeln

Patres, Brüder und Klosterschü-ler bei der Georgsprozession im Dorf.

163 Postkarte vom Gottes-dienst in der Gnadenkapelle
Farbig bedruckter Halbkarton
H. 10 cm, B. 14,7 cm
Einsiedeln
Um 1970
Privatsammlung Einsiedeln

Patres, Brüder und Schüler des Klosters Einsiedeln mit den Teilnehmern der Georgsprozes-sion beim anschließenden Got-tesdienst in der Gnadenkapelle.

164 Eintrittskarte
Bedrucktes Papier
H. 6 cm, B. 8,5 cm
Einsiedeln
Um 1950
Privatsammlung Einsiedeln

Die Gnadenkapelle bietet nur wenigen
Pilgern Platz. Eintrittskarten waren daher sehr gesucht.

165-166 Beichtzettel
Bedrucktes Papier
H. 4,4 cm, B. 10 cm und
H. 3,7 cm, B. 9,3 cm
Einsiedeln
1837 und 1888
Privatsammlung Einsiedeln

Beichtzettel waren Bestätigungen des
Klosters zu Handen der Ortspfarreien,
dass der Überbringer des Zettels die Os-
terpflicht erfüllt, das heisst, in Einsiedeln
gebeichtet und kommuniziert hatte.

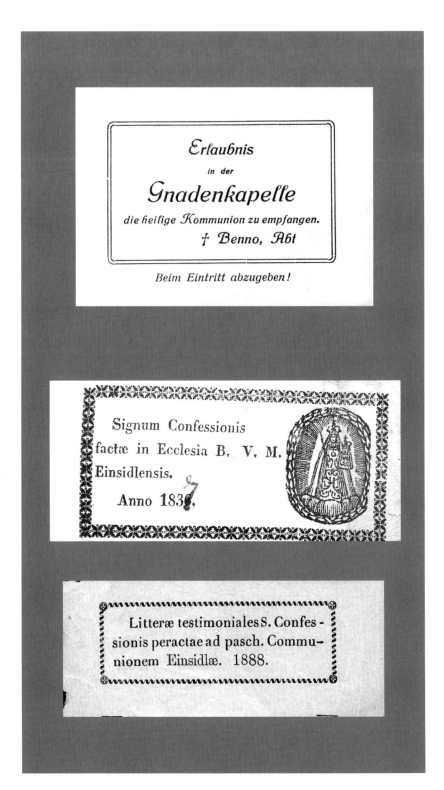

167-172 Rosenkränze
Verschiedene Materialien, u.a. auch Samen der Hiobspflanze
L. 44-58 cm
Einsiedeln
18.-20. Jh.
Privatsammlung Einsiedeln

Das Rosenkranzgebet geht ins 15. Jahrhundert zurück und war bis in die erste Hälfte des letzten Jahrhunderts die häufigste Andachtsform in den Kirchen und Kapellen, am Familientisch und auf Wallfahrten und Totenwachen. An einer Schnur aufgereihte Perlen (Rosen) dienen zum Zählen der geleisteten Gebete. Ein gewöhnlicher Rosenkranz setzt sich aus 15 Vaterunsern, 15 mal 10 Ave Maria und 15 Ehre sei dem Vater zusammen. Damit werden 15 «Gsätzli» (Geheimnisse) verbunden. Schließlich ist zwischen dem freudenreichen, dem schmerzhaften und dem glorreichen Rosenkranz zu unterscheiden. Zusammen ergeben sie einen Psalter. Beim Rosenkranzgebet beziehen sich die Betenden weniger auf ihre eigenen Anliegen als auf die Bedürfnisse der Verstorbenen. Am Ring des Rosenkranzes wurden früher häufig «Zäieli» (Medaillen) befestigt, die in einer bestimmten Verbindung zum Besitzer des Rosenkranzes standen: Herz-Jesu-Medaillen, Marien-Symbole und Andenken an aufgesuchte Wallfahrtsorte. In Einsiedeln nannte man die in Heimarbeit «Bätli» (Rosenkränze) herstellenden Frauen und Männer «Bätliträier».

173 Rosenkranzbehälter
Kunststoff, Metall, Papier
H. 5,3 cm, B. 4,2 cm
Einsiedeln
20. Jh.
Sammlung Kloster Einsiedeln

174 Gebetbuch
Papier, Kunstledereinband
H. 10,3 cm, B. 6,8 cm
Einsiedeln
1911
Privatsammlung Einsiedeln

Glaube, hoffe, liebe! Ausgewählte Gebe-
te und Andachten für fromme Katholi-
ken. Katholische Verlagsanstalt Eberle,
Kälin & Cie., Einsiedeln (Schweiz), New
York und Cincinnati.
Einband mit Prägung «Andenken an
Maria Einsiedeln».

175 Gebetbuch
Papier, Pappe
H. 9,4 cm, B. 6,5 cm
Einsiedeln
1901
Privatsammlung Einsiedeln

Petit livre de messe. Éberlé, Kaelin &
Cie., Einsiedeln (Suisse).
Einband mit Prägung «Souvenir de Ein-
siedeln».

In Einsiedeln übliche Gebete nach dem Rosenkranz

Sei gegrüsst, du Tochter Gottes des Vaters! Sei gegrüsst, du Mutter Gottes des Sohnes! Sei gegrüsst, du Braut des Heiligen Geistes! Sei gegrüsst, du Tempel der allerheiligsten Dreifaltigkeit! Maria, Mutter der Gnade, Mutter der Barmherzigkeit, beschütze und beschirme uns vor dem bösen Feind! Nimm uns auf jetzt und in der Stunde unseres Absterbens! Amen.

O Gott, der du in der heiligen Leinwand, in welcher dein heiligster Leichnam vom Kreuze ist abgenommen und von Josef ist eingewickelt worden, die Zeichen deines Leidens hinterlassen hast, wir bitten dich, verleihe uns, dass wir durch deinen Tod und Begräbnis zur Glorie der Auferstehung gebracht werden, der du lebst und regierst mit Gott dem Vater, in Einigkeit des Heiligen Geistes, ein Gott von Ewigkeit zu Ewigkeit. Amen.

176 Gebetszettel mit Zusatz zum Rosenkranzgebet
Papier
L. 13 cm, B. 8,5 cm
Einsiedeln
Um 1970
Privatsammlung Einsiedeln

Im Kloster Einsiedeln verwendeter Zusatz zum Rosenkranzgebet. Der Brauch wurde von einzelnen Pfarreien übernommen und erinnerte die Betenden an die hinter ihnen liegende oder eine bevorstehende Wallfahrt. Gebetszettel stimmen im Format mit den Kirchengesangbüchern überein.

177 Liedzettel mit Einsiedlerlied
Papier
L. 13,4 cm, B. 8,9 cm
Einsiedeln
20. Jh.
Privatsammlung Einsiedeln

178 Weihwassergefäß
(Abb. Seite 127 links)
Bemaltes Porzellan
H. 11 cm
Einsiedeln
19. Jh.
Privatsammlung Einsiedeln

Vom Priester geweihtes Wasser gilt als Symbol der inneren Reinigung und zur Abwehr von Einflüssen des Bösen. Außerhalb der Kirchen und Kapellen wurde und wird Weihwasser vorab zur Selbstsegnung am Morgen und Abend verwendet. Zu seiner Aufbewahrung dienen am Türsturz der Wohn- und Schlafzimmer befestigte Weihwassergefäße.

4 Schutz und Schirm

Bei einer Wallfahrt nach Einsiedeln konnten zahlreiche Gegenstände käuflich erworben werden, denen schützende oder heilende Wirkung zugeschrieben wurde. Dazu gehörten Sakramentalien aus Wachs wie Kerzen, so genannte «Agnus Dei» und Medaillen. Dabei wurden die Grenzen zum Magischen nicht selten erreicht und überschritten, wie bei den Schabmadonnen. Schluckbildchen für Kranke und Marienlängen für Schwangere wurden vom Kloster zwar verboten, aber trotzdem verkauft. Mittel dieser Art erfüllten in einer Gesellschaft mit ungenügender ärztlicher Versorgung eine wichtige Funktion.

179 Kerze
Wachs mit Golddekoration
L. 28 cm
Einsiedeln
20. Jh.
Museum der Kulturen, Basel, Abteilung
Europa, VI 19097

Wie das Weihwasser gehören auch geweihte Kerzen zu den Sakramentalien. Die katholische Kirche versteht darunter den Sakramenten ähnliche Zeichen und Segnungen. Im Alltag finden geweihte Kerzen bis heute in schwierigen Situationen – bei Unwettern, Examen, Stellenbewerbungen, Arztvisiten, Operationen, Todesfällen usw. – Verwendung. Die Weihe der Kerzen erfolgt an Mariae Lichtmess, also vierzig Tage nach dem Weihnachtsfest.

180 Agnus Dei
(ohne Abbildung)
Weißer Wachs
L. 8,8 cm, B. 7,3 cm
Rom
1930
Museum der Kulturen, Basel, Abteilung
Europa, VI 65237

Vorderseite: Darstellung des Lamm Gottes und Inschrift: «Pius XI MCMXXX». Rückseite: Frauengestalt auf Weltkugel stehend und Inschrift: «Tota pulchra sine labe» (Vollkommen schön, unbefleckt).
Im späten Mittelalter wurden ganze Netze voll geweihter Wachsstücke über die Alpen transportiert und verkauft. Agnus Dei galten als wahre Wundermittel und versprachen Schutz und Schirm vor Giftschlangen, vor Unwettern, bei schweren Geburten und Krankheiten. Man wusste in den Dörfern, wer ein großes Agnus Dei besaß und es notfalls auslieh.

181-184 Sekundäre Agnus Dei

Wachs, Papier, Metall,
L. 1,9-2,7 cm
Einsiedeln
19./20. Jh.
Privatsammlung Einsiedeln

Bruchstücke von großen Agnus Dei konnten in Medaillons gefasst und als Amulette getragen werden.

185-186 Medaille und Prägestock

Messing und gehärtetes Eisen
Medaillengröße: L. 2,0 cm; B. 1,2 cm
Einsiedeln
19. Jh.
Privatsammlung Einsiedeln

Prägestock und Medaille zeigen die Fassade der von Engeln eingeweihten Gnadenkapelle mit der Beischrift: «Divinitus consecrata» (auf göttliche Weise geweiht). Auf der Rückseite der Medaille ist das Einsiedler Gnadenbild zu sehen.

187-193 Schabmadonnen des Dorfes
Gebrannter Ton, roh und bemalt
H. 4,7 – 7,4 cm
Einsiedeln
19. Jh.
Privatsammlung Einsiedeln

Einsiedler «Schabmadönneli» wurden bis zum Einfall der Franzosen im Kloster hergestellt. Man erkennt sie an den auf dem Rücken geprägten Raben (vgl. Abb. IVd). Weil dem dabei verwendeten Ton angeblich Staub der Gnadenkapelle und der Reliquien beigemischt wurde, galt das begehrte Wallfahrtsandenken als wunderkräftig. Im Krankheitsfall, vorab bei Halsweh, schabte man Spuren der Figürchen in ein Glas Wasser, trank es und versprach sich eine heilende Wirkung davon. Im 19. Jh. wurden Schabmadonnen in großer Zahl im Dorf fabriziert, aber ohne die zwei Raben aus dem Abteiwappen.

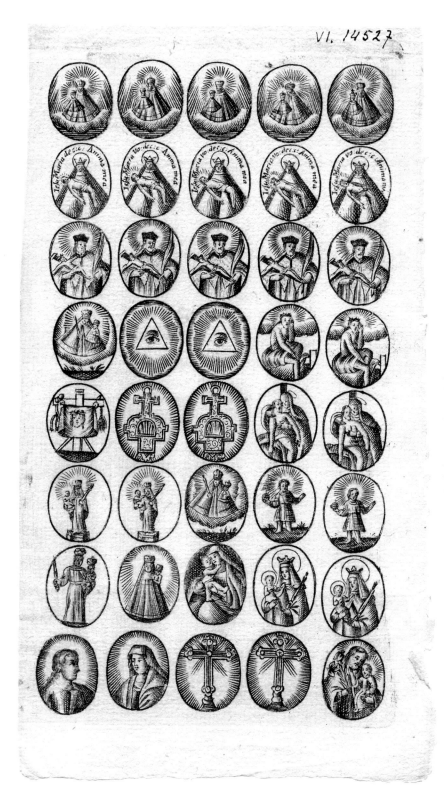

VI. 14527

194 Schluckbildchen
Kupferstich
Bogen L. 18 cm, B. 10 cm;
Bildoval ca. L. 2,0 cm, B. 1,5 cm
Bayern
18. Jh.
Museum der Kulturen, Basel, Abteilung
Europa, VI 14527

Der Kupferstich zeigt insgesamt 40 verschiedene Schluckbildchen mit verschiedenen Gottessymbolen und Heiligenbildchen. Darunter an erster Stelle in der siebten Zeile auch das Einsiedler Gnadenbild.

In Einsiedeln erworbene und gesegnete Schluckbildchen wurden von den Pilgern wie «Zäieli» (Medaillen) und «Breverl» (Schutzbriefe) nach Hause gebracht. Vielfach erfüllten sie damit einen Auftrag von Verwandten und Nachbarn, die mit Schluckbildchen den Vorrat ihrer Hausapotheke ergänzten. Man glaubte, die Kranken würden mit einem unter die Nahrung gemischten Schluckbildchen gleichsam die eigene Krankheit essen. Im Kloster standen die Schluckbildchen mit den Marienlängen auf der roten Liste.

Lit.: Bildersturm. Wahnsinn oder Gottes Wille?, Bern/Strassburg/Zürich 2000, 256f.

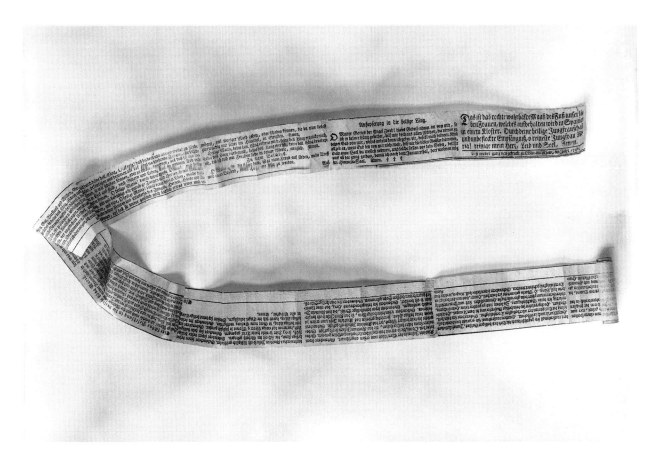

**195 Marienlänge, auch Länge Mariae
oder Heiligenlänge**
Bedrucktes und zusammengesetztes Papier
L. 171 cm, B. 6,5 cm
Köln
1746
Museum der Kulturen, Basel, Abteilung
Europa, VI 39612

Der letzte Abschnitt lautet: «Das ist das
rechte wahrhafte Maaß des Fuß unserer lieben Frauen, welches aufbehalten
wird in Spanien in einem Kloster. Durch
deine heilige Jungfrauschaft und unbe-
fleckte Empfängnis, o reinste Jungfrau
Maria! reinige mein Herz, Leib und
Seel, Amen.»
Marienlängen wurden von den Frauen
zur Erleichterung der Schwangerschaft
und der Geburt um den Leib gebunden.
Sie treten im 17. Jh. auf und wurden zu
Beginn des letzten Jahrhunderts in großer Zahl von München aus vertrieben.
Eine Druckerei in Kriens stellte noch
1930 Marienlängen her. Das Kloster Einsiedeln warnte die Pilger vor dem Kauf
des ungewöhnlichen Wallfahrtsandenkens. Vergleichbar mit der Marienlänge ist das aus Kupfer- und Zinkplättchen
angefertigte Wehenband.

196 Ewig-Licht-Öl
Olivenöl, Glas, Kork
H. 9,6 cm
Einsiedeln
19./20. Jh.
Privatsammlung Einsiedeln

Die Pilger erbaten das Ewig-Licht-Öl
beim Kapellbruder des Klosters. Ein
Fläschchen kostete am Ende des 19. Jh.
30 Rappen. Verwendet wurde das Mittel nach Unfällen und bei Krankheiten
zum Einreiben. Eine vom Bischof von
Chur gutgeheißene «Belehrung», die
jedem Fläschchen beigelegt wurde, sollte dem Missbrauch vorbeugen.

5 Religiöse Souvenirs

Zu den religiösen Souvenirs im engeren Sinne werden hier Andenken gezählt, die das Einsiedler Gnadenbild als Andachtsbild vergegenwärtigen. Die breite Palette von Bildträgern zeigt, dass es kaum einen Ort gab, wo das nicht möglich gewesen wäre. Bevorzugt wurden aber die häusliche Stube und das Gebetbuch.

197-200 Kleine Andachtsbilder im Pergament-Weißschnitt
Bedrucktes Papier, teilweise gestanzt und collagiert
H. 11,4 cm, B. 7,4 cm
Einsiedeln
18.-20. Jh.
Privatsammlung Einsiedeln

Pergament-Spitzenbilder entstanden im 17. und 18. Jahrhundert in den Frauenklöstern. Die mit Gouache- und Aquarellfarben gemalten Medaillons werden von einem feinen Spitzengewebe umrahmt. Einsiedeln steht mit Hunderten von Bildern an vorderster Stelle. Mit dem ausgehenden 18. Jh. verblasste die heitere Volksfrömmigkeit. Die aufwändige Handarbeit wurde durch lithographierte oder im Kupfer- und Stahlstich gefertigte «Helgeli» (Andachtsbildchen) ersetzt. In- und ausländische Druckereien überschwemmten den Markt mit Massenware der bescheidensten Ansprüche. Die Andachtsbildchen schmückten die Wände der Schlafkammern und lagen in den Gebetsbüchern. Den Erwachsenen dienten sie als Gebetshilfen und den Kindern als beliebte Geschenk- und Tauschartikel.

201-203 «Möckli»
Gips, Messing
L. 5,3-8 cm
Einsiedeln
Erste Hälfte 20. Jh.
Privatsammlung Einsiedeln

Bis in die dreißiger Jahre des 20. Jh. war
diese Form des Andachtsbildes ein beliebtes Wallfahrtsandenken. Das den
Einsiedler «Möckli» zu Grunde liegende Original kam aus Paris und wurde
von der Firma Adelrich Benziger gefertigt. Andere Firmen erweiterten das Sortiment mit neuen Motiven.

207 Klappbild
Bunt bedrucktes Papier
H. 12 cm, B. 7,4 cm, T. 12 cm
Einsiedeln
1899
Privatsammlung Einsiedeln

Auf dem Umschlag des Klappbilds wenden sich die aus Einsiedeln heimgekehrten Pilger an die Empfänger des Wallfahrtsandenkens: «In Maria Einsiedeln hab' ich an Dich gedacht und Dir dies Andenken mitgebracht.» Geöffnet zeigt die fünfstufige Kulisse das Kloster und das von Blumen umrankte Gnadenbild vor einem transparenten Kreuz. Im Kreuz erscheint die Bitte: «Heilige Maria bitt' für uns arme Sünder!» Auf dem vorgelagerten Platz heißt es: «Aller Trübsal, Angst und Noth,/ Sei unser Trost in Leiden,/ Hilf, schirm uns, fleh für uns zu Gott/ Wann wir von hinnen scheiden.»

204-206 Hausaltärchen
Holz, Ton, Gips, Karton, collogiert
H. 10,2-18,2 cm
Erste Hälfte 20. Jh.
Privatsammlung Einsiedeln

Zur privaten Andacht in einem Frauenkloster hergestellte Hausaltärchen. Die Messfeier galt als wirksamste Hilfe für im Fegfeuer leidende Verstorbene. Auf der Umrandung der Altärchen finden sich teilweise Gebete zum Trost der Armen Seelen.

209-210 Guggchrüzli (Guckkreuzchen)
Kunststoff
L. 4,1 cm und 3,9 cm
Einsiedeln
Erste Hälfte 20. Jh.
Privatsammlung Einsiedeln

Wallfahrtsgeschenk für ein Kind. Im Guckfensterchen des Kreuzes das Herz Jesu mit der Beischrift: «The sacred heart» (Kat. 209) und das Gnadenbild über der Klosterfront mit der Beischrift: «Maria Einsiedeln» (Kat. 210).

211 Muttergottes-Trülli
Holz
L. 3,9 cm
Einsiedeln
Um 1950
Privatsammlung Einsiedeln

Die in einer hölzernen Hülse untergebrachte Muttergottes konnte auf Reisen mitgenommen werden. Zur Andacht dreht man die Madonna nach vorne.

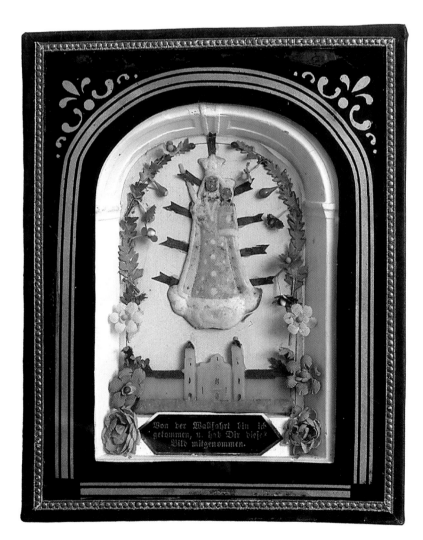

212 Wandschmuck
Gips, Wachs, Glas, Textilien
L. 15,3 cm, B. 12,1 cm
Einsiedeln
Ende 19. Jh.
Privatsammlung Einsiedeln

<< 208 Lithophanie
Biskuitporzellan, Gusseisen
H. 30 cm, B. 19 cm
Hanau (D)/Einsiedeln
Zweite Hälfte 19. Jh.
Privatsammlung Einsiedeln

Reliefartig in eine dünne, unglasierte Porzellanplatte eingepresstes Bild, das vom dahinter stehenden, gelblichen Schein eines Öllämpchens oder einer Kerze in verschiedenen Helligkeitsabstufungen erscheint. Gnadenbild mit Behang und dem Vermerk: «Maria-Einsiedeln» und «Notre-Dame des Éremites».

6 Profane Souvenirs

Im 19. Jh. nutzte das dörfliche Gewerbe in Einsiedeln die neuen Möglichkeiten und baute das für die wachsende Pilgerschar vorgesehene Angebot an Wallfahrtsandenken kräftig aus. Neben die religiösen traten mehr und mehr auch weltliche Souvenirs. Soweit der Bedarf nicht von den eigenen Werkstätten gedeckt wurde, wandte man sich an auswärtige Lieferanten. Wichtig war, dass die Geschenkartikel mit dem Gnadenbild und mit der Fassade des Klosters geschmückt oder mindestens mit «Einsiedeln» beschriftet waren.

213 Schnupftabakdose
Kunststoff, Papier
L. 7,7 cm, B. 4,3 cm, H. 2,5 cm
Einsiedeln
20. Jh.
Privatsammlung Einsiedeln

214 Aschenbecher
Bemaltes Porzellan
D. 13 cm
Einsiedeln/Bern
20. Jh.
Privatsammlung Einsiedeln

215 Briefbeschwerer
Glas, Papier
L. 8,5 cm, B. 5,2 cm
Einsiedeln
20. Jh.
Privatsammlung Einsiedeln

216 Taschenmesser
Aluminium, Stahl
L. 7,1 cm, B. 1,7 cm
Einsiedeln
20. Jh.
Privatsammlung Einsiedeln

217 Mini-Humpen
Bemaltes Porzellan, Metall
H. 6,8 cm
Einsiedeln
20. Jh.
Privatsammlung Einsiedeln

7 Gedruckte Werbeträger

Mit der Erfindung des Buchdrucks wurde das Gedruckte zum wichtigsten Kommunikationsmittel der Kirchen. In Einsiedeln ist der Buchdruck eng mit dem Namen Benziger verbunden. Der Benziger Verlag nahm seine Tätigkeit im ausgehenden 18. Jh. mit einem Devotionaliengeschäft in der Nähe des Klosters auf. In der ersten Hälfte des 19. Jh. gliederten die Söhne Karl und Nikolaus Benziger dem Laden eine Druckerei und eine Buchhandlung an. 1867 wurde das in wenigen Jahrzehnten weltweit bekannt gewordene Unternehmen von Papst Pius IX. auf die Liste der «Typographen des Heiligen Apostolischen Stuhles» gesetzt. Der Verlag beschäftigte damals gegen 600 Angestellte. Das Sortiment umfasste 200 Andachtsbücher unterschiedlichster Ausstattung. Um 1890 waren es 900 Buchdrucker, Buchbinder, Lithographen, Stahlstecher, Bilderkoloristen, Maler, Medaillen-Präger und Rosenkranz-Kettlerinnen, die für Benziger arbeiteten.

Weitere Unternehmen von größerer Bedeutung in Einsiedeln waren: die Kirchliche Kunstanstalt Adelrich Benziger & Cie. und das Wachsgeschäft J.A. Birchler.

218 Blockbuch
Faksimiledruck
L. 19,0 cm, B. 13,8 cm
Einsiedeln
15. Jh.
Sammlung Kloster Einsiedeln

Um die Mitte des 15. Jh. ließ das Kloster Einsiedeln das erste nachweisbare Wallfahrtsandenken drucken. Es handelt sich um die Legende des heiligen Meinrad in Bildern. Das Büchlein, von dem heute nur noch zwei Exemplare bekannt sind, wurde den Pilgern als Wallfahrtsandenken angeboten. Im Laufe der Zeit entwickelte sich das Blockbuch zur «Einsiedler Chronik». Der im Kloster redigierte Werbeträger erlebte zwischen 1678 und 1789 zwölf Auflagen.

Die abgebildete Seite 62 des Blockbuchs zeigt den hl. Meinrad vor der Muttergottes mit Kind. Auf der nächsten Seite folgt ein Mariengebet, das sich teilweise wörtlich auf modernen Gebetszetteln wiederfindet (vgl. Kat. 176).

219 Pilgerbüchlein
Kunststoffeinband mit Goldprägung
L. 13,5 cm, B. 8,7 cm
Einsiedeln
1891
Privatsammlung Einsiedeln

P. Ambrosius Zürcher OSB, Unterpfarrer in
Einsiedeln, Der Pilger in Maria-Einsiedeln, Einsiedeln 1891, 79 Seiten.

Pilgerbüchlein begleiteten die Wallfahrenden der großen Pilgerzüge um die
Wende des 19. zum 20. Jh. Dieses Ex-
emplar enthält Gebete zur Begrüßung
Marias bei der Ankunft, bei der Medita-
tion vor dem Gnadenbild, Anleitungen
zur Selbsterforschung, eine Weihe an
Maria, geistliche Hilfen zur Betrachtung
der Altäre der Kirche, eine Liste der in
Einsiedeln zu gewinnenden Ablässe
und Wallfahrtsgesänge.

220-223 Einsiedler-Kalender
Verlag Benziger, Einsiedeln
1850; 1878; 1905; 1947
Privatsammlung Einsiedeln

Der Einsiedler-Kalender gehörte jahr-
zehntelang zur Grundausstattung vieler
katholischer Haushalte in der Schweiz.
Der Umschlag zeigt immer das Kloster
Einsiedeln oder das Gnadenbild. Im Heft
fand man einen astronomischen Kalen-
der, Einsiedlensia, Regententafeln, Andachtsbilder, Erbauungsliteratur, Anek-
dotisches, ein Verzeichnis der Stiftsmit-
glieder, der schweizerischen Wochen-
märkte, den Katalog des Verlagshauses
Benziger, Nachrufe und vieles mehr.

8 Verbrüderung und Danksagung

Durch Eintritt in eine Bruderschaft konnte man sich am Ende einer Wallfahrt enger mit Einsiedeln und der Gottesmutter verbinden. Für Erhörungen bei Unfällen oder in schwerer Krankheit bedankte man sich mit Ex-voto-Tafeln, oder mit Wachsopfern, die das in einer Notsituation ausgesprochene und später eingelöste Versprechen materialisierten.

St. Meinradsbruderschaft
Maria Einsiedeln.

In diese Bruderschaft wurde aufgenommen:

Marie Moyenberg

Einsiedeln, den 26. V. 1919

Der Präses: Der Pfleger:

224 Mitglieder-Ausweis der St. Meinradsbruderschaft
Papier
H. 16,9 cm, B. 12,8 cm
Einsiedeln
1919
Privatsammlung Einsiedeln

Die Pilger wussten, dass man sich in Einsiedeln um die Aufnahme in verschiedene Bruderschaften bewerben und auf diese Weise auf Dauer mit dem Kloster verbinden konnte. Im Vordergrund standen die Rosenkranz- und die Herz-Mariae-Bruderschaft. Ganz auf Einsiedeln ausgerichtet war die St. Meinradsbruderschaft. Der Mitgliederausweis orientiert über den Ursprung und Zweck sowie über die Pflichten und den Nutzen der Bruderschaft.

225 Skapulier
Textilien
H. 7 cm, B. 5 cm
Einsiedeln
20. Jh.
Privatsammlung Einsiedeln

Von den Mitgliedern des Dritten Ordens und der Skapulier-Bruderschaften getragenes geistliches Schutzzeichen. Den Skapulier-Bruderschaften wurden bis in die Mitte des letzten Jahrhunderts fast alle Erstkommunikanten zugeführt. Die Aufnahme erfolgte am Skapulierfest (16. Juli). Das Skapulier besteht aus zwei wenige Quadratzentimeter grossen Stoffstücken, die durch Bänder miteinander verbunden sind und an das Schultertuch alter Ordenstrachten erinnern. In Einsiedeln war es jederzeit möglich, der Skapulier-Bruderschaft beizutreten. Unter jüngeren Leuten ist der Brauch kaum mehr bekannt.

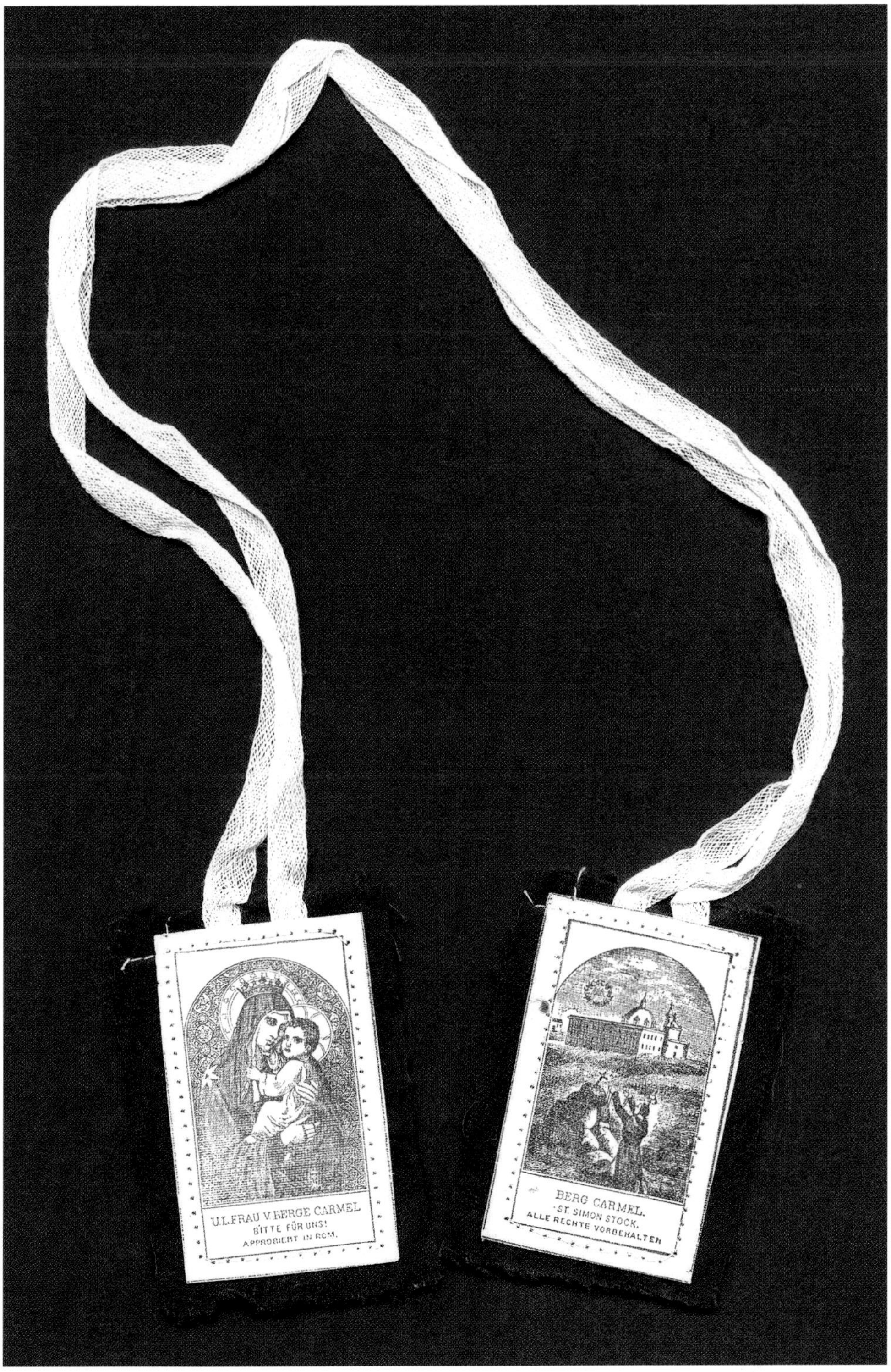
U.L.FRAU V.BERGE CARMEL
BITTE FÜR UNS!
APPROBIERT IN ROM.
BERG CARMEL.
ST. SIMON STOCK.
ALLE RECHTE VORBEHALTEN

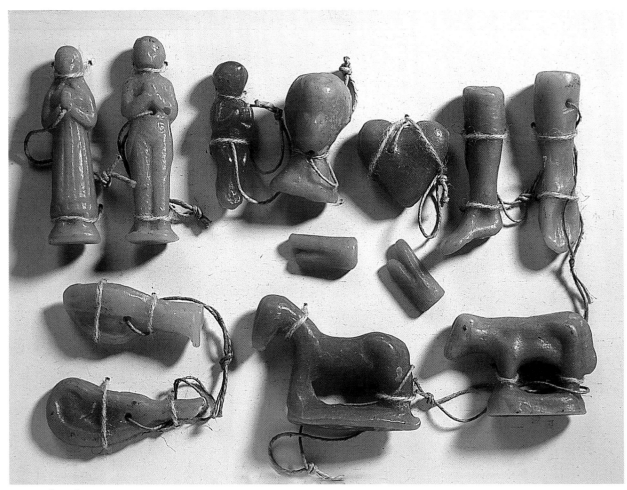

226 Wachsopfer
Bienenwachs
Fingergroß bis natürliche Größe
Einsiedeln
Um 1900
Privatsammlung Einsiedeln

In großer Bedrängnis abgegebene Versprechen wurden von den Genesenen an einer Gnadenstätte materialisiert, indem sie verkleinerte Nachbildungen der erkrankten Körperteile in Wachs formen ließen und an einem bestimmten Wallfahrtsort deponierten. In Einsiedeln hängten die Pilger ihre «Öpferli» an das Gitter der Gnadenkapelle. Da baumelten, gegossen oder von Hand geformt, kleine Männlein und Frauen, Kinder, Kühe, Pferde und Schweine, aber auch einzelne Gliedmaßen wie Arme, Hände, Beine, Füße, Augen, Nasen, Ohren und Zähne. Hinzu kamen symbolische Abbildungen. Schlüssel als Zeichen einer gut verlaufenen Geburt, Herzen für Hilfe in Kummer und Sorgen aller Art, Wickelkinder für überstandene Kinderkrankheiten. Begüterte Pilger ließen ihre Gaben versilbern oder vergolden. An den großen Wallfahrtsorten wie Einsiedeln wurden die Wachs-Gaben von Zeit zu Zeit einem Wachszieher gegen Kerzen überlassen.

227 Votivtafel
Holz, bemalt und gerahmt
L. 22 cm, B. 16 cm
Einsiedeln
1842
Museum der Kulturen, Basel, Abteilung
Europa, VI 53252
Lit.: Schweizerische Volkskunst, ohne Ort,
1967, Nr. 497.

Die Inschrift lautet: «Ich Hab die Zuflucht genommen zu dir Liebe Mutter
Gottes das du mir wollest die Hilfe er-
theilen um die Gesundheit zu erlangen
– Veronika Zuppiger von Wagen 1842».
Wurde ein Gelübde erhört, ließen die
Betroffenen den Vorfall von einem Maler auf einer Tafel darstellen und hängten sie an einem Wallfahrtsort auf, nicht
nur in Einsiedeln, oft auch in kleineren,
nur regional bekannten Kirchen und
Kapellen. Im oberen Feld der Tafel wurde in der Regel der oder die Heilige dargestellt, deren Fürsprache zum glückli-
chen Ausgang des Vorfalls (Geburt,
Unfall, Krankheit in Haus und Stall)
beitrug. Der Darstellung des Vorfalls
selber gehört der untere Teil der Tafel.
In Einsiedeln übergab man Ex voto-Ta-
feln einem Mönch oder dem Klosterbruder der Gnadenkapelle. Er übernahm es,
das Zeichen im Sinn des Gelübdes am
Eingang der Stiftskirche an einer Wand
festzumachen. Der Brauch ist in den
letzten Jahrzehnten stark zurückgegan-
gen. An Stelle der bildlichen Darstellungen traten in Worte gefasste Dankesbe-
zeugungen.

The King on screen. Idolverehrung und moderne Massenmedien
Von Ueli Schenk

Vernetzung ist in unserer Gesellschaft allgegenwärtig und mittlerweile vom Modebegriff zur etwas müden, abgedroschenen Floskel verkommen. Im Bereich der Massenkommunikation ist die immer dichtere Verknüpfung besonders präsent. Eine immense Menge an Informationen steht heute für viele Menschen rund um den Erdball jederzeit zur Verfügung. Ereignisse und Stellungnahmen, Probleme und Lösungen, Wahrheiten und Lügen, Realitäten und Illusionen werden als Neuigkeiten innert kürzester Zeit über die ganze Welt verbreitet. Wir wissen es, oder wir ahnen es zumindest: Neben Wort und Text bestimmen vor allem Botschaften in Bild und Ton unser tägliches Leben. Vorausgesetzt natürlich, wir verfügen über die Mittel, um uns ins globale Mediennetzwerk einzuklinken.

Medien

Neben der Presse, die nach wie vor eine wichtige Rolle spielt, sind es also die audiovisuellen Medien, die eine immense Wirkungskraft entfalten: von Fernsehen, Radio und Kino über Schallplatte, CD, Video, CD-Rom und DVD bis hin zu Computer- und Konsolen-Spielen und dem World Wide Web mit all seinen Facetten und Möglichkeiten auf Anbieter- wie Konsumentenseite. Als logische Folge davon werden die gesellschaftlichen Normen und Werte, die moralischen Vorstellungen der heutigen Zeit stark durch die modernen Massenmedien geprägt. Ihre Wirkung wird besonders deutlich, wenn wir nach den heute populären Vorbildern und Idolen fragen. Zwei Dinge sind auffällig: Zum einen entdecken wir eine unüberblickbare Masse von Persönlichkeiten und Berühmtheiten. Für jeden Geschmack, jedes Alter, jedes individuelle Bedürfnis bietet sich eine Auswahl passender Identifikationsfiguren an, denn diese können von der Medienwelt fast nach Belieben kreiert und manipuliert werden. Zum andern bemerken wir, dass es vergleichsweise wenige Stars schaffen, über eine längere Zeit im Bewusstsein des Publikums zu bleiben. Auch hier spielen die Massenmedien eine entscheidende Rolle. Wenn sie Stars zu kreieren vermögen, können sie diese genau so gut auch wieder in der Versenkung verschwinden lassen. Die Trends ändern sich schnell und die Nachfrage nach modischen Vorbildern ist groß, da sie von den Medien ganz bewusst gefördert wird. Der Grund dafür ist äußerst profan: Mit Stars läßt sich gutes Geld verdienen.

Europa und weite Teile der übrigen Welt wurden nach dem Ende des 2. Weltkriegs durch die US-amerikanische Kultur geprägt. Insbesondere trifft dies auf die Pop- und Teenagerkultur zu, die sich schon damals stark an Vorbildern aus den Bereichen Musik und Film orientierte. Die amerikanischen Stars der 50er Jahre «boten Vorlagen für jugendlichen Hedonismus und jugendliche Melancholie, für Coolness, Lässigkeit und Rebellion, für jugendliche Weiblichkeits- und Männlichkeitsideale, für erotische Fantasien».[1] Mit Hilfe der Vorbilder konnten eigene Bedürfnisse und Ideale formuliert und eine Abgrenzung von den Erwachsenen erreicht werden. Zwar dienten die Jugendidole nicht als Leitbilder für das Erwachsenenleben, sie führten aber trotzdem direkt oder indirekt zu einer Modifizierung und Modernisierung der Erwachsenenwelt und zeigten so neue Lebens- und Gesellschaftsentwürfe auf. Heute sind fließende Grenzen zwischen der Jugend- und Erwachsenenwelt integraler Bestandteil der Gesellschaft.

Starkult

Nach wie vor sind in unserer Gesellschaft religiöse Vorbilder präsent. Bezeichnenderweise werden ihre Botschaften immer stärker nach Kriterien und mit Mitteln verbreitet wie die der weltlichen Ikonen. Das geschieht mit gutem Grund. Die Stars sind durchaus als attraktive Konkurrenz zu den traditionellen Göttern zu verstehen. Tatsächlich zeigen Anhänger von Pop-Idolen Verhaltensweisen, die in erstaunlicher Nähe zu religiöser Verehrung stehen: Fans sammeln sich in Fanclubs, also in sich mehr oder weniger stark abgrenzenden Gemeinschaften, sie pflegen oft intensive Gefühlsbindungen zu ihrem Vorbild, identifizieren sich mit dessen Worten und Taten, bewahren die Zeugnisse seines Schaffens oder Objekte aus seinem Leben wie Heiligtümer und unternehmen Pilgerfahrten zu seinem Wohnsitz und seinen Wirkungsorten. Wenn die Bewunderung die Qualität eines anhaltenden Starkults erreicht, stehen die Chancen gut, dass der Star zum vergötterten Idol wird. Der Kult findet dann auch mit seinem Tod kein Ende. Im Gegenteil kann er dadurch sogar verstärkt werden, besonders wenn der Tod in jungen Jahren oder unter besonderen Umständen eintritt. James Dean, Marilyn Monroe, Elvis Presley, John F. Kennedy, Che Guevara, Jim Morrison, Bob Marley, Kurt Cobain, Prinzessin Diana beweisen das. Ihre Grabstätten oder die Orte, wo sie den Tod fanden, wurden für ihre Anhängerinnen und Anhänger zu ultimativen Pilgerorten. Bisweilen bestreiten die «Gläubigen» gar den leiblichen Tod ihrer Ikone. Eine derartige Verehrung und Bewunderung funktioniert nach eigenen Gesetzen und verfügt über eine Eigendynamik, welche gegen die Einflussnahme von außen teilweise resistent ist. Dass die Massenmedien aber keinen Einfluss ausüben, darf bezweifelt werden, denn die postume Vermarktungsindustrie floriert.

z.B. Elvis

Elvis Presley bietet sich als Beispiel einer Pop-Ikone des 20. Jahrhunderts aus verschiedenen Gründen geradezu an. Sei-

The King

Elvis Aaron Presley, geboren am 8. Januar 1935 in Tupelo, Mississippi. Vater: Vernon, Baumwollpflücker, Fabrikarbeiter. Mutter: Gladys, Fabriknäherin. 1947: erste Gitarre. 1949: Umzug nach Memphis, Tennessee. 1953: Arbeit in Werkzeugfabrik und als Lastwagenfahrer. 1953: Erste Aufnahme in den Sun Studios, Memphis. 1956: Erster Nr. 1-Hit («Heartbreak Hotel»). Das Album «Hound Dog» verkauft sich 7 Millionen Mal. Erster Kinofilm («Love me tender»). 1957: Kauf des Anwesens Graceland in Memphis. 1958–1960: Wehrdienst in Deutschland. Danach vor allem als Schauspieler tätig. 1968: Comeback in TV-Show, Imagewechsel vom Rebellen zum Entertainer. 1969: Bühnen-Comeback in Las Vegas. 1973: Gerüchte über Medikamentensucht, Drogenmissbrauch, Depressionen. 1977: Elvis stirbt am 16. August in Graceland an einer Herzattacke.

∧ Abb. Va: Elvis Presley, 1935–1977.

Rock'n'Roll

Elvis, der Weiße mit der schwarzen Stimme, erregte mit seiner ungestümen Musik und dem damals obszönen Hüftschwung in den puritanischen, rassengetrennten USA von Anfang an die Gemüter.[3] Es war der Beginn einer beispiellosen Karriere. Original-Singles mit Aufnahmen aus der Anfangszeit gelten heute als gesuchte Raritäten, während die Elvis-Alben mittlerweile alle auf CD erhältlich sind. Zum 25. Todestag wurden seine 30 Nummer-1-Hits auf einer CD neu herausgegeben. Das Album sprang 2002 in den Hitparaden von 17 Ländern auf Platz 1.

∧ Abb. Vb: Elvis auf der Bühne, Tupelo, Mississippi, 1957.

ne beispiellose Karriere als Musiker begann 1953 in den Sun Studios in Memphis, Tennessee, und entwickelte sich parallel mit der zunehmenden Verbreitung und der immer intensiveren Nutzung der modernen Ton- und Bildmedien. Elvis wurde gewissermaßen mit ihnen groß. Einerseits waren natürlich das Radio und die Schallplatte wichtige Vehikel, um die spektakuläre, neue Musik und die unverkennbare Stimme rund um den Globus zu tragen. Doch das war nur der halbe Elvis. Seine pechschwarze Brillantinentolle, sein einseitig leicht nach oben gezogener Schmollmund, vor allem aber sein Tanzstil, der legendäre Hüftschwung, der heute etwas steif und befremdlich wirkt, damals aber von puritanischen Kreisen als Obszönität sondergleichen verurteilt wurde – kurz: Elvis' Image als Rebell mit Herz und Seele ließ sich viel besser über Fernsehbildschirme und Kinoleinwände verbreiten. So wurde der Lastwagenfahrer aus Memphis nicht nur zum ersten großen Rock'n'Roll-Sänger, sondern zum ersten multimedial aufgebauten Pop-Star der Welt.

Elvis Erfolg als Musiker ist unerreicht. Er ist der meistverkaufte Interpret aller Zeiten. Schätzungsweise hat er bis heute über 1 Milliarde Tonträger verkauft.[2] Es ist nicht verwunderlich, dass Presley seit Jahren die Liste der bestverdienenden toten Berühmtheiten anführt, die jährlich vom amerikanischen Wirtschaftsmagazin Forbes publiziert wird. Hinter dem Verstorbenen aber steht heute ein Konzern, die Elvis Presley Enterprises Inc. Die Firma befindet sich im Besitz der Elvis-Tochter und Universalerbin Lisa Marie Presley und erwirtschaftet durch Song-Tantiemen, Bild- und Filmrechte sowie eine umfassende Vermarktung aller nur denkbarer Fan-Artikel um die

Bewegte Bilder

Elvis wirkte zwischen 1956 und 1969 in 33 anspruchslosen Spielfilmen mit, was ihm wenig Kritikerlob einbrachte. «Ich liebte seine Musik, kaufte mir einige seiner Schallplatten und ging in keinen seiner Filme», kommentierte Greil Marcus Elvis' Schauspielkunst.[4] Zweifellos aber trug die Visualisierung des Musikers auf Filmleinwänden und, noch stärker, auf Fernsehschirmen viel zur unvergleichlichen Karriere bei. Seine frühen Fernsehauftritte Mitte der 50er Jahre machten Elvis, dank höchster Einschaltquoten, zu einer Figur des öffentlichen Lebens. 1973 wurde die Fernseh-Show «Aloha from Hawaii» via Satellit von einem Drittel der Weltbevölkerung empfangen.

>Abb. Vc (1-4): Elvis im Film «Jailhouse Rock» von Richard Thorpe, 1957.

>>Abb. Vd (1-4): Elvis bei einem seiner ersten TV-Live-Auftritte in der «Ed Sullivan Show» am 9. September 1956.

100 Millionen Dollars pro Jahr. Der Kampf um Marktanteile ist hart und verlangt immer wieder nach neuen Verbreitungsstrategien, zumal die treue Elvis-Anhängerschaft langsam in die Jahre kommt. Um die Techno-Generation auf den Geschmack zu bringen, wurde 2002 zum ersten mal ein Elvis-Song für einen Remix freigegeben. Dass die modernisierte Version von «A Little Less Conversation» dann auch noch gleich die Fußball-WM-Spots des Sportbekleidungsherstellers Nike untermalte, war ein geschickter Marketingschachzug. Die CD zum 25. Todestag mit Elvis' 30 Nummer-1-Hits, ergänzt durch den Techno-Remix, wurde zum Verkaufsschlager und schaffte es auf die obersten Plätze der Hitparaden.

Ein sicherer Wert in der Vermarktung und Glorifizierung Presleys ist seine Prunkvilla Graceland in Memphis. Die Stadt im Süden der USA gilt für Elvis-Fans ohnehin als Pilgerstätte. Das zum Museum umfunktionierte Anwesen mit Elvis Grabstätte im Garten zieht jährlich rund 600'000 Neugierige an. Graceland ist nach dem Weißen Haus das am zweithäufigsten besuchte private Gebäude der USA. Allein am 16. August 2002, dem 25. Todestag des Stars, pilgerten an die 100'000 BesucherInnen nach Memphis.

Mythos

Die Elvis Presley Enterprises bemühen sich, das Image des Rock'n'Roll-Königs sauber zu halten. Die Gleichstellung des Musikers mit Heiligen oder gar mit Jesus passt nicht ins Konzept der Firma. Blasphemievorwürfe könnten sich überaus geschäftsschädigend auswirken. Doch die Vergötterung von Elvis wird allerorts munter weiter betrieben, denn der Kult um Elvis stellt nicht mehr nur seine Musik ins Zentrum. Zahlreiche Legenden ranken sich um Leben und Tod des Rockstars. Da ist sein Zwillingsbruder Jessie Garon, der bei der Geburt starb. Da sind Gerüchte über Geheimaufträge des FBI. Da ist sein trauriges Ableben, das teils schlicht bestritten und als Verschwörung bezeichnet wird. Da sind die unzähligen Fans, die bezeugen, Elvis sei ihnen erschienen. Und kann es Zufall sein, dass die Wörter «Elvis» und «lives» aus den selben fünf Buchstaben bestehen? >>>

Elvis lebt

Im Film «Mystery Train» erzählt der Regisseur Jim Jarmusch in drei Episoden alltäglich-skurrile Ereignisse, die sich zeitgleich in Memphis zutragen. Die Hauptperson der Episode «A Ghost», die Italienerin Luisa, hat abends im Bett eine Vision: Elvis' Geist erscheint in ihrem Hotelzimmer! Da er sich aber in der Adresse geirrt hat, wie er beteuert, entschuldigt er sich und entschwindet wieder. Zahlreiche Menschen behaupten, sie hätten Elvis nach seinem Tod gesehen. Für die einen ist dies der Beweis, dass Elvis, gottgleich, als Unsterblicher weiterhin unter oder über uns weilt. Andere favorisieren die Verschwörungstheorie, derzufolge Elvis' Tod fingiert war, damit er sich vom verhassten Show-Business zurückziehen konnte.

< Abb. Ve (1-4): Nicoletta Braschi und Elvis' Geist in «Mystery Train» von Jim Jarmusch, 1989.

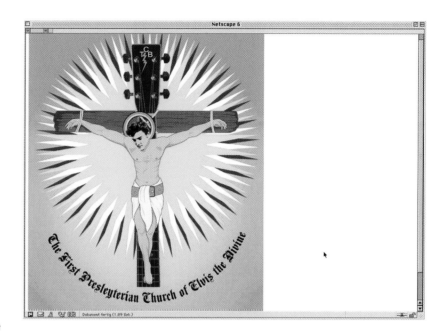

St. Elvis

«Music is like religion, when you experience them both it should move you.»[5] Die Gleichsetzung von Elvis' Werk mit der Stiftung einer Religion, die Vergötterung des Rock'n'Roll-Kings zum Heiligen, treibt im Internet, ob ironisch oder ernsthaft gemeint, erstaunliche Blüten. Das aber geschieht nicht zum Vergnügen der besorgten Verwalter und Verwerter des Elvis-Nachlasses. Eine Anfrage nach Foto-Reprorechten für die Ausstellung «Werbung für die Götter» im Museum für Kommunikation Bern wurde von den Elvis Presley Enterprises Inc. mit folgender Begründung abgelehnt: «...we think the title could be misleading and we do try to avoid association with anything that tries to deify Elvis. Elvis himself did not like the religious connotations of the title ‹The King› and resisted all attempts to elevate his status to anything godlike. As we preserve his legacy, we try to carry out his wishes.»[6]

∧ > Abb. Vf: Website der «First Presleyterian Church of Elvis the Divine», 2002.

> Abb. Vg: Website der «First Church of Jesus Christ, Elvis», 2002.

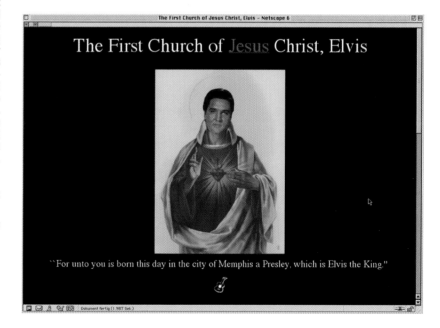

«Elvis hat die Welt befreit, indem er die Menschen aufforder-te, ihre Gefühle zu leben»[7], ist Nigel Elvis Kingsley überzeugt. Kingsley, professioneller Elvis-Imitator, versteht seine Arbeit als Mission. «‹Befreie dich selbst›, das ist Elvis' Botschaft», sagt Kingsley und ist wie ein Jünger bemüht, die gute Bot-schaft von der Bühne aus ernsthaft weiter zu verkünden. Wo der Ernst der Sache endet und die Ironie beginnt, ist hinge-gen bei der «First Presleytarian Church of Elvis the Divine» nicht klar feststellbar. Minister Anna und ihre Gefolgschaft versprechen den Besuchern ihrer Website jedenfalls spiritu-elle Erleuchtung im Elvis-Style. Dass das Phänomen des gott-gleichen Elvis durchaus ernst genommen wird, beweist eine kleine Publikation von John Bowen, Professor am Wycliffe College der Universität Toronto. Unter dem Titel «Jesus is alive, Elvis is alive. What's the difference?» legt Bowen dar, weshalb Elvis nicht mit Jesus gleichgesetzt werden kann.

Es erstaunt nicht mehr sehr, dass Gegenstände aus dem Le-ben des King wie Reliquien be- und gehandelt werden. Auch das kann groteske Formen annehmen. So besitzt die Elvis-Verehrerin Joni Mabe eine Warze, die angeblich vom rechten Fuß ihres Idols stammen soll. Sie hütet auch einen Zehenna-gel, den «Maybe Elvis Toenail», den sie bei einem Besuch in Graceland am Boden gefunden hat. In den 8oer Jahren wur-den in Memphis kleine Ampullen zum Verkauf angeboten, die angeblich einige Tropfen Schweiß des Sängers enthiel-ten. 2002 wurden im Internet Elvis-Haare versteigert, mit Zer-tifikat und Echtheitsbeglaubigung. Weniger ausgefallene An-denken wie Autogrammkarten, Original-Schallplatten oder Konzerttickets sind ebenfalls beliebt. Und dann sind da noch all die Erinnerungsstücke, Kitschobjekte und Gedenkartikel, von Anstecknadeln bis Zinnbechern, die das Abbild von Elvis noch heute in der ganzen Welt verbreiten. Zahlreiche Anbie-ter von Elvis-Memorabilia preisen ihre Ware im World Wide Web an und verhelfen dem King of Rock'n'Roll zu weiteren Bildschirmauftritten – auf unseren Computern. □

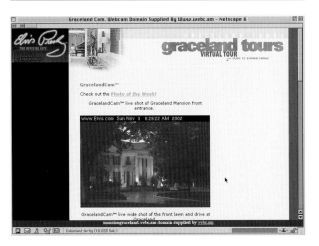

Wallfahrt

Örtlichkeiten, die im Leben von Elvis eine Rolle spielten, gelten für Fans als regelrechte Pilgerstätten: das bescheidene 2-Zimmer-Haus in Tupelo, wo Elvis zur Welt kam, die Sun Studios in Memphis, wo er seine ersten großen Hits aufnahm, Friedberg und Nauheim nördlich von Frankfurt am Main, wo er als G.I. stationiert war, und natürlich Graceland, die Prunkvilla, wo der King lebte, starb und heute begra-ben liegt. Ergänzt wird das Angebot durch diverse Museen, Gedenk-kapellen, Memorial Parks und Statuen.

< Abb. Vh: Elvis' Geburtshaus am heutigen Elvis Presley Drive in Tupelo, Mississippi. Website www.photo.net, 2002.

< Abb. Vi: Urlaubsfoto mit Elvis-Bronze-Statue im Welcome Center, Memphis, auf der privaten, japanischen Website sasanok.hp.infoseek.co.jp, 2002.

< Abb. Vj: Das Anwesen Graceland am Elvis Presley Boulevard, Memphis, im Sucher der Graceland Webcam auf der offiziellen Elvis-Website www.elvis.com, 2002.

Imitatoren

Wohl kein Star kennt so viele Imitatoren wie Elvis. Einer davon ist Nigel Elvis Kingsley, wohnhaft in Zurzach, Schweiz. Kingsley tritt vollberuflich als Elvis auf und wurde als einer der zehn weltbesten seiner Zunft ausgezeichnet. Wie die meisten Elvis-Imitatoren präsentiert er sich in einem Glitter-Köstüm und mit auffälligen Koteletten. So pflegte der durch Medikamente aufgedunsene Elvis in den 70er Jahren auf die Bühne zu treten. Er wirkte dabei wie eine Parodie seiner selbst.

> Abb. Vk: Nigel Elvis Kingsley präsentiert sich auf seiner Website www.kingsley.ch, 2002.

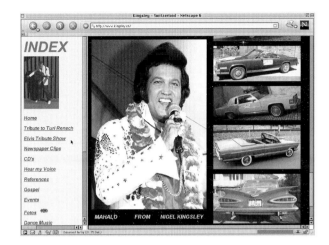

Devotionalien und Reliquien

Natürlich ist Elvis' Abbild nicht nur auf den Bildschirmen dieser Welt präsent. Von Feuerzeugen, Schlüsselanhängern und Kühlschrankmagneten über Bierdeckel, Kaffeetassen und Salatschüsseln bis zu Telefonkarten, T-Shirts und Babuschka-Puppen ist alles zu haben. Dank seiner prominenten Rolle in einem Auto-Werbespot konnte sogar ein bewegliches Kunststoff-Figürchen namens «Wackel-Elvis» zum Kult-Gegenstand und Verkaufsschlager avancieren. Noch gesuchter aber sind Objekte aus dem Leben des bewunderten Idols. Sie werden unter Fans wie Reliquien gehandelt. Im November 2002 wurde im Internet eine «enormous quantity of hair from the head of the ‹King›» versteigert. Elvis' Haare – «saved by his personal barber» – wechselten für $ 100'105.– den Besitzer.[8]

v Abb. Vl: Verschiedenste Fanartikel, hier Fingerringe und Anhänger, werden auf der Website www.elvisly-yours.com angeboten. 2002.

v̌ Abb. Vm (1-4): Der Wackel-Elvis auf dem Armaturenbrett im Audi-Werbespot, 2001.

1 Michael von Engelhardt, Vom Wandervogel zur Technokultur: Schüler '97. Stars - Idole - Vorbilder, Seelze (D), 1997, 27.
2 «...über eine Milliarde Tonträger...»: Basler Zeitung, Nr. 188, 15.8.2002, 2. «...mehr als eine Milliarde verkaufter Platten...»: NZZ am Sonntag, 14.7.2002, 69. «...weit über eine Milliarde Stück»: Berner Zeitung, Nr. 189, 16.8.2002, 2.
3 Elvis' Umgang mit schwarzer Musik ist heute noch umstritten. Das Spektrum reicht von Stimmen, die Elvis als Rassisten brandmarken, der die schwarze Musik schamlos geplündert habe, bis zur Überzeugung, er habe Blues und Gospel ins Bewusstsein eines breiten Publikums geholt und so schwarze Stars überhaupt erst möglich gemacht.
4 Greil Marcus, Dead Elvis. Die Legende lebt, St. Andrä-Wördern 1997, 15 (Erstausgabe: Dead Elvis. A Chronicle of a Cultural Obsession, New York 1991).
5 «Musik ist wie Religion. Beides sollte dich bewegen, wenn du es erlebst.» Zitat nach Elvis auf der Website der First Presleytarian Church of Elvis the Divine, Oktober 2002.
6 «...wir denken, dass der Ausstellungstitel irreführend sein könnte. Wir versuchen jede Verbindung zu vermeiden, die zur Vergötterung von Elvis beiträgt. Elvis selber war gegen eine religiöse Deutung der Bezeichnung ‹The King› und wehrte sich gegen alle Versuche, ihn in einen gottähnlichen Status zu erheben. Da wir seinen Nachlass bewahren, versuchen wir, seinen Wünschen zu folgen.» E-Mail der Elvis Presley Enterprises Inc. vom 28.10.2002.
7 Zitat Nigel Elvis Kingsley: Der Bund, 153, Nr. 182, 8.8.2002, 5.
8 Zitate von der Website http://mastronet.com November 2002.

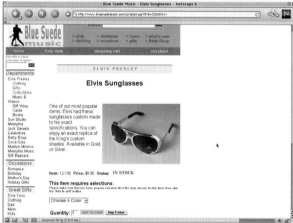

Abb. Vn: Wackel-Elvis, im Doppelpack Euro 32.–,
auf der Website von www.klangundkleid.de, 2002.

Abb. Vo: Elvis-Sonnenbrillen, diverse Modelle, $12.– bei
www.maximumeyewear.com, 2002.

Abb. Vp: Versiegeltes Einmachglas mit Elvis-Haaren während der
Internetversteigerung auf der Website von mastronet.com,
28.10.-15.11.2002.

Gezackt

1993 befragte der U.S. Postal Service die amerikanische Bevölkerung, welches Bild sie auf einer künftigen Elvis-Briefmarke zu sehen wünsche. Zur Wahl standen der jugendliche Rock-Rebell oder der rundliche Las Vegas-Entertainer. Amerika entschied sich für den Rebellen – in Krawatte. Die Marke wurde bisher 124 Millionen Mal verkauft und ist somit der meistverkaufte Elvis-Artikel. Zahlreiche weitere Staaten schmückten ihre Wertzeichen mit dem Porträt des Musikers. Die Marken werden selten auf Briefe geklebt, sondern landen in den Alben der Sammlerinnen und Sammler. Mit der Ausgabe von Sammlermarken bessern die Länder ihr Staatsbudget auf.

>> Abb. Vq (1-13): Dreizehn Briefmarken aus USA (1993), Guinea (1986), Zentralafrika (1986), Antigua & Barbuda (1987), Madagaskar (1987), BRD (1988), St.Vincent & Grenadines (1992), Albanien (1995), Burkina Faso (1995), Mongolei (1996), Niger (1996), Tschad (1996), Mali (1997).

Lit.: J. Bowen, Jesus is alive, Elvis is alive. What's the difference?, Toronto o.J. [auf dem Internet unter: http://www.dare-connexions.org/elvis.html]; J.-M. Büttner, Sänger, Songs und triebhafte Rede. Rock als Erzählweise, Frankfurt am Main 1997; B. Casper (Hrsg.), Phänomenologie des Idols, Freiburg/München 1981; G. Maletzke, Psychologie der Massenkommunikation, Hamburg 1963; G. Marcus, Dead Elvis. Die Legende lebt, St. Andrä-Wördern (A) 1997, (Erstausgabe: Dead Elvis. A Chronicle of a Cultural Obsession, New York 1991); ders., Mystery Train. Der Traum von Amerika in Liedern der Rockmusik, Hamburg 1992 (Erstausgabe: Mystery Train. Images of America in Rock'n'Roll Music, New York 1975); Schüler '97. Stars – Idole – Vorbilder, Seelze (D) 1997; S. Stäuble/M. Jedele/M. Steinmann, Idole und Vorbilder der Schweizerinnen und Schweizer, SRG SSR Forschungsdienst, Bern 1998; Thema. Idole, Vorbilder, Stars, Mythen und Legenden: Pro Juventute 83 (2002, Nr. 2).

Websites (Auswahl)

http://www.elvis.com
   Die offizielle Website der Elvis Presley Enterprises Inc.,
   u.a. mit umfassender Biografie.
http://www.swisselvisteam.com
   Swiss Elvis Team, der offizielle Schweizer Fanclub.
http://www.elvis-presley-gesellschaft.de/main.htm
   Die Elvis-Presley-Gesellschaft, der grösste Fanclub im
   deutschsprachigen Raum.
http://www.elvis1.de/start.htm
   Die «Deutschen Elvis-Presley-Seiten». Materialien,
   Diskussionsforen, Links.
http://members.tripod.com/~Crazy_Canuck/LINKS.html
   Links zu Elvis-Fan-Clubs und -Websites weltweit.
http://www.elvis1de/schallplatten/die_schallplatten_index.htm
   Umfassende Elvis-Discografie.
http://www.elvisly-yours.com
   Elvis-Fan-Artikel. Alles, was das Herz begehrt.
http://www.kingsley.ch
   Nigel Elvis Kingsley, Elvis-Imitator aus Beruf und Berufung.
http://www.jonimabe.com/
   Website von Joni Mabe, der Besitzerin einer Elvis-Warze.
http://www.wwiaviation.com/urlvis/epics/
   Ironischer Elvis-Lehrgang der «Elvis Presley Impersonater's
   Correspondence School».
http://www.geocities.com/presleyterian_church/
   «First Presleyterian Church of Elvis the Divine». Gewöhnungs-
   bedürftiger Elvis-Kult.
http://jubal.westnet.com/hyperdiscordia/sacred_heart_elvis.html
   «First Church of Jesus Christ, Elvis». Eher zynisch.

Abkürzungsverzeichnis

Werke, die hier nicht aufgeschlüsselt werden, finden sich vollständig bibliographiert
in den Literaturangaben der betreffenden Kapiteleinleitung.

ÄA	Ägyptologische Abhandlungen
ÄDS	Ägyptische Denkmäler in der Schweiz
Art.	Artikel
APAW	Abhandlungen der Preussischen Akademie der Wissenschaften
ATD	Altes Testament Deutsch
B.	Breite
Bernett/Keel	Monika Bernett/Othmar Keel, Mond, Stier und Kult am Stadttor. Die Stele von Betsaida (et-Tell) (OBO 161), Freiburg CH/Göttingen 1998.
BIFAO	Bulletin de l'Institut Français d'Archéologie Orientale
BSAE	British School of Archaeology in Egypt
D.	Dicke
DDD	Dictionary of Deities and Demons in the Bible, Leiden 2nd ed. 1999.
Dm.	Durchmesser
EPRO	Études préliminaires aux religions orientales dans l'empire romain
EI NE	Encyclopédie de l'Islam, Nouvelle Édition
EJ	Encyclopaedia Judaica
FRLANT	Forschungen zur Religion und Literatur des Alten und Neuen Testaments
G.	Gewicht
GGG	Othmar Keel/Christoph Uehlinger, Göttinnen, Götter und Gottessymbole (QD 135), Freiburg/Basel/Wien, 5. Aufl. 2001.
H.	Höhe
HÄB	Hildesheimer Ägyptologische Beiträge
Herrmann 1985	Formen für ägyptische Fayencen. Katalog der Sammlung des Biblischen Instituts der Universität Freiburg Schweiz und einer Privatsammlung (OBO 60), Freiburg CH/Göttingen 1985.
Herrmann 1994	Christian Herrmann, Ägyptische Amulette aus Palästina/Israel. Mit einem Ausblick auf eine Rezeption durch das Alte Testament (OBO 138), Freiburg CH/Göttingen 1994.
Herrmann 2002	Christian Herrmann, Ägyptische Amulette aus Palästina/Israel II (OBO 184), Freiburg CH/Göttingen 2002.
HWDA	Handwörterbuch des deutschen Aberglaubens
IEJ	Israel Exploration Journal
Kat.	Katalog-Nummer
Keel 1980	La glyptique: J. Briend/J.B. Humbert (éds.), Tell Keisan (1971-1976). Une cité phénicienne en Galilée (OBO.SA 1), Freiburg CH/Paris/Göttingen 1980, 257-295.
Keel 1986	Othmar Keel, Das Hohelied (ZBK.AT 18), Zürich 1986.
Keel 1989	Othmar Keel, Der ägyptische Gott Ptah auf Siegel amuletten aus Palästina/Israel. Einige Gesetzmässigkeiten bei der Übernahme von Motiven der Grosskunst auf Miniaturbildträger: Keel, O./Keel-Leu, H./ Schroer, S., Studien zu den Stempelsiegeln aus Palästina/Israel, Bd. II (OBO 88), Freiburg CH/Göttingen 1989, 281-323.
Keel 1990	Othmar Keel, La glyptique de Tell Keisan (1971-1976) und Nachträge: Stempelsiegelstudien IV, 163-260.298-330 (= Keel 1980).
Keel, Corpus I	Othmar Keel, Corpus der Stempelsiegel-Amulette aus Palästina/Israel. Von den Anfängen bis zur Perserzeit. Katalog Band I: Vom Tell Abu Farağ bis ʿAtlit (OBO.SA 13), Freiburg (CH)/Göttingen 1997.
Keel, Corpus	Othmar Keel, Corpus der Stempelsiegel-Amulette aus Palästina/Israel. Von den Anfängen bis zur Perserzeit. Einleitung (OBO.SA 10), Freiburg (CH)/Göttingen 1995.
Keel-Leu 1991	Hildi Keel-Leu, Vorderasiatische Stempelsiegel. Die Sammlung des Biblischen Instituts der Universität Freiburg Schweiz (OBO 110), Freiburg (CH)/Göttingen 1991.
L.	Länge
LÄ	Lexikon der Ägyptologie
LIMC	Lexicon Iconographicum Mythologiae Classicae
Lit.	Weiterführende Literaturhinweise
Matouk, Corpus I	Fouad S. Matouk, Corpus du scarabée égyptien I, Beyrouth 1971.
Matouk, Corpus II	Fouad S. Matouk, Corpus du scarabée égyptien II, Beyrouth 1977.
MDAI	Mitteilungen des Deutschen Archäologischen Instituts
Miniaturkunst	O. Keel/Ch. Uehlinger, Altorientalische Miniaturkunst. Die ältesten visuellen Massenkommunikationsmittel. Ein Blick in die Sammlungen des Biblischen Instituts der Universität Freiburg Schweiz, Freiburg (CH)/Göttingen, 2. Aufl. 1996.
Müller-Winkler	Claudia Müller-Winkler, Die Ägyptischen Objekt-Amulette
OBO	Orbis Biblicus et Orientalis
OBO.SA	Orbis Biblicus et Orientalis Series Archaelogica
Page Gasser, Götter	Madeleine Page Gasser, Götter bewohnten Ägypten. Ägyptische Bronzen des Departementes für Biblische Studien der Universität Freiburg/Schweiz, Freiburg (CH)/Göttingen 2001.
pl.	Plate
RA	Reallexikon der Assyriologie
RÄRG	Reallexikon der Ägyptischen Religionsgeschichte
RE	A. Pauly/G. Wissowa, Realencyclopädie der classischen Altertumswissenschaft (1893-1978)
RIC	The Roman Imperial Coinage, 10 vols., London 1952.
SAK	Studien zur Altägyptischen Kultur
Stempelsiegelstudien III	Otmar Keel/Menakhem Shuval/Christoph Uehlinger, Studien zu dem Stempelsiegeln aus Palästina/Israel. Bd.III: Die Frühe Eisenzeit. Ein Workshop (OBO 100), Freiburg CH/Göttingen 1991.
T.	Tiefe
TUAT	Texte zur Umwelt des Alten Testaments, Gütersloh 1981ff.
Uehlinger 1997	Figurative Policy, Propaganda und Prophetie: J.A. Emerton (ed.), Congress Volume Cambridge 1995, Leiden/New York/Köln 1997, 297-349.
UF	Ugarit-Forschungen
UGAÄ	Untersuchungen zur Geschichte und Altertumskunde Ägyptens
Vergangenheit	S. Schroer/Th. Staubli, Der Vergangenheit auf der Spur. Ein Jahrhundert Archäologie im Land der Bibel, Zürich 1993.
ZÄS	Zeitschrift für Ägyptologische Studien
ZBK.AT	Zürcher Bibelkommentar zum Alten Testament
ZDPV	Zeitschrift des Deutschen Palästina-Vereins
ZThK	Zeitschrift für Theologie und Kirche

Abbildungsnachweise

Einleitung
2 Zeichnung Th. Staubli/B. Mosimann
3 © Foto Th. Staubli, Köniz
4 © Foto D. Rihs, Bern
5 = Kat. 31
6 = Kat. 85
7 = Kat. 139
8 = Kat. 66
9 = Abb. Vq 1
10 © Foto E. Deffaa

Kap. I
Ia © Projekt BIBEL+ORIENT MUSEUM, Zeichnung B. Connell/B. Mosimann
Ib © Projekt BIBEL+ORIENT MUSEUM, Zeichnung B. Mosimann
Ic = Kat. 2.
Id = Kat. 7.
Ie = Kat. 3.
If O.Keel/T.Staubli, 84, Kat.81.
Ig = Kat.54.
Ih J.H. Breasted, The Philosophy of a Memphite Priest: ZÄS 39 (1901) Taf. I-II.
Ii B. Heinrich/G.A. Bartholomew, the Ecology of the African Dung Beetle: Scientific American 241/5 (1979)
122f. = Keel. Corpus, 22 Abb. 2-5.
Ij = Kat. 32.
Kat. 1, 1a, 61, 62 © Antikenmuseum Basel und Sammlung Ludwig, Foto A. F. Voegelin
Kat. 2-3, 54, 64 © Projekt BIBEL+ORIENT MUSEUM, Foto J. Zbinden, Bern
Kat. 8; 64 © Projekt BIBEL+ORIENT MUSEUM, Foto G. Stärk, Horgen
Kat. 63 © Antikenmuseum Basel & Sammlung Ludwig, Foto C. Niggli
Kat. 65 © Foto J.-P. Kuhn, Zürich mit freundlicher Genehmigung des Besitzers
Kat. 66 © Archäologisches Institut der Universität Zürich, Foto S. Hertig
Kat. 76 © Projekt BIBEL+ORIENT MUSEUM, Foto P. Bosshard, Fribourg
Kat. 4-53, 55-60, 67-75 © Projekt BIBEL+ORIENT MUSEUM, Foto J. Eggler, St. Münger, R. Schurte, F. Verdet

Kap. II
IIa Bernett/Keel Abb. 111.
IIb Bernett/Keel Abb. 109.
IIc, g © Projekt BIBEL+ORIENT MUSEUM, Zeichnung Th. Staubli/B. Connell/B. Mosimann.
IId GGG, Abb. 295a.
IIe GGG, Abb. 300.
IIf Keel, Goddesses and Trees, Fig. 105
IIh, i Bernett/Keel Abb. 1c, e
IIj © Projekt BIBEL+ORIENT MUSEUM, Zeichnung Barbara Connell
IIk A = Kat. 94; B Stempelsiegelstudien IV 181, Abb.5; C = Kat. 79; D = Kat. 78; E Stempelsiegelstudien IV 196,
Abb. 80; F = Kat. 105; G = IIh; H Bernett/Keel Abb. 105a; I Bernett/Keel Abb.70; J Stempelsiegelstudien IV
196, Abb. 83
IIl Postkarte von Friedrich Kaskeline
IIm © Foto Th. Staubli
IIn Türkisches Plakat 1923
IIo Der große Mondkalender für das Jahr 2003, Titelbild.
Kat. 77-109 © Projekt BIBEL+ORIENT MUSEUM, Foto F. Verdet
Kat. 110-112 © Projekt BIBEL+ORIENT MUSEUM, Foto J. Eggler

Kap. III
IIIa, d © Projekt BIBEL+ORIENT MUSEUM, Zeichnung Th. Staubli/B. Mosimann in Anlehnung an Karten von
Puchhammer/Wawrik und Fleischer, Artemis.
IIIb © Projekt BIBEL+ORIENT MUSEUM, Foto J. Eggler
IIIc 1-3 © Projekt BIBEL+ORIENT MUSEUM, Zeichnungen B. Connell; A Die Hethiter und ihr Reich, Bonn 2002,
114 Abb. 3 Nr. 48., B Winter, Göttin Abb. 269 (Ausschnitt); C E. Porada, Alt-Iran, Zürich 1962, 86 Fig 60
(Ausschnitt); D Karwiese, Münzprägung 197, Nr. 21; E Keel, Hohelied 93, Abb. 47b; F A.C. Gunter, Animals in
Anatolian Art: B.J. Collins (Ed.), A History of the Animal World in the Ancient Near East, Leiden/Boston/Köln
2002, 94, Fig. 2.6; G © Projekt BIBEL+ORIENT MUSEUM, Zeichnung Ulrike Zurkinden nach Keel/Staubli 71,
Kat. 63; H © Projekt BIBEL+ORIENT MUSEUM, Zeichnung Barbara Connell nach Monika Hörig, Dea Syria
(AOAT 208) Taf. 3b; I Karwiese, Münzprägung 193, Nr. 6.
IIIe © Museum für Kommunikation, Sammlung Philatelie
Kat. 113 © Antikenmuseum Basel & Sammlung Ludwig, Foto D. Widmer
Kat. 114 © Musée d'art et d'histoire, Ville de Genève
Kat. 114-153 © Projekt BIBEL+ORIENT MUSEUM, Foto F. Verdet, mit freundlicher Genehmigung des Münz-
kabinetts Winterthur

Kap. IV
IVa, c, d, Kat. 155, 174-177, 194, 197-200, 211, 218-225 © Projekt BIBEL+ORIENT MUSEUM,
Foto Th. Staubli, mit freundlicher Genehmigung der Besitzer
IVb © Projekt BIBEL+ORIENT MUSEUM, Zeichnung A. Senti/B. Mosimann
IVe © Projekt BIBEL+ORIENT MUSEUM, Foto J. Eggler, mit freundlicher Genehmigung des Klosters
Einsiedeln
IVf, g © Projekt BIBEL+ORIENT MUSEUM, Foto P. Bosshard, mit freundlicher Genehmigung des Klosters
Einsiedeln
Kat. 153-154, 157-173, 178, 181-193, 196, 201-210, 212-217, 226 © Projekt BIBEL+ORIENT MUSEUM,
Foto Primula Bosshard mit freundlicher Genehmigung des Sammlers
Kat. 156, 179, 195, 227 © Museum der Kulturen, Basel, Abteilung Europa

Kap. V
Va-p (PC- und TV-Screenshots) Ueli Schenk, mit Dank an Rolf Wolfensberger.
Vq © Museum für Kommunikation Bern, Sammlung Philatelie

Othmar Keel, Thomas Staubli
«Im Schatten Deiner Flügel» Tiere in der Bibel und im alten Orient.
Mit Beiträgen von S. Bickel, I. Glatz, H. Keel-Leu, M. Küchler, M. Page Gasser, S. Schroer, U. Seidl und Ch. Uehlinger, Universitätsverlag Freiburg (CH) 2001.
SFR 34.- ISBN 3-7278-1358-X
Bestellbar unter: www.bible-orient-museum.ch

«This attrictive volume is the catalogue accompanying an exhibition concerning animals in the Bible and the ancient Near East.»
Old Testament Abstracts

«Neben mehr informativen Texten finden sich auch aufrüttelnde Plädoyers gegen die Tiervergessenheit der chirstlichen Theologie mit all den negativen Konsequenzen (...) Und wenn darüber hinaus noch sehr viel zum volleren Verständnis biblischer Texte unabdingbares Wissen so ansprechend präsentiert wird, muss man von einem Standardwerk reden.»
Mariastein

«Mit seiner gediegenen Ausstattung eignet sich das Buch als Geschenk.»
Neue Luzerner Zeitung

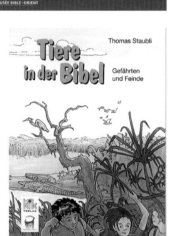

Thomas Staubli
Tiere in der Bibel – Gefährten und Feinde
Mit einer Einführung von Silvia Schroer und Illustrationen von Barbara Connell. Arbeitsmappe inkl. Begleitheft (Comic-Strip zum Thema), mit ausführlichen Lehrkraftinformationen, Kopiervorlagen, Farbfolien und zahlreichen Illustrationen.
KiK-Verlag, Berg am Irchel 2001. SFR 35.- ISBN 3-906581-53-5
Begleitheft (Comic-Strip zum Thema) separat SFR 8.- (ab 10 Ex. SFR 7.20, ab 20 Ex. 6.40)
Bestellbar unter: www.kik-verlag.ch

«Die vorliegenden Unterrichtsmaterialien sind das Produkt einer fundierten Beschäftigung mit einem Teilbereich der zukünftigen Museumssammlung. Pädagoginnen und Pädagogen öffnet sich ein weites Feld, wenn sie im kirchlichen Unterricht oder im Fach Natur-Mensch-Mitwelt unsere Beziehung zur Tierwelt als Schwerpunkt wählen.»
Reformierte Presse

Madeleine Page Gasser
Götter bewohnten Ägypten
Ägyptische Bronzen des Departementes für Biblische Studien der Universität Freiburg/Schweiz.
Universitätsverlag Freiburg (CH), Vandenhoeck & Ruprecht, Göttingen, 196 Seiten Text + 56 Seiten Abbildungen, SFR 48.- ISBN 3-7278-1359-8
Bestellbar unter: www.unifr.ch/bif/obo/obonew.html

Othmar Keel, Christoph Uehlinger
Altorientalische Miniaturkunst
Die ältesten visuellen Massenkommunikationsmittel.
Ein Blick in die Sammlungen des Biblischen Instiuts der Universität Freiburg Schweiz.
Universitätsverlag Freiburg (CH), Vandenhoeck & Ruprecht, Göttingen, 2. erw. Auflage 1996, 192 S. reich illustriert, gebunden.
SFR 48.- ISBN 3-7278-1053-X

Postkartenmuseum

Über 40 qualitätvolle Fotografien mit aufschlussreichen Legenden
vermitteln Ihnen einen musealen Einblick in die Welt der Bibel und des alten Orient.
Für jede Gelegenheit finden Sie ein passendes Sujet.
Ideal auch für den Anschauungsunterricht in Geschichte und Religion.

Bestellbar unter: www.bible-orient-museum.ch